U0457908

习惯法论丛

高其才　主编

高成军　执行主编

当代中国城市习惯法

中国政法大学出版社

2020 · 北京

声　　明　　1. 版权所有，侵权必究。

2. 如有缺页、倒装问题，由出版社负责退换。

图书在版编目（ＣＩＰ）数据

当代中国城市习惯法/高其才主编. —北京:中国政法大学出版社,2020.10
ISBN 978-7-5620-9692-4

Ⅰ.①当… Ⅱ.①高… Ⅲ.①习惯法－研究－中国 Ⅳ.①D920.4

中国版本图书馆 CIP 数据核字(2020)第 205559 号

出 版 者	中国政法大学出版社
地　　址	北京市海淀区西土城路 25 号
邮寄地址	北京 100088 信箱 8034 分箱　邮编 100088
网　　址	http://www.cuplpress.com (网络实名：中国政法大学出版社)
电　　话	010-58908586(编辑部) 58908334(邮购部)
编辑邮箱	zhengfadch@126.com
承　　印	固安华明印业有限公司
开　　本	650mm×980mm　　1/16
印　　张	21.5
字　　数	350 千字
版　　次	2020 年 10 月第 1 版
印　　次	2020 年 10 月第 1 次印刷
定　　价	76.00 元

总　序

　　习惯法是人类长期社会生活中自然形成的一种行为规范，它源于各民族生存发展的需要，对于人类法制文明意义甚大。哲人亚里士多德说过，积习所成的不成文法比成文法实际上更有权威，所涉及的事情也更为重要。毋庸多言，在传统人类社会，习惯法内容涵盖甚广，各民族缔造了灿烂的习惯法文化。而制定法的出现只是一种渐进的成就，道德与法律的分离更是后起。

　　在古希腊文中，"ethos"（居留习性）和"nomos"（风俗律法）均有风俗之义。nomos乃诸神所定，且是ethos的准绳，不可随意更改。"ethos"（习俗）的本来含义是"居留""住所"，"ethos"（习俗）就是人行为的某种"居留"和人在其中活动的"场景"（秩序），这种风俗习惯的沿袭产生伦理德行，"ethos"（习俗）也就演化为"ethikee"（伦理）。nomos本来仅指习俗，雅典民主政治兴起，nomos的含义才扩及人定的法律。而自然（physis）与习俗（nomos）的比较，则是西方法哲学的永恒主题。

　　法律不是、起码不主要是国家制定法。直到中世纪，西方思想家仍然认为，法律本质上是传统和习惯，而不是不断进行的立法创新，而国家制定法实在是对习惯法的扰动，不可轻易为之。

　　习惯法会成为问题，源于人类社会的现代性转折以及法律现代性的相应兴起。这个历史进程肇始于西方，法脱离了古典自然法界定良善政治秩序的作用，成为保障市民社会财产权与维持市场经济均衡运转的实证法（positive law），而国家仅等同于市民社会之伦理环节。尤其是因为现代民族国家的兴起，它需要并且创生出了国家法（制定法）、固守主权者命令的实证法学、现代教育体制、学科分类体系及科层制分工等这一整套架构来维系民族国家的运转。而这都表明现代社会的运转必须依赖法实证主义。

目光转移到中国，在古代汉语中，习惯是指在长时期里逐渐养成的、一时不容易改变的行为、倾向或社会风尚。习惯为逐渐养成而不易改变的行为和积久养成的生活方式，现在泛指一地的风俗、社会习俗、道德传统等。中国语境中的习惯含有"长期""习俗"等语意。习惯法以习惯为核心，以风尚为基础，与伦理密切相关。

传统的礼乐文明就是由乡土中国的风习自发演进而来，进而由切实的情理生发出高蹈的义理。在中国法律传统的天理—国法—人情架构中，人情风习有其应有的位置。天理、国法与人情的圆融无碍是传统中国历代法典的正当性所在，也是传统中国社会普通民众信奉的法意识。如何在具体问题中，妥帖地调适情理法、礼与俗，正是中国法律传统思索与实践的核心问题。

而传统法律在近代的大变动引发了社会的大断裂、大冲突。百年来中国法律现代化动作多、成效少，法律始终没有完全契合中国人民的生活。中国法律文明花果飘零，失却了制度和理论支撑的传统中国文明作为一种习俗残留下来。为了让人们信奉这套舶来的法制，服从至上的国家（阶级）意志，民主、法治、人权之类的言说驳斥这种习俗，新生活运动、普法运动之类的全民运动力图改造这种习俗。只是时至今日，依然逃脱不了"法律自法律，社会自社会"（瞿同祖语）的尴尬。因为法律不是自动运行的机器，作为一套社会控制的行为规则体系，它需要相应的制度支撑。

现实的逻辑是，作为生活之子的习惯法的生命力异常旺盛。在当今中国社会时空条件下的法律实践当中，习惯法作为独立于国家制定法之外，依靠某种社会权威、具有一定程度强制性和习惯性的行为规范，实际上成了解决当代现实问题的鲜活创造，显示了它与法律移植背景下国家制定法不同的命运。因为当代中国习惯法作为一种活的法律秩序，显示了与其所处社会的相互契合，有其独立的存在意义和独特的功能价值。

因此，无论我们对中国的法治现代化持何种立场，都必须认真对待习惯法。习惯法为国家制定法之母，一方面要充分认识到习惯法在秩序建构、纠纷解决、社会共识达成过程中的积极意义，充分发挥其作用；另一方面，在以国家制定法为中心的前提下，必须妥善处理与现行制定法有冲突的习惯法中的非良性因素，促使习惯法与制定法在现代化互动进程中逐渐融合，解决不同地区、不同民族之间的习惯法冲突问题，并使国家制定法更具有效力基础。这也是国家法中心主义的习惯法研究必须解决的重要问题之一。

从更广泛的角度认识，习惯法是中国固有法文化的重要内容，体现了中华民族的内在精神。习惯法是一种社会现象、一种社会规范，更是一种社会文化，是中国人的意识形态所创造的精神财富。作为中国文化的一个组成部分，习惯法是中国人生活的反映、实践的记录、历史的沉淀、现实的表达，是中国人对生存方式、生活的需要和愿望的表达，是中国人认识自然、思考自己、理解社会的结晶。习惯法是民族特质的体现，也是传统传承的主要方式。

笔者认为，习惯法研究应以现代中国法治建设为中心，习惯法的描述与解释并重，域内习惯法与域外习惯法研究并举，当代习惯法研究与习惯法的历史研究共存，处理好乡土习惯法与城市习惯法、传统习惯法与现代习惯法、地方习惯法与全球习惯法之间的关系。以中国社会现代发展和法律现代性为主轴，一切以揭示习惯法背后特有族群的法律文化、法律意识为鹄的，进而阐发习惯法的内生性及其当代适应性。

本习惯法论丛以当代中国习惯法为研究对象，重点探讨1949年以来尤其是现实有效的当代中国社会的习惯法，旨在全面总结我国学界学者和实务专家的当代中国习惯法调查和研究成果，交流当代中国习惯法研究的心得，思考当代中国习惯法研究的推进，进一步提高当代中国习惯法研究的学术水准。

　　当代中国习惯法研究需要重视学术积累，进行长期调查，持续专门研究，不断拓宽研究领域。只有具有寂静的心态、宽广的视野、专注的立场、踏实的学风，当代中国习惯法的研究成果才可能越来越有学术影响力，在中国社会的理性发展中发挥积极的功能。

高其才

2010 年 7 月 2 日

目录 CONTENTS

学理探讨

学术综述

导　言

高其才

一

在笔者看来，习惯法可从国家法范畴和非国家法范畴两方面进行理解。非国家法意义上的习惯法，是独立于国家制定法之外，依据某种社会权威和社会组织，具有一定的强制性的行为规范。[1]本书讨论的当代中国城市习惯法为非国家法意义上的习惯法。当代中国城市习惯法为1949年中华人民共和国成立以后的城市习惯法。

二

城市习惯法或者称都市习惯法是与乡村习惯法相对而言的，泛指随着城市的形成、发展而出现的习惯法，是在城市地区存在和发挥作用的习惯法，是规范城市市民行为和城市社会组织的行为规范。城市习惯法与工业、服务业等经济形态相关联。本书讨论的城市习惯法不包含小城镇的习惯法。

---

[1]　高其才：《中国习惯法论》（第3版），社会科学文献出版社2018年版，第3页。

三

城市习惯法为较晚形成的习惯法。城市为"城"与"市"的合成词，晚于村、乡的出现。在古代，"城"主要是为了防卫，并且用城墙等围起来的地域。《管子·度地》说："内为之城，外为之廓。""市"则是指进行交易的场所，"日中为市"。按照《辞源》的解释，城市为人口密集、工商业发达的地方。根据《城市规划基本术语标准》的规定，非农牧业，以二、三级产业人口为主要居民时，就称为城市。在我国，包括按国家行政建制设立的直辖市、市、县级市。按照社会学的定义，城市被定义为具有某些特征的、在地理上有界的社会组织形式。真正意义上的城市是工商业发展的产物。城市的出现，是人类走向成熟和文明的标志，也是人类群居生活的高级形式。城市具有行政、经济、文化、交通等多方面的功能。城市是具有自然、社会、经济特征的地域综合体，兼具生产、生活、文化等多重功能，与乡村互促互进、共生共存，共同构成人类活动的主要空间。城市社区的各种制度规范以及习惯即习惯法相互配合，以维持城市生活的协调进行。

城市习惯法的形成是工商业发展的结果，并随着工商业的不断发展而日渐丰富、完善。城市习惯法的形成遵循内生机理，为满足城市工商业发展和城市市民生活需要而生长、创制。城市习惯法主要由内生而形成，也有部分为有意识制订而产生。

四

由于城市中社会组织的多元，城市习惯法的创制主体非常丰富，包括政府机构、基层群众自治性组织、企业、学校等非营利性社会团体等。

政府机构包括立法机关、司法机关、行政机关、党群组织等。这些国家机关、政府机构、社会组织制订的内部人、财、物及其工作制度均属于城市习惯法范围。

　　城市基层群众自治性组织在我国为居民委员会。居民委员会是依法自我管理、自我教育、自我服务的群众性自治组织，并实行民主选举、民主决策与民主监督。我国《居民委员会组织法》规定居民会议由居民委员会召集和主持，讨论制定居民公约；居民公约由居民委员会监督执行；居民应当遵守居民会议的决议和居民公约；居民公约的内容不得与宪法、法律、法规和国家的政策相抵触。居民会议的决议和居民公约即属城市习惯法之列。

　　企业为城市的主要团体。为保障日常的生产、经营活动，企业制订了章程、制度、标准、办法、守则等，作为企业员工的行为规范和准则。这些企业规范为重要的城市习惯法。

　　城市中有大量的政治、宗教、科技、文化、艺术、慈善事业等方面非营利性的社会团体，这些协会、学会、基金会、志愿者组织等社会团体的章程、规章制度等构成了城市习惯法的主要部分。

　　城市有大中小学等教育组织，这些学校制订的章程、规定等规范为城市习惯法。学校章程的内容包括总则、职责和任务、学生和教职工、管理和机构等，为主要的学校规范。学校还制订有关教职工、学生的规章制度。

五

　　城市习惯法既有不成文的习惯、惯例，也通过成文的规范性文件予以表达。城市习惯法的表现形式多种多样，包括公约、决议、章程、制度、办法、守则、规定、规范、规则、规约、须知等。具体如《四川省成都市高新区合作街道清江社区 68 号大院居民管理规约》《贵州省遵义市遵义县乌江镇乌江社区关于整治滥办酒席滥吃酒席的居规民约》《云南省地震局机关国内公务接待管理办法》《共青团辽宁省四平市委机关保密工作制度》《重庆大学艺术学院党委会会议制度及议事规则》《浙江省玉环县中医院人事管理制度》《上海迪士尼乐园游客须知》《山东鲁能积成电子股份有限公司薪酬制度》《中国移动通信集团河南有限公司员工违纪违规处分条例（试行）》《中国法学会法理学研究会章程》《海南省海口市旅行社协会章程》

《中国发展研究基金会章程》《宁夏回族自治区吴忠中寺礼拜大殿管理规定》等。

六

城市习惯法全面调整城市各类主体的行为，涉及城市社会的各方面社会关系。如学校方面的规章制度包括教师的工作制度，如办公制度、学习制度、会议制度、课堂教学常规、请假制度、考勤制度、制定教学计划制度、集体备课制度、教师上课制度、教师听课制度、作业布置及批改制度、教学质量监控制度、调课和代课制度等；学生的学习制度，包括学生考勤和请假制度、学籍管理制度、招生制度、课务管理制度、课堂教学常规、一日礼仪、学生安全教育规定、安全教育公约等；财会制度，包括财产管理制度、领借物品制度、财务制度等；校园管理制度，包括安全防范制度、安全工作措施、消防安全管理制度、食堂安全卫生制度、非用工人员管理制度、绿化管理制度、校舍维修管理和检查制度、禁烟制度等；奖惩制度，包括文明班级条件、先进班集体条件、文明学生条件、三好生条件、各类积极分子条件、优秀班主任条件、全勤和加班奖、教育达标奖条件、学生违纪处分规定等。

再如企业规范的内容涉及员工守则、薪酬制度、考勤制度、岗位规范、形象规范、言语规范、社交规范、商业秘密、安全卫生环境、上网规范、人际关系、奖惩制度等。同时，企业还涉及许多商事习惯、交易惯例等城市习惯法。

通常而言，城市习惯法内容丰富，包括组织与人员习惯法、民事活动习惯法、商事活动习惯法、社会交往习惯法、秩序维持习惯法、纠纷解决习惯法等方面。

七

城市习惯法一般由制订的组织依其权威保障实施，有的还有专门的执行、监督机构，如企业的监察部、廉政部、舞弊风险管理部门等。

当然，城市习惯法主要依靠成员的自觉遵守而得以实施。成员对习惯法基本精神的认同，成员对习惯法作用的接受，成员对习惯法对自身利益保障的肯定，这些都影响着城市市民对城市习惯法的接纳和遵行。

违反城市习惯法的责任根据具体组织、规范而有差异，通常包括教育、通报批评、做出检讨、警告、严重警告、经济处罚、记过、记大过、降等、降级、留组织察看、解除关系、劝退、辞退、撤职、开除等，也可能包括某种形式的不与往来等隔绝方式。这些行使城市习惯法规定的权利不当或违反城市习惯法规定的义务的责任承担方式为财产、精神等方面的具体不利后果。违反城市习惯法的责任承担主体有自然人也有组织。

八

基于城市社会主体的繁杂、往来的繁多、关系的繁复，城市习惯法呈现出多样性、开放性、自治性、客观性的特点。

相比乡村社会组织、社会关系的简单、稳定，城市习惯法创制主体多样、内容多元，表现出多样性的特点。

城市一直是创新的来源、新创意的诞生地，也是人类创造力的旺盛所在。因此相比乡村的封闭性，城市习惯法体现出活跃的状态，因不断调整新的社会关系而具有开放性的特质。

城市习惯法是城市社会组织、社会团体自我治理、自我服务的规范，重在内部管理，具有自治色彩。

城市主要为陌生人的世界，城市习惯法相应地具有客观性的特质，更强调按照规范平等地调整社会关系，受主观情感的影响相对少一些。

九

随着城市的发展，城市习惯法也随之不断丰富、完善和发展。

这既表现为类型的增加、内容的扩张，也表现为实施的强化、效力的增强。

随着城市由工业社会向工商社会、金融社会、网络社会的不断发展，城市习惯法不断增加新的内容，推进城市和整个社会的发展。

人工智能等的发展给城市社会提供了新的发展机遇，也给城市秩序提出了新的挑战，需要新的城市习惯法予以及时规范和调整。

十

当代中国城市习惯法与我国法律的关系十分复杂。有的城市习惯法为国家法律所许可，予以一定的认可或授权；有的城市习惯法与国家法律相一致，精神、规范不与国家法律相冲突；有的城市习惯法补充国家法律，弥补国家法律调整的空白和局限；有的城市习惯法与国家法律不一致，甚至与国家法律相矛盾。

应当正确处理城市习惯法与国家法律的关系，把握城市习惯法与国家法律相同与差异的方面，给予城市习惯法应有的地位和适当的作用空间，发挥城市习惯法的积极功能。

十一

探讨当代中国城市习惯法，对于我们了解当代中国城市的社会治理、认识城市社会秩序的维系、发展城市的基层民主、激发城市的社会活力、促进社会多元发展、建设法治社会法治国家、推进经济社会文化发展具有重要意义。

思考城市习惯法对于发挥城市中的社会组织在法治社会建设中的积极作用具有重要意义。2014年10月23日，中国共产党第十八届中央委员会第四次全体会议通过的《中共中央关于全面推进依法治国若干重大问题的决定》指出，完善和发展基层民主制度，依法推进基层民主和行业自律，实行自我管理、自我服务、自我教育、自我监督；推进多层次多领域依法治理，深入开展多层次多形式法治创建活动，深化基层组织和部门、行业依法治理，支持各类社会主体自我约束、自我管理；发挥市民公约、乡规民约、行业规章、团体章程等社会规范在社会治理中的积极作用；发挥人民团体和社会组织在法治社会建设中的积极作用；支持行业协会商会类社会组织发挥行业自律和专业服务功能；发挥社会组织对其成员的行为导引、规则约束、权益维护作用。可见，行业协会商会等城市社会组织、市民公约行业规章团体章程等城市习惯法在城市的依法治理中具有基础性地位。这就赋予了城市习惯法研究鲜明的现实需要和时代价值。

探讨城市习惯法对于推进城市社会发展具有的积极意义。多元社会的形成和市民社会的成熟有赖城市习惯法的规范和推进。国家法律如何对待城市社会组织的自治规约等习惯法，关系到国家与社会关系的合理界定和协调，需要进行深入探讨。

十二

城市习惯法为一个较新的研究领域，以往学界的关注不多，研究较为薄弱。本书对当代中国城市习惯法的探讨也是初步的，是一个全新的开始，有待在深入进行田野调查的基础上，进一步深化理论思考。

事实描述

一份企业制订的用户行为规范

方清波

一、引言

作为以营利为目的、向社会提供商品或者服务的经济组织，企业是社会发展的产物，随着社会分工的发展而成长壮大。企业是市场经济活动的主要参与者。为更好地进行经济活动，企业在遵守国家法律制订内部管理规范的同时，往往也会制订针对用户的行为规范。这些规范为非国家法意义上的习惯法，[1]属于当代中国城市习惯法的组成部分。

微信作为一种即时通信工具受到我国民众的广泛欢迎。为维护微信平台绿色网络环境，更好地保障用户合法权益及良好的用户体验，微信的开发商腾讯公司根据国家法律法规规章，特别是《全国人民代表大会常务委员会关于加强网络信息保护的决定》《互联网信息服务管理办法》《规范互联网信息服务市场秩序若干规定》，制订

---

[1] 本文所指的习惯法为非国家法意义上的习惯法，指独立于国家制定法之外，依据某种社会权威和社会组织，具有一定的强制性的行为规范的总和。参见高其才：《中国习惯法论》（第3版），社会科学文献出版社2018年版，第3页。

了《微信个人账号使用规范》，包括原则、使用规范等七部分。[1]

二、规范内容

《微信个人账号使用规范》由微信安全中心发布，全文内容如下：

微信个人账号使用规范

一、原则

1. 为维护微信平台绿色网络环境，更好地保障用户合法权益及良好的用户体验，腾讯根据现行法律法规及《腾讯服务协议》《腾讯微信软件许可及服务协议》等相关规定，制定《微信个人账号使用规范》（以下简称"本规范"）。

2. 微信用户在使用微信账号过程中不得违反现行法律法规。腾讯将按照相关法律法规及用户协议规则，对违规行为进行处理，并配合有权机关维护微信用户及其他主体的合法权益。

3. 若你对本规范的理解和执行有任何疑惑或争议，可告知我们，我们将根据有关规则予以解释或处理。

二、使用规范

1. 行为规范

用户在使用微信软件（以下简称"本软件"）的过程中不得进行影响用户体验、危及平台安全及损害他人权益的行为。一经发现，腾讯将根据违规程度对微信账号采取相应的处理措施，并有权拒绝向违规账号主体提供服务。如：限制与该主体相关账号功能、封禁与该主体相关账号等。微信个人账号行为规范包括以下内容：

1.1 软件使用规范：

1.1.1 软件的获取：用户应通过微信官网、腾讯其他官方渠道（如应用宝）或经腾讯授权的第三方（如苹果公司 App Store）获取微信官方版本客户端；

---

[1]《微信个人账号使用规范》没有规定施行时间。不过，根据同时制订的《微信朋友圈使用规范》从 2015 年 3 月 15 日起施行进行推断，其施行时间当亦为 2015 年 3 月 15 日起。

1.1.2 合法使用软件。除非法律允许或腾讯书面许可，你使用本软件过程中不得从事下列行为：

1.1.2.1 删除本软件及其副本上关于著作权的信息；

1.1.2.2 对本软件进行反向工程、反向汇编、反向编译，或者以其他方式尝试发现本软件的源代码；

1.1.2.3 对腾讯拥有知识产权的内容进行使用、出租、出借、复制、修改、链接、转载、汇编、发表、出版、建立镜像站点等；

1.1.2.4 对本软件或者本软件运行过程中释放到任何终端内存中的数据、软件运行过程中客户端与服务器端的交互数据，以及本软件运行所必需的系统数据，进行复制、修改、增加、删除、挂接运行或创作任何衍生作品，形式包括但不限于使用插件、外挂或非经腾讯经授权的第三方工具/服务接入本软件和相关系统；

1.1.2.5 通过修改或伪造软件运行中的指令、数据，增加、删减、变动软件的功能或运行效果，或者将用于上述用途的软件、方法进行运营或向公众传播，无论这些行为是否为商业目的；

1.1.2.6 通过非腾讯开发、授权的第三方软件、插件、外挂、系统，登录或使用腾讯软件及服务，或制作、发布、传播上述工具；

1.1.2.7 自行或者授权他人、第三方软件对本软件及其组件、模块、数据进行干扰。

1.1.3 腾讯有权对前述行为进行独立判断，并对相关违规账号进行处理。常见的行为有：使用抢红包插件、外挂、软件或系统；使用微信多开插件、外挂、软件或系统；使用微信皮肤修改插件、外挂、软件或系统；使用一键转发插件、外挂、软件等。

1.2 注册使用行为规范：

1.2.1 获取微信账号的渠道：用户须通过微信官方客户端注册微信账号；

1.2.2 用户须通过合法渠道获取的手机号码进行微信账号注册。注册过程中需进行短信验证并绑定一个有效的手机号码；

1.2.3 用户不得实施恶意注册、使用微信账号的行为，如频繁注册、批量注册微信账号、滥用多个微信账号、诱导或欺骗他人为自己注册微信账号进行辅助验证、买卖微信账号及相关功能、恶意为他人注册微信账号进行辅助验证等。

1.2.4 用户不得利用多个账号主体或控制多个微信账号实施违反法律法规及本规范的行为，不得采取各种技术手段恶意绕开或者对抗平台规则。

1.3 访问行为规范：

为了保护用户账号安全，腾讯有权对访问异常的行为进行独立检测判断并采取相应处理措施。以下是腾讯对不同类型访问异常行为的处理方案：

1.3.1 登录异常：对于注册后长期没有登录或者注册后长期无任何访问记录的账号，为保护用户账号安全，腾讯将限制其登录功能，用户需激活账号后才能正常使用，激活方式包括但不限于验证短信验证码等；

1.3.2 打招呼异常：对于在打招呼场景设置展示或者发送违规内容（详见"2. 内容规范"）以及打招呼频次、地域存在异常的行为，腾讯将根据情节对违规账号进行警告、限制或禁止使用部分或全部功能直至永久封号的处理，并有权公告处理结果；

1.3.3 解封异常：对于在申请自助解除封号过程中异常行为，如批量申请解封、通过机器指令申请解封、提交虚假资料、虚构好友关系以及利用第三方网赚平台解封、诱导或欺骗他人为自己辅助解封等行为，腾讯将根据情节对解封账号进行再次封号或者永久封号处理；对违规辅助他人解封的账号限制使用微信全部或部分功能、进行短期或长期封号处理。

1.3.4 其他操作异常：如用户账号在一定期间内产生异常大量的信息（包括但不限于收发各类动态消息、参与各类互动评论等），存在安全隐患或导致腾讯带宽资源被过度占用的，腾讯将对该等用户启动暂时冻结更新操作（包括但不限于无法接收新信息、无法添加朋友或群聊等）的保护，直至账号使用情况恢复正常。

1.4 数据获取、使用规范：

为了保护用户数据安全，腾讯禁止微信用户从事以下违规行为：

1.4.1 未经其他微信用户明确同意，或未向其他微信用户如实披露数据用途、使用范围等相关信息的情形下复制、存储、使用或传输其他微信用户数据，侵害其他微信用户合法权益的；

1.4.2 要求其他微信用户共享、提交个人信息（包括但不限于手机号、身份证号码、出生日期、住址等）才可使用某种服务或从事某种活动的，如填写个人信息后进行算命、披露个人信息后才能加入群聊等；

1.4.3 将其他微信用户微信号、名称、QQ 号、手机号、电子邮箱地址和出生日期等个人信息用于任何未经用户及微信平台授权的用途的；

1.4.4 企图进行反射查找、跟踪、关联、挖掘、获取用户微信号、名称、QQ、手机号、电子邮箱地址和出生日期等个人隐私信息的。

2. 内容规范

微信用户需要遵守《腾讯微信软件许可及服务协议》及相关法律法规的规定，发送的内容如违反相关规定，一经发现，腾讯将根据违规程度对微信账号采取相应的处理措施，并有权拒绝向违规账号主体提供服务。如：删除违规内容、限制与该主体相关账号功能、封禁与该主体相关账号等。所谓违规内容，包括但不限于：

2.1 侵权类内容

2.1.1 主体侵权

2.1.1.1 擅自使用他人已经登记注册的企业名称或商标，侵犯他人企业名称权或商标专用权；

2.1.1.2 擅自使用他人姓名、肖像，侵害他人姓名权、肖像权等合法权益。

2.1.1.3 冒用身份，使用他人特征性信息，足以误导其他微信用户的。例如：微信账号昵称为某公司著名游戏产品名称，且在个性签名中暗示或明示其为该游戏产品的客服人员。

2.1.2 内容侵权

2.1.2.1 发送或传播侵犯他人知识产权的内容，如发送或传播侵犯他人著作权、商标权、专利权等内容的；

2.1.2.2 未经授权发布他人身份证号码、联系方式、家庭住址、微信号、照片等个人隐私资料，侵犯他人肖像权、隐私权等合法权益的；

2.1.2.3 捏造事实公然丑化他人人格或者通过侮辱、诽谤等方式损害他人名誉、荣誉，侵犯他人名誉权、荣誉权等合法权益的；

2.1.2.4 未经授权发布企业商业秘密，侵犯企业合法权益的；

2.1.2.5 其他侵犯他人合法权益的行为。

2.2 色情及色情擦边类内容

2.2.1 发送或传播涉黄内容的，包括但不限于招嫖、寻找一夜情、性伴侣等内容的；

2.2.2 发送或传播情色文字、情色视频、情色图片、情色漫画等内容的，但不限于上述形式；

2.2.3 发送或传播色情擦边、性暗示类信息内容的。

2.3 暴力违法内容

2.3.1 发送或传播人或动物自虐、自残、自杀、被杀、致残以及枪击、刺伤、拷打等令人不适的内容的；

2.3.2 发送或传播诱导他人自虐、自残、自杀或教唆他人进行犯罪行为等内容的；

2.3.3 发送或传播针对未成年人的暴力或虐待内容的；

2.3.4 发送或传播吸食注射毒品或违禁药品等令人不适的画面内容的；

2.3.5 发送或传播销售仿真枪、弓箭、管制刀具、气枪等含有杀伤力武器内容的；

2.3.6 发送或传播以鼓励非法或不当方式使用为目的而描述真实武器内容的。

2.4 赌博类内容

2.4.1 发送或传播赌博邀请、胁迫或诱使他人参赌等涉赌内容的；

2.4.2 出售赌博器具，介绍赌博规则和玩法，传授赌博（千术）技巧、方式、方法等赌博相关内容的。

2.5 危害平台安全内容

2.5.1 发送或传播钓鱼网站等信息，诱使用户上当受骗蒙受损失；

2.5.2 发送或传播病毒、文件、计算机代码或程序，可能对微信的正常运行造成损害或中断。

2.6 涉黑涉恐类内容

2.6.1 发送或传播替人复仇、收账等具有黑社会性质的信息；雇佣、引诱他人从事恐怖、暴力等活动；拉帮结派，招募成员，对社会秩序构成潜在危害的内容。

2.7 非法物品类内容

2.7.1 发送或传播买卖发票、假烟、假币、赃物、走私物品、象牙或虎骨等野生动物制品、毒品、窃听器、军火、人体器官、迷药、国家机密等非法物品内容的；

2.7.2 发送或传播违法办证刻章、代办身份证、护照、港澳通行证、结婚证、户口本、学历学位证明等证件等内容的；

2.7.3 发送或传播违法违规办理信用卡、信用卡套现、公积金套现、医保卡套现、手机复制卡等内容的。

2.8 欺诈信息类

2.8.1 类似广告形式的欺诈信息。如明显虚假夸大使用效果的保健食品、保健用品、药品、成人用品类信息以及其他假冒伪劣商品等内容的；

2.8.2 类似传销形式的欺诈信息。所谓类似传销形式，是指通过发展人员按照一定顺序形成层级，直接或间接地按照发展人员数量作为计酬或返利依据等与传销行为类似的形式。如多级分销、高额返利等内容；

2.8.3 以获取他人个人信息和数据为目的发布的欺诈信息。如冒充亲友骗取他人信息的；以组织某种活动的名义，要求他人提供个人信息的；

2.8.4 其他以骗取钱财为目的发布的欺诈信息。如网赚、中奖类信息、付费陪聊等。

2.9 不实信息类内容

本规范所称的不实信息，指没有相应事实基础，通过捏造或扭曲事实、隐瞒真相而产生的信息。包括但不限于：

2.9.1 涉及反对宪法确定的基本原则、社会主义制度、危害国家统一、主权和领土完整、泄露国家秘密、危害国家安全或者损害国家荣誉和利益等政治类不实信息；

2.9.2 煽动国家、地区、民族、种族、宗教间仇恨、歧视、误解，损害善良风俗的不实信息；

例：今天上午日本发生9.0级地震，安倍晋三不幸遇难！是中国人就挺起！！扩散出去！！！

2.9.3 扰乱社会秩序、引起或可能引起公众恐慌的不实信息；

例：震惊：在中国吃猪肉等于自杀！！

急急急请告诉你的熟人近期不要吃海鲜了。请火速转发

2.9.4 宣扬邪教和封建迷信的不实信息；

2.9.5 与生活常识、公众话题相关的不实信息；

2.9.6 与腾讯相关的不实信息，或者未经腾讯官方确认、披露或准许而发布的信息；

例：未经许可发布的微信新功能信息。

2.9.7 其他不实信息。

2.10 不良信息类

2.10.1.1 利诱用户分享：分享后对用户有奖励。包括但不限于：邀请好友拆礼盒，集赞，分享可增加一次抽奖机会等；

2.10.1.2 胁迫、煽动用户分享：用夸张、诅咒性质言语来胁迫、引诱用户分享。包括但不限于："不转不是中国人""请好心人转发一下""转发后一生平安""转疯了""必转"等。

2.10.2 特殊识别码、口令类信息

由第三方软件、网页或终端生成的具有识别、标记功能的特殊识别码、口令类信息，包括但不限于对用户造成诱导、骚扰、以任何形式未经用户同意或者以欺骗手段获取用户关系链等用户个人数据和隐私信息的特殊字符集、特殊标识、特殊代码以及各类口令等。

2.10.3 骚扰及垃圾信息

除前述违规内容之外，其他侵扰用户安宁、造成用户使用体验减损或者影响软件正常使用和运行的骚扰及垃圾信息，如批量发送的、由机器生成的或传播明显异常的非正常通信需求相关的内容。

2.10.4 其他违反与腾讯签订的、任何形式的服务协议、平台协

议、功能协议的不良信息。如微信账号买卖或租用、微信群买卖或租用或商业化使用等内容。

2.11 其他违法违规内容

2.11.1 发送或传播其他违反国家法律、行政法规、部门规章、地方性法规等规范性文件的内容。如未取得法定许可证件或牌照，未获得在先行政许可，未符合监管部门的要求，违规发布或传播相关内容的，包括但不限于违规发布药品或医疗器械推广内容、违规发布证券或期货等投资类有偿咨询内容以及违规发布烟草宣传内容等；

2.11.2 发送或传播其他违反与腾讯签订的、任何形式的服务协议、平台协议、功能协议的内容。如垃圾信息、骚扰信息、微信账号买卖或租用、微信群买卖或租用、用户关系链获取或商业化使用等内容。

3. 支付规范

3.1. 在微信平台使用支付功能的，应当依照法律、法规等规范性文件的规定开展，不得实施非法吸收公众存款、集资诈骗等违法犯罪行为，或为违法犯罪行为提供协助。

3.2. 不得以任何方式禁止、阻碍、妨碍或影响微信用户使用微信支付等腾讯提供的第三方支付工具，也不得为上述行为提供任何便利或协助。

3.3. 用户使用微信支付等腾讯提供的第三方支付工具的，需遵守《微信支付用户服务协议》等服务协议和平台规则。

4. 处理规则

4.1. 腾讯有权对上述行为或内容进行独立判断。

4.2. 对于违反本规范的微信个人账号，一经发现，腾讯将根据情节进行删除或屏蔽违规信息、警告、限制或禁止使用部分或全部功能直至永久封号的处理，并有权公告处理结果。

4.3. 在微信群中实施违反本规范之行为的，一经发现，腾讯将根据情节对该微信群及该微信群的建立者、管理者和违规行为的实施者进行删除或屏蔽违规信息、警告、限制或禁止使用部分或全部功能直至永久封号的处理，并有权公告处理结果。

三、投诉、申诉机制

1. 违规投诉机制

1.1 投诉内容：违反行为规范、内容规范（侵权类内容除外）、支付规范的违法、违规行为或内容的。

1.2 投诉方式：你可以通过微信客户端进入投诉页面进行投诉。

2. 侵权投诉机制

2.1. 投诉内容：内容规范中所述的"侵权内容"，如：侵犯他人肖像权、名誉权、姓名权、隐私权、商标权、著作权、专利权、企业名称权等合法权益的内容。

2.2. 投诉方式：如果微信用户侵犯了你的合法权益，你可以通过手机微信客户端进入投诉页面进行侵权投诉。

3. 申诉机制

3.1. 申诉原因：微信用户因违反本规范而被采取相关处理措施的，如对处理结果有异议，可以向腾讯提交符合法律法规及腾讯要求的证明材料向腾讯申诉。

3.2. 申诉方式：

3.2.1. 因违反本规范下的"行为规范"或发布违法违规内容而被处理的，如对处理结果有异议，你可以通过以下方式进行申诉：

3.2.1.1. 电话客服：0755-83765566；

3.2.1.2. 在线客服：访问 kf. qq. com-> 微信->账号保护->微信账号服务。

3.2.2. 因侵犯他人商标权、著作权、专利权而被处理的，如对处理结果有异议，你可以通过以下方式：电脑访问 weixin110. qq. com ->投诉维权->微信号侵权行为->《微信个人用户侵权投诉反通知指引》。

四、遵守当地法律监管

你在使用微信服务的过程中应当遵守当地相关的法律法规，并尊重当地的道德和风俗习惯。如果你的行为违反了当地法律法规或道德风俗，你应当为此独立承担责任。

微信用户应避免因使用本服务而使腾讯卷入政治和公共事件，否则腾讯有权暂停或终止对你的服务。

五、免责声明

微信用户明确了解并同意：

关于微信服务腾讯不提供任何种类的明示或暗示担保或条件，包括但不限于商业适售性、特定用途适用性等。你对微信服务的使用行为必须自行承担相应风险。

本使用规范是在保障遵守国家法律法规、维护公序良俗，以及保护他人合法权益的基础上，为打造绿色、健康、优质平台的更高目标而制定的，腾讯在能力范围内尽最大的努力依照有效的法律法规做出判断，但是并不保证其判断完全与司法机构、行政机关的判断一致，为此产生的后果微信用户及运营者已经理解并同意自行承担。

六、动态文档

本使用规范为动态文档，我们有权根据相关法律法规更新或产品运营的需要对其内容进行修改并更新，你应能反复查看以便获得最新信息。

七、相关协议链接

《腾讯服务协议》

《腾讯微信软件许可及服务协议》

《微信公众平台服务协议》

《微信公众平台运营规范》

《微信外部链接内容管理规范》

《微信朋友圈使用规范》[1]

三、结语

这一由企业制订的用户行为规范——《微信个人账号使用规范》，包括原则、使用规范、投诉、申诉机制、遵守当地法律监管、免责声明、动态文档、相关协议链接等部分，内容全面、详细地规定了用户的行为规范。

---

〔1〕 参见 https://weixin110.qq.com/security/readtemplate？t=security_center_website/article&artid=120813euEJVf160303a2ueAV，2020 年 1 月 14 日最后访问。

特别是《微信个人账号使用规范》的主体内容为使用规范，由行为规范（软件使用规范、注册使用行为规范、访问行为规范、数据获取和使用规范）、内容规范（侵权类内容、色情及色情擦边类内容、暴力违法内容、赌博类内容、危害平台安全内容、涉黑涉恐类内容、非法物品类内容、欺诈信息类内容、不实信息类内容、诱导分享和诱导关注类内容、其他违法违规内容）、支付规范、处理规则等，更是系统、详尽，对要求用户在使用微信个人账号时须遵守当地相关的法律法规并尊重当地道德和风俗习惯的行为规范进行具体化。《微信个人账号使用规范》中有的规范还进行举例说明，如2.9.3"扰乱社会秩序、引起或可能引起公众恐慌的不实信息"下为"例：震惊：在中国吃猪肉等于自杀！！"，这使规范内容形象、明确，用户容易理解。

对于违规行为，企业可以依据《微信个人账号使用规范》进行证据材料的核实确认，进行包括但不限于封停功能、限制登录等处理。企业支持用户在微信内的合理、自由的表达，但也提醒并建议大家进行文明对话、理性沟通，构建文明有序的网络群体空间。

企业制订的用户行为规范是一种协议，是腾讯这样的企业与用户之间签订的合约，企业依法以此规范用户的行为，满足用户需求，实现企业利益，推进社会发展。

随着社会的发展，企业制订的用户行为规范需要根据国家法律而不断完善，如这一《微信个人账号使用规范》就需要按照国家互联网信息办公室室务会议审议通过、自2020年3月1日起施行的《网络信息内容生态治理规定》进行进一步的完善，以保护企业和用户的合法权益，促进互联网行业的健康发展。

从某个角度认识，这种行为规范是企业这一类非国家的社会组织创制的习惯法，具有一定的约束力。这表现了国家之外的社会的自我管理和调控。城市中的企业特别是大企业，与社会成员的关系密切，其创制的用户行为规范等习惯法对民众的行为影响极大，需要予以充分重视。

民营企业的内部反腐制度

任传祺

一、引言

民营企业并非法律用语，是为民间对我国经济体制改革过程中出现的一种企业类型的表达，是指非国有国营的企业，为"民营经济"的主体部分或重要组成部分。不同于产权方面的私营企业，民营企业是从经营机制、经营方式上进行理解的。

民营企业在我国经济中起着十分重要的作用。截至 2017 年底，我国民营企业数量超过 2700 万家，个体工商户超过 6500 万户，注册资本超过 165 万亿元。民营经济贡献了 50% 以上的税收，60% 以上的国内生产总值，70% 以上的技术创新成果，80% 以上的城镇劳动就业，90% 以上的企业数量。[1]2019 年 12 月 4 日，《中共中央、国务院关于营造更好发展环境支持民营企业改革发展的意见》指出，改革开放 40 多年来，民营企业在推动发展、促进创新、增加就业、改善民生和扩大开放等方面发挥了不可替代的作用；民营经济已经成为我国公有制为主体多种所有制经济共同发展的重要组成部分。

与其他企业一样，民营企业也非常重视企业内部的反腐问题。

---

〔1〕 "正确看待民营经济的地位和作用"，载 https://baijiahao. baidu. com/s？id = 1619172333786845333&wfr = spider&for = pc，2020 年 2 月 13 日最后访问。

民营企业内部出现腐败问题，不但会导致民营企业成本增加、利润损失，使得企业形象、品牌价值受到严重损害，且会伤害守法合规、安分守己的员工，使整个企业的发展停滞不前，乃至毁掉整个企业。为此，民营企业特别是规模较大的民营企业通常都重视内部反腐工作，建立内部反腐制度，保障企业的有序健康发展，保障在市场中的公平竞争。

民营企业的这些内部反腐制度为非国家法意义上的习惯法，[1]是当代中国城市习惯法的组成部分。对此进行探讨，有助于我们全面认识民营企业内部反腐制度的重要价值，拓展习惯法研究的领域，提升习惯法研究的水准。

本文主要依据公开的网络材料，对民营企业内部反腐制度的机构和内容进行初步讨论，并分析民营企业内部反腐制度进一步完善的方向，以引起学界对此的进一步关注。

二、民营企业内部反腐制度的执行机构

就大型民营企业而言，通常都会设立合规部门、监察部门等机构，专门从事内部反腐制度的具体制订和实施。如阿里巴巴集团于2010年设立廉政部，2012年设立廉政合规部，2012年6月设立首席风险官；360公司于2011年设立监察部；百度公司于2012年设立职业道德委员会；58同城于2017年9月设立合规监察部；联想集团设立了廉政公署；京东集团设立了内控合规部。

这些内部反腐制度的设计、执行机构的权限不一，有的独立性比较强，权限比较大，如百度公司的职业道德委员会，在百度公司内部具有高度独立性，不隶属于任何业务部门，直接向最高管理层汇报工作。58同城的合规监察部直接向首席执行官（CEO）汇报、对董事会负责。有的民营企业的内部反腐机构的权限一般，向首席运行官（CFO）、法务总裁（VP）汇报。

---

[1] 本文所指的习惯法为非国家法意义上的习惯法，指独立于国家制定法之外，依据某种社会权威和社会组织，具有一定的强制性的行为规范的总和。参见高其才：《中国习惯法论》（第3版），社会科学文献出版社2018年版，第3页。

根据工作需要，有的民营企业的内部反腐机构还在分公司设立派出机构等。如百度公司的职业道德委员会在不少地区设有分部。

民营企业内部反腐机构的内部设置不一，如58同城的合规监察部设有案件调查部、业务监察部、合规部等内设部门，还设有"专案调查组"，调查人员都曾在公检法部门工作过，平均年龄36岁，经验丰富。[1]

民营企业内部反腐机构的人员主要来自公检法机关、企业防损和稽核部门、审计部门。一般要求对企业忠诚，同时也强调具有相当丰富的社会经验和较高的专业技能和办案能力。人员数量根据民营企业的反腐需要而配置，多少不一。如58同城的内部反腐机构有40多人。

三、民营企业内部反腐制度的主要内容

为避免、防止企业内部腐败，民营企业本着防范与查处相结合、以防为主的原则，强化员工的价值观教育，制订具体的规范并进行全面的培训，严格执行规章制度，建立起系统的内部反腐制度。如58同城的反腐败制度，事前有监察管理手册、廉洁文化、员工手册培训，事中有举报制度、礼品报备制度、招标采购监督制度等；对关键岗位的人员引进必须要做尽职调查，升职要依据自身及团队管理方面的违规违纪行为进行测评，离职前还要进行离任审计，使关键岗位人员的管理形成一个完整闭环，实行阳光文化，强调零容忍、零贪腐。[2]

（1）价值塑造。民营企业致力于廉洁的企业文化建设，培育忠诚、守信、本分的企业社会环境。对此，58同城员工的名片上就有直观体现，公司所有员工的名片背后都统一印着廉洁承诺："公司禁止员工利用职务便利，以个人及技术等名义接受合作伙伴任何形式的礼品、礼金、宴请等；对于员工任何形式的侵占、索贿、挪用、

---

〔1〕 王松口述："58抓'鬼'"，载 https://t.cj.sina.com.cn/articles/view/2286037382/8842298602000ld5w? from=tech，2019年9月8日最后访问。

〔2〕 王松口述："58抓'鬼'"，载 https://t.cj.sina.com.cn/articles/view/2286037382/8842298602000ld5w? from=tech，2019年9月8日最后访问。

渎职、诈骗、泄密等行为零容忍，一经发现严肃查处。"

近年来，联想集团发起"新文化运动"进行自我革新，从组织、制度、员工等层面大力营造反腐倡廉的企业文化。百度公司也发起"阳光职场"行动，严查职务侵占、商业受贿等违法违规行为，致力于打造廉洁守信的企业氛围。

（2）制订规范。针对民营企业在采购回扣、营销费用、代理商和渠道商合作、销售环节、亲属同事或供职于供应商等容易滋生腐败的环节，[1] 民营企业制订涵括事前、事中、事后诸环节、全面系统的管理制度，堵塞可能存在的漏洞。如为杜绝腐败，阿里巴巴集团出台《阿里巴巴集团商业行为准则》，详细规定了员工日常行为和商业来往规范。

2019 年 1 月，美团大众点评在年度战略沟通会上发布了"美团廉正七条"廉洁自律宣言，宣言内容包括：①不索贿、受贿、行贿，遵守礼品申报制度；②不侵占，不盗用，不以权谋私，不兼职谋利，遵守利益冲突申报制度；③不弄虚作假，不欺上瞒下，不巴结讨好上级，不拉帮结派；④不骚扰歧视，不侮辱诽谤，遵守对外言论制度；⑤不私定商业协议，不内外串通谋利，不与黑产合作；⑥不泄漏公司数据和秘密，遵守信息安全、保密隐私保护等制度；⑦不推诿廉洁责任，主动建设防腐机制、廉正文化。美团大众点评联合创始人穆荣均和王慧文参与宣誓活动，并进行领誓；现场一百多名高管宣誓。[2]

美团大众点评在 2015 年成立集团监察部，2016 年成立阳光委员会，并先后出台了《阳光职场行为规范》《避免利益冲突制度》等十

---

〔1〕"58 同城公司有一个非常年轻的技术员工，按他的说法，他还没有女朋友，想从公司通讯录里看有没有和自己年龄相符的未婚老乡。结果他就破解密码，导出了很多女员工的数据。实际上，他没卖数据，甚至可以说没用数据做什么。但是，这种行为就已经触犯了刑法。最终被公司移交给了警方。"参见王松口述："58 抓'鬼'"，载 https://t. cj. sina. com. cn/articles/view/2286037382/8842298602000ld5w？from = tech，2019 年 9 月 8 日最后访问。

〔2〕"美团三名员工涉嫌受贿被刑拘？官方回应：消息属实"，载 http://tech. sina. com. cn/i/2019−07−16/docihytcitm2443385. shtml？cre = tianyi&mod = pcpager_ society&loc = 5&r=9&rfunc = 86&tj=none&tr=9，2019 年 7 月 19 日最后访问。

几项制度作为员工的行为准则，要求员工"坚守道德与法律底线，坚决不触碰阳光职场八条高压线"。美团大众点评监察部制定的《阳光职场行为规范 2.0》共包括十部分：①目的；②适用范围；③总则，包括遵守法律法规、遵守诚实守信的道德标准、营造尊重和信任的工作环境、保护公司财产、保证信息安全、处罚的具体运用；④严重违纪（高压线）政策及处分，包括具体违规违纪行为、处分；⑤中度违纪政策及处分，包括具体违规违纪行为、处分；⑥轻度违纪政策及处分，包括具体违规违纪行为、处分；⑦管理责任；⑧疑问咨询；⑨制度冲突解决制度；⑩附则。

（3）全面培训。从维护公司利益和保护员工出发，民营企业重视培训，加强对全体员工的法律法规教育和企业规章制度学习。民营企业内部反腐机构积极组织和参与员工培训，进行国家法律、企业制度的解读和宣传，使员工时刻明确合规与越规的界限，提高广大员工的守法遵规意识。

华为公司定期会召开企业业务经销商反腐大会，通告最新反腐情况，并与经销商共同商讨反腐制度建设。同时，华为公司还将反腐追缴的资金用于奖励遵纪守法的员工，鼓励守法行为。京东集团每年则拿出 1000 万元作为反腐奖励基金。

（4）严格执行。民营企业严格执行内部反腐制度是企业反腐的关键。大多数民营企业通过举报、核查、审计、监察等方式发现内部腐败的线索，并进行认真查证和处理，保障反腐制度的效力，维护企业的纯洁和活力。如 2016 年 7 月，腾讯公司网络拓展部以及在线视频部总监岳某，因侵占腾讯公司资金 373.9 万元，依法被判处有期徒刑 9 年。2016 年 4 月，百度公司以"违反职业道德、损害公司利益"为由开除了百度公司时任副总裁、百度公司创始员工王某。2016 年 11 月，百度公司最年轻的副总裁李某远被迫"引咎辞职"。根据百度公司职业道德委员会的通报，原因之一是在工作中"有私下巨额经济往来"。2018 年 8 月 24 日，京东集团官方反腐微信公号"廉洁京东"发布《京东集团反腐败公告》，公布了京东集团 16 起反腐败的典型案例。2019 年 1 月，大疆公司发反腐公开信。据公告显示，大疆处理涉嫌腐败和渎职行为的员工 45 人，腐败造成的损失保守估计超 10 亿元人民币。2019 年 7 月 16 日，美团大众点评原市场营销部总监赖某、高级经理梅某某、离职员工路某某因涉嫌非国家工作人员受贿罪，于 2019 年 7 月 16 日被北京朝阳警方依法刑事拘留。2019 年 7 月 16 日，360 公司发布内部通报称，经道德委员会查实，知识产权部资深总监黄某，收受多家代理商贿赂，涉嫌非国家工作人员受贿罪。[1]2018 年 12 月，美团大众点评对外宣布，在过去 10 个月时间里，有 89 人被移送公安机关，涉及刑事案件 29 起，其中美团大众点评内部员工贪腐及其他违纪刑事案件 11 起，涉案员工 16 人，社会人员 14 人。在被查处的 89 人中还有一位是负责美团外卖的高级渠道总监。[2]

如 58 同城的合规监察部于 2017 年协调财务部、人力资源以及合同资料、信息部等各个部门，查处了 58 同城渠道事业部高级副总裁宋某。在 58 同城工作 5 年多的宋某，涉嫌利用职务便利非法收受代理商巨额财物。宋某贪腐案情复杂，金额巨大，但查处顺利。这一案的依规查处，表明不管员工职级多高，是否在职，企业都将按照相关制度进行处理。这在企业内部起到了警示作用，取得了较好的反腐效果。[3]

又如刘某楠利用其在蚂蚁金服数娱中心担任商务经理，负责支付宝客户的准入、投诉管理的职务之便，为吴某提供帮助，将吴某提供的本不能审核通过的公司得以审核通过，并为吴某提供的公司处理各类涉赌、涉诈投诉，使相应公司能够正常使用支付宝进行收支；在确实无法应对蚂蚁金服的检查时，通知吴某、孙某等人及时变更收付款主体。刘某楠在不到 1 年的时间里受贿超 1300 万元人民币。2017 年 8 月 9 日，蚂蚁金服廉政部找刘某楠等谈话，他承认吴某有大额钱款输入，并给吴某提供了业务上的便利。谈话记录证实，

〔1〕 "抓嫖牵出大案？蚂蚁金服两 80 后员工受贿超 1300 万"，载澎湃新闻 https://news. sina. com. cn/s/2019-07-19/doc-ihytcitm2995567. shtml，2019 年 7 月 19 日最后访问。

〔2〕 "美团三名员工涉嫌受贿被刑拘？官方回应：消息属实"，载 http://tech. sina. com. cn/i/2019 - 07 - 16/docihytcitm2443385. shtml？ cre = tianyi&mod = pcpager _ society&loc = 5&r = 9&rfunc = 86&tj = none&tr = 9，2019 年 7 月 19 日最后访问。

〔3〕 王松口述："58 抓'鬼'"，载 https://t. cj. sina. com. cn/articles/view/2286037382/8842298602001d5w？ from = tech，2019 年 9 月 8 日最后访问。

刘某楠对吴某做的业务涉黑、涉灰主观明知，其承认收受吴某人民币 21 万元。2017 年 8 月 9 日 19 时，公安机关接到举报刘某楠等嫖娼和非国家工作人员受贿，民警将他们带回派出所调查。2019 年 7 月，法院一审判处刘某楠犯非国家工作人员受贿罪，判处有期徒刑 9 年，并处没收财产人民币 100 万元。[1]

还如马某曾任乐视公司热点频道主编，负责该频道的内容管理、内容更新。2014 年 9 月，她通过工作关系认识的四川省巴中市恩阳区人黄某提出，由马某将其提供的视频推广到乐视生活频道指定位置后为马某个人支付报酬，马某同意，并与黄某协商一致推荐视频的位置和价格。2014 年 9 月至 2017 年 7 月，被告人马某违规为黄某有偿推广带隐形广告的视频数百条，并分别接受黄某 128 笔共计 1 414 600 元。依据 2019 年 12 月 27 日发布的判决书显示，2018 年四川省巴中市恩阳区人民法院认为，被告人马某身为乐视公司的工作人员，利用职务上的便利，非法收受他人财物，为他人谋取利益，构成非国家工作人员受贿罪，判处有期徒刑 5 年；没收已追缴的违法所得 1 414 600 元。[2]

在查处后，民营企业一般会及时向全体员工进行通报，以警示大众。如在 2017 年 1 月 19 日，360 公司向全体员工通报一起腐败案件。通报称，公司经过调查，发现并确认硬件客服部外包人员赵某利用职务之便，非法牟利，触犯了相关法律，行为和性质都非常恶劣。此后，赵某因犯侵犯公民个人信息罪，被依法判处有期徒刑 9 个月。据悉，涉案的赵某是武汉人瑞人力资源服务有限公司员工。根据判决，赵某私自下载客户订单信息，并将订单信息贩卖给他人。[3] 2018 年 3 月 15 日，联想廉政公署（ICAC）发出内部信，公布了笔记本研发测试认证部门一桩小额贪腐案，警示员工引以为戒，

〔1〕 "抓嫖牵出大案？蚂蚁金服两 80 后员工受贿超 1300 万"，载 https://news.sina. com. cn/s/2019-07-19/doc-ihytcitm2995567. shtml，2019 年 7 月 19 日最后访问。

〔2〕 "乐视网原编辑受贿 140 万余元，乐视'帝国'崩塌的蚁穴"，载《成都商报》2019 年 12 月 30 日。

〔3〕 "美团、360 多名主管涉贿被抓 科技圈腐败'打扫'难禁"，载 https://t. cj. si- na. com. cn/articles/view/6820099086/19682740e00100ibey？from＝tech，2019 年 9 月 8 日最后访问。

恪守岗位职责。2019 年 7 月 17 日，360 公司创始人、董事长兼 CEO
周鸿祎在朋友圈称："公司里有些部门有了权力，不是为用户客户服
务，而是变成了寻租的工具，这完全违背了公司的基本价值观和文
化，要用最锋利的刀子将这些腐烂的肉切掉。"这疑似回应 360 公司
知识产权部资深总监黄某涉嫌受贿被捕一事，表达了自己对内部员
工贪腐"零容忍"的态度。[1]

2019 年 8 月 30 日，万达集团发布内部公告称，8 月 30 日万达集
团召开了廉洁与遵章守纪教育大会，经集团审计中心查实，商管集
团原总裁助理兼华南运营中心总经理王某、武汉区域原招商营运副
总经理密某、黄冈万达广场原总经理付某、孝感万达广场原招商营
运副总经理张某严重违反集团制度，向商户、供方及员工索贿，金
额巨大，已涉嫌犯罪。万达集团这起腐败窝案发生在武汉，涉及金
额总数近亿元，主要在华南运营中心总经理王某任职武汉期间发生，
区域管理层联同地方单店，操纵投标、入股多家出租商户，调任之
后仍然收受中标单位的贿赂。[2]

同时，针对反腐的民营企业间合作日益密切，行业共治成为民
营企业的共识。如 2017 年 2 月，由京东牵头，联合了腾讯、百度、
沃尔玛（中国）、宝洁、联想、美的、小米、美团大众点评、唯品
会、李宁、永辉超市、佳沃鑫荣懋等 14 家企业发起了阳光诚信联
盟，它是中国首个互联网企业共同发起的行业自治的联盟。为提高
失信人员的违法违规成本，建立行之有效的联合调查沟通机制，联
盟建立了"失信人员共享平台"，失信人员主要包括收受贿赂、职务
侵占、盗窃和诈骗等类型。联盟成员可以实现失信人员、失信企业
的信息共享，自动识别失信人员，拒不录用，增加了腐败人员的失

---

〔1〕 "美团、360 多名主管涉贿被抓 科技圈腐败'打扫'难禁"，载 https://t.cj.sina.
com.cn/articles/view/6820099086/19682740e00100ibey? from=tech，2019 年 9 月 8 日最后访
问。

〔2〕 2018 年 1 月 21 日，王健林在对 2017 年工作做出总结时称，反腐卓有成效，
"审计中心去年查处 263 起违规事件，解除劳动关系 129 人，司法立案三起，为企业挽回
损失 1.3 亿元"。参见："万达 4 名管理人员贪腐近亿元被开除！王健林很生气，训话半个
小时"，载 https://news.sina.com.cn/s/2019-09-07/doc-iicezueu4199589.shtml，2019 年 9
月 8 日最后访问。

信成本，形成了"守信者一路绿灯，失信者处处受限"的环境。现在联盟已有 320 多家企业加入，绝大部分为民营企业，其中上市公司超过 50%，覆盖了 60% 的互联网企业，分布在全国 29 个省，员工规模数百万。[1]

四、民营企业内部反腐制度的全面完善

随着改革开放的深入推进和依法治国步伐的加快，民营企业应当加快建立治理结构合理、股东行为规范、内部约束有效、运行高效灵活的现代企业制度，完善内部激励约束机制，规范优化业务流程和组织结构，筑牢守法合规经营底线，依法经营、依法治企，不断完善企业内部反腐制度。

民营企业需要进一步提高对内部反腐重要性的认识，消除"家丑不可外扬"的错误认识，力戒低调处理，客观地面对企业内部腐败问题，努力建立好完善内部反腐制度，严格实施内部反腐制度，对贪腐案毫不姑息，保障企业的健康运营和发展。

民营企业应当建立完整的、系统的合规体系，将监察系统、反舞弊系统、安全机制、风控等有机融合，坚持查防结合、以防为主的原则，不断发现和消除企业管理中的制度漏洞。切实建构"分权"机制，对权力进行约束，以降低企业内部产生腐败的可能。同时，民营企业应当确保内部反腐机构的独立性，保障其不受干预的行使职责，投入足够的人力、财力发挥其积极作用。

民营企业应当重视企业的信息化和新媒体建设。信息化系统的搭建使得民营企业内部的信息流动更加透明，每个环节的节点、资金流出流入更为公开。在这种信息公开透明的情况下，能被私下做手脚的可能性将会大大减低。

此外，发挥所有员工和合作方的反腐败积极性，民营企业需要重视提供有奖举报等方式来加强企业内部的反腐工作。

同时，国家要通过立法为民营企业反腐提供法律、政策的保障，

---

〔1〕 王松口述："58 抓'鬼'"，载 https://t.cj.sina.com.cn/articles/view/2286037382/88422986602000ld5w？from=tech，2019 年 9 月 8 日最后访问。

在调查取证等方面赋予一定的权限，支持企业内部的反腐工作。

五、结语

2014 年 10 月 23 日，中国共产党第十八届中央委员会第四次全体会议通过的《中共中央关于全面推进依法治国若干重大问题的决定》提出"推进多层次多领域依法治理"，要求"发挥市民公约、乡规民约、行业规章、团体章程等社会规范在社会治理中的积极作用"。2019 年 10 月召开的党的十九届四中全会的主题为"坚持和完善中国特色社会主义制度、推进国家治理体系和治理能力现代化"，明确提出要"建设人人有责、人人尽责、人人享有的社会治理共同体"。作为社会规范的一部分，包括民营企业内部反腐制度在内的企业制度是国家治理体系的组成部分，在我国建设多元主体合作共治的社会治理方面具有重要地位。[1]

我们应当重视民营企业的内部反腐制度，不断完善民营企业内部反腐制度，保障民营企业的健康发展。

---

〔1〕 高其才："健全自治法治德治相结合的乡村治理体系"，载《光明日报》2019 年 2 月 26 日。

团伙关系、公司规定和国家法律：公司秩序的差序结构
——以合量公司一起劳动纠纷的解决为对象

李亚冬 *

一、引言

公司是现代经济运作的重要力量，是现代社会的重要组织。城市中的公司是陌生人之间基于经济利益关系的联合，在联合体中，公司与员工之间的关系、不同部门之间及不同员工之间的关系等构成了公司的内部秩序，受到包括国家法律、公司内部规章制度及社会习惯规则的共同调整。按照法律规定，公司与员工之间属于平等主体之间的关系，而在现实中，公司常常通过团伙关系等社会习惯规则规范员工行为，根据内部规章制度实施威权管理。

本文旨在描述一起劳动争议是如何发生、如何解决的，以揭示法律、威权和社会习惯规则在争议期间是如何发挥影响、如何相互作用的。本文的田野材料主要包括对纠纷一方当事人宗阳的访谈，宗阳提供的其所在公司相关规定、文件和与公司其他人员的聊天记录，以及作者的参与式的观察。[1]作为劳动纠纷一方当事人宗阳的好友，作者深度参与了此案例，为宗阳提供了相关法律咨询和维权

　* 李亚冬，清华大学法学院博士研究生。
　〔1〕 按照学术惯例，文中的人物、公司、地点均进行了化名处理。调查时间：2020年5月22日至2020年5月29日，调查地点：上海市。

策略，一定程度上影响了劳动纠纷的解决进程。此外，本文并非有明确主题、明确规划的田野调查，中立性或有不尽之处，但本文仍力求真实、客观。本文的研究对象是一则个案，个案研究需要面对来自整体性研究对个案普适性、代表性的批评，本文认为片面的深刻胜于全面的平庸，微观事件蕴含宏观结构，并尝试在微观事件与宏观结构之间，个体行为与社会制度、文化结构之间建立连接。本文有"心有余力不足"之处，仰请批评。

此起劳动纠纷发生在上海合量有限责任公司（以下简称"合量公司"），合量公司于2018年成立，由友量投资公司和合新公司共同持股，注册资本3.5亿元。董事长为友量投资公司所派，总经理兼法定代表人为合新公司所派，公司日常管理和经营由副总经理兼业务三部负责人洪兵负责，人事负责人刘艳为友量投资公司的人事总监。

宗阳于2020年3月23日与合量公司签订了为期1年的劳动合同，并于当日生效，双方成立了劳动合同关系，并约定了2个月的试用期。3月23日，宗阳正式入职合量公司，担任业务三部的信息员。5月22日当天下班之前，宗阳收到了《解除劳动合同通知书》，合量公司以试用期不合格为由，单方解除劳动合同。宗阳不服，向公司提出异议，劳动纠纷就此开始。

二、劳动纠纷的发生：团伙关系的建立与终止

用宗阳的话来说，合量公司的内部治理是"威权压人""在其中时很江湖，不在其中时很霸道"，这种评价贯穿了宗阳两个月内"应聘—考验—入局—出局"的整个过程。劳动纠纷在两个月里酝酿，并最终发生。

（一）应聘："领导看好你"和打压工资

在应聘过程中，宗阳经历了4次面试，分别是部门副经理章星、部门负责人洪兵、公司总经理何波、董事长冯友，4次面试相隔的时间平均只有2天，且4次面试中除了何波面试时洪兵在场外，其他的面试均为一对一面试。宗阳曾经历过多个公司的终面，对于面试的流程相对清楚。在求职过程中，面试一般分为3轮：第一轮是用

人部门的负责人面试，其次是部门负责人和人事负责人联合面试，第三轮也就是终面由部门负责人、人事负责人和分管负责人或公司负责人联合面试。

但这个公司的面试流程不太一样，一方面，公司高层领导均对宗阳进行了面试，甚至包括常年在北京工作，只是偶然来上海开会的董事长冯友。公司似乎对于宗阳的加入格外重视，人事总监刘艳也多次向宗阳表达公司领导对他的重视："我们冯总、何总都很看好你。"但另一方面，洪兵却在工资上打压宗阳，一边将宗阳的基本工资诉求削减了20%，一边口头承诺年末的年终奖会比宗阳最初的工资诉求多出50%。[1]

在"领导看好你"的"红脸"和打压工资的"白脸"的共同作用下，宗阳放下了被削减工资的不愉快，怀着对职位晋升和年终奖的期望进入了合量公司。

（二）考验：能力考验和忠诚考验

1. 能力考验

入职合量后，直属领导章星给宗阳布置了大量任务，宗阳都完成得很好，且工作态度勤恳、认真，得到了章星的信任。业务二部的经理项前和副总经理洪兵也看到了宗阳优秀的工作能力和认真负责的工作态度。很快，入职后第二个星期开始，洪兵要求宗阳参加公司核心业务的会议，并记录会议纪要。章星不太乐意，但项前却相当支持。

由于业务二部和三部在同一个办公室办公，项前时不时走到宗阳的办公桌旁，看宗阳在做什么，并多次向宗阳提议参与业务二部的工作。宗阳没有直接拒绝，但也从来不主动找项前询问。章星则私下建议宗阳，以后要直接拒绝项前。

2. 忠诚考验：打压和驯服

由于章星是项前招进来的，尽管分属不同部门，由于业务之间具有相关性，项前频繁地在洪兵及办公室其他人面前批评章星工作

---

[1]　"恩威并施"是彰显威权常用的手段。"领导看好你"属于施恩的行为，打压工资是施威的行为。

能力差。宗阳后来逐渐意识到，项前抨击章星的目的在于使自己失去对章星的信任和感激，转而为他效力。

项前开始让宗阳做一些看起来和工作毫无关系的事情，例如下楼买烟、帮忙取快递。[1]但宗阳对项前在众人面前频繁贬低自己的直属领导的行为颇不满，认为项前巧言令色，也没有帮项前做杂事。

宗阳始终对招自己进公司的章星保持信任，对项前保持警惕。无论是在核心业务会议，还是公司聚会中，他都没有跟随项前反对过章星，甚至会隐晦地"怂"[2]项前。当他逐渐从章星那里得知了更多项前的私人事迹后，对项前更为不齿。

但在参与会议的过程中，宗阳逐渐意识到项前与洪兵同属一个利益共同体了团伙，把握着公司的绝大部分资金，而章星并不在其中。出于利益，他想要靠近洪兵，但又不愿接受项前的领导。他对于章星的处境感到同情，但也不会为了利益归顺项前，背叛章星。大概是能力的确出众，项前和洪兵对宗阳愈发欣赏，在一次公司聚餐的酒桌上，洪兵笑着说了两次宗阳："你这个坏小子！"[3]宗阳其实还未被驯服，但洪兵和项前认为宗阳已经通过了考验。

（三）入局："拉关系"和"给项目"

还没等宗阳想清楚该怎么做，原本洪兵—项前—章星不太平衡的三角关系就忽然发生了变动。此时距离试用期到期还有2周，一次日常的业务会议之后，洪兵让章星和项前的一名助手先退场，让宗阳留了下来。洪兵、项前和宗阳开了个内部会议，给宗阳一个项目的全部权限，而这个项目原本是章星负责的。

开会时洪兵、项前对宗阳说了些话，当时宗阳沉浸在拿到项目的喜悦中，并未深入思考这些话的含义。事后许久，宗阳回忆起来这次会议，才意识到洪兵这次开会的目的是让是宗阳取代章星的位置，希望宗阳以后跟着两位大哥干，他们之间的关系是"老大哥—二哥—小

---

[1] 这类杂事和体制内领导令下属接孩子上下学、给孩子辅导功课有类似之处，意在建立"忠诚—照顾"的私人信任关系。

[2] 怂：在陕西话里是指责、怼的意思。

[3] 根据宗阳的理解，洪兵的这句话是表示欣赏宗阳的胆量和才干。宗阳曾主动找章星希望能负责小项目，但章星拒绝了，而后又去找洪兵要项目。

弟"。宗阳认为这些称呼有"江湖气"，而这种行为是"拉关系"。章星曾经告诉过他，公司有不同的团伙派系，自己和公司的人事总监是同一派系。就这样，宗阳加入了洪兵和项前所在的核心团伙。

会后，章星被踢出了核心业务的微信群。虽然还未被正式撤掉副经理的名头，但实权已经全部落到了宗阳手中。章星成了公司最闲的人，他的劳动合同还有 2 个多月到期，为了避免更多的损失，公司不会解雇他，而是会等到劳动合同到期时不再续签。面对这样的结果，宗阳既兴奋又尴尬。兴奋的是洪兵给了他一个大项目，尴尬的是他取代了他曾经的直属领导。宗阳出于道义的考虑，准备请章星吃饭，以示安慰。然而，就在两人乘坐电梯下楼时，恰好遇到了洪兵。洪兵没说什么，只是盯着宗阳看了几眼。[1]

（四）出局：严厉的惩罚

之后的一周里，宗阳直接向洪兵汇报项目相关的事情，与项目无关的其他工作则对项前负责。似乎风平浪静。

就在试用期到期的前一天晚上，大浪打来。或是最后的考验，项前问询宗阳其所控制项目的相关秘密信息，宗阳拒绝告诉他。这不是第一次宗阳违拗项前，虽然宗阳完全顺从洪兵，但依旧不服项前，两人就此事争论半小时无果。宗阳将这场争论告诉了洪兵，并向洪兵表忠心，希望这个项目由他来独立运作，避免项前的干扰。洪兵只回了一句话"是我让他问你的"。于是宗阳立刻将信息告诉了项前。此时，宗阳还没意识到洪兵不可能将自己与项前置于同等地位。

次日去上班之前，宗阳接到了章星的电话，大意是项前将项目复归章星，但章星要在开会时批评宗阳，希望宗阳不要反驳，也不要记恨。但宗阳此时哪里听得进去这些，认为自己对章星尽了道义，而章星却要对他不义。上周是项前和洪兵拉拢宗阳，架空章星。现在则到了项前拉拢章星，惩罚宗阳的时候了。

直到当天下午快要下班之前，宗阳还在勤恳地工作。填好了转

---

〔1〕 宗阳后来才意识到，和敌对团伙的人吃饭，是一种背叛行为，此事令洪兵产生了对自己的怀疑。

正申请表，他拿去找章星签字。章星名义上依旧是宗阳的直属领导，但章星表示很尴尬，他已经没有权力签字。宗阳去找业务三部的负责人洪兵签字，洪兵在睡觉，作为下属宗阳不便打扰。转正的表格被项前拿去，据宗阳推测，相应的考评评分表里，他被打了低分。过了一会儿，他收到了人事职员的《解除合同通知书》，是刘艳的下属发送的，[1]通知宗阳因试用期表现不合格，被公司解除，无补偿金。

在这两个月中，原本相对平衡的三角关系被打破，而重新建立的层级并不稳固，于是就很快解体了。宗阳因能力出众而受到器重，加入了项前和洪兵所在的核心团伙，并取代了章星的职能。对于项、洪派系而言，章星是个鸡肋一样的存在，且章星背后站着敌对团伙的力量，既然出现了更优秀的、没有派系的新人宗阳，就通过"拉关系""给项目"的方式拉拢过来，取代章星，由此以后做决策时限制更少。宗阳并非不愿意加入势力强大的团伙，只是已经在章星的影响下建立起了对项前的偏见，不愿意承认道德上不值得尊敬的项前。但洪兵倚重项前，三人的格局是"老大哥—二哥—小弟"的层级关系，不可能直接给宗阳更高的位置。宗阳暴露了自己想要和项前并列的心思，便被项前直接踢出团伙了。

三、劳动纠纷的解决规范：秩序之间的合作和竞争

在被通知解除劳动合同的当天晚上（周五），有些疑惑的宗阳找到学法律的同学黎东咨询。黎东了解案情后，很快确定了相关事实和法律依据。合量公司想要用《劳动合同法》第 39 条第 1 项，以宗阳在试用期表现不合格为由解除劳动合同。依据此条解除劳动关系，公司不需支付任何补偿金。但问题在于，根据法律规定，举证责任倒置，合量公司需要证明在合同签订时规定了具体的不合格的标准，并充分告知了宗阳，这两点公司均无法证明。[2]宗阳属于相对弱势

---

[1] 之前有人事相关的事务需沟通时，刘艳直接与宗阳沟通，此次却由刘艳的下属发送，或是刘艳为了避免之前赞扬宗阳与当下否定宗阳之间的反差产生的尴尬。

[2] 合量公司与宗阳签订的《劳动合同书》中未就职位职责作出约定，即未规定合格的标准。

的一方，无须举证自己工作合格。因此，合量公司的行为属于违法解除，宗阳在法律上处于绝对的有利地位。

黎东建议宗阳向公司提出支付补偿金和曾经未算在工资报酬里的加班工资。原本气馁的宗阳意识到可以获得法律的支持，逐渐振奋起来。洪兵得知了宗阳索要补偿金和加班工资的诉求，约宗阳在周六上午谈话。宗阳拒绝了，将时间定在次周的周一。

（一）纠纷的升级："老大哥"的失败

合量公司派出了宗阳的上一级领导洪兵进行第一次劝服。洪兵曾经非常欣赏宗阳，宗阳也素来对洪兵敬重有加。但在这次协商中，洪兵作为领导的权威已失落，所谓的"老大哥—小弟"之间的关系破裂，法律的作用似乎即将凸显。

5月25日上午，宗阳到合量公司找洪兵，首先表达了自己想要继续在公司工作的意愿。洪兵婉拒，声称宗阳不适合继续在公司工作，且在工作中存在过失。面对上级领导，宗阳不再像以往一样默然不答，而是将黎东撰写的请求支付补偿金及相关工资报酬的函呈送洪兵。洪兵没有想到宗阳竟敢否认他，认为宗阳的行为蔑视了他的权威。因而恼羞成怒，声称此事不归他管，而后指责宗阳为人存在问题，辜负了他作为老大哥的苦心，最后将项目损失归责到宗阳身上。

洪兵的策略是多面、复杂的，借用了三种资源：其一，通过上级的权威身份打压宗阳；其二，借助之前短暂的结盟——"老大哥"与"小弟"的团伙关系，在道义上谴责宗阳；其三，当他看到这两种"软"性的方法都不奏效时，以宗阳的工作导致公司损失为由，试图在责任承担和能力上批评宗阳。

宗阳也不甘示弱，直接用数据证明项目损失是由于洪兵受到项前的影响发出错误指令导致的，在自己权限范围内的操作没有损失分毫。而后，宗阳向洪兵表示了自己两个月的工作得到了领导的充分认可，足以证明自己符合公司的用人要求。由于举证责任不在宗阳，宗阳的表示在法律上完全是不必要的，但宗阳却认为自己有必要作这样的表示，以显示自己的"硬气"。[1]

第一次协商以合量公司试图通过老大哥来劝服宗阳放弃补偿金和加班报酬的失败告终，宗阳的劳动争议的处理被洪兵转给了人事负责人刘艳，这意味着劳动纠纷从利益共同体的团伙关系升级到了公司与劳动者关系的层面。

（二）纠纷的解决："家法"重于"国法"

与人事负责人刘艳的沟通被分为两个截然不同的阶段，转折点在于宗阳指出公司的违法解除行为是由于项前违反公司规章制度导致的。此转折点凸显了合量公司的观念：公司内部规章制度的效力可以对抗国家法，简言之"家法大于国法"，因而当宗阳指出公司的违法行为是项前违反规章制度的行为所致时，也就是"先违反了家法，而后导致违反国法"，公司才认可了宗阳的诉求。

1. 前期

在前期沟通中，刘艳谴责宗阳未按照公司规章制度及时提交转正申请表，而是拖到最后一天，推测宗阳没有继续履行劳动合同的意愿。根据公司的转正流程，试用期满之前需要提交转正申请表，宗阳未提前提交，因此公司在试用期满后解除劳动合同符合公司的规章制度，并无过错。此依据在法律上显然不被支持。

根据法律规定的证明责任，宗阳本不必给出任何解释。但宗阳出于尊重，还是向刘艳解释了未能提交转正申请表的原因。事实是，近一周来，由于取代了章星的位置，宗阳的工作量遽增，无暇提交本表，最后一天忙完所有工作后，将表格填写完毕后提交给章星，请他签字时，却被告知无权签字，去找洪兵，洪兵在睡觉又不好打扰。这个解释当然不能让刘艳满意，刘艳依旧坚持宗阳未按照公司规定走转正的流程在先，公司解除劳动合同在后，公司行为并无不妥。

在前期的协商中，宗阳没有直接点出项前违反公司规章制度的行为，原因有二：其一，出于团伙道义的考量，宗阳认为在背后指

---

[1] 如果宗阳想走法律程序，可以直接依据《解除劳动合同通知书》提起劳动仲裁，主张公司的解除行为属于违法解除，要求继续履行劳动合同或支付违法解除赔偿金。故宗阳的行为自始到终都是协商行为。

责他人有违他的道德观念。其二，公司经营中，尽管规章制度上项前和宗阳分属两个部门，两者没有直接的上级—下属的关系，但由于章星能力不足，项前是宗阳实际上的领导。

2. 后期

宗阳见刘艳如此强调公司的规章制度，否认自己合法的诉求，便道出项前违反公司制度，越权签署转正考评表，而洪兵放纵项前的越权行为，导致公司做出了违法解除的行为。此时，刘艳态度立刻发生转变，声称不知道项前的行为。大约三小时后，刘艳告诉宗阳，公司同意给付补偿金。[1]但公司的加班有明确规定，需要按照公司流程申请才予以认可。

加班的数额其实并不多，历经多日与公司的反复协商，宗阳甚至想要放弃了，觉得能拿到补偿金就不错了，怀疑加班工资真的能拿到么？因为毕竟没有按照公司关于加班的规定申请加班。黎东鼓励宗阳继续坚持，加班是可以得到法律认可的，且有明确的微信聊天记录可以证明加班都是由公司领导安排的。公司的规章制度只是幌子，承认补偿金但却否认加班工资不过是在拖时间，试图消耗宗阳的精神耐力。

果不其然，在发出函的第三日傍晚（也是函中要求公司做出明确回复的最后日期），刘艳打来电话，表示合量公司同意宗阳提出的支付补偿金和加班报酬的要求。但其中有如下几句话可以一探公司的倾向性态度："真是从来没见过在试用期这么难搞的人事关系"——依旧在谴责宗阳，"公司决定满足你提出的所有要求"——带着些许居高临下者的恩赐感，"尽管如此，违法解除是你单方面认为的意见，公司还是不太认可"——不肯承认公司行为有错，强化公司支付补偿金的行为是大度的恩赐。

5月25日傍晚，合量公司和宗阳才达成了口头的一致。回顾第二阶段的协商过程，可以发现，发生转机并非是因为《劳动法》和

---

〔1〕 根据宗阳的分析，刘艳的行为还存在另一种解释，即刘艳与章星属于同一团伙，由于章星被洪、项团伙架空，即将终止劳动合同，宗阳提出公司违法解除行为由项前越权签署考评表所致，为刘艳提供了项、洪团伙的把柄，因此态度才发生转变。

《劳动合同法》中的具体条款，而是因为公司实际上各部门之间的关系与规章制度中规定的错位。尽管在法律的范围内考察，此种错位与本起劳动纠纷无关，但在现实世界中，公司实际运行和规章规定中权力关系的错位既是宗阳自处不暇引发争议的症结，也是劳动争议得到有利于宗阳的解决结果的关键。

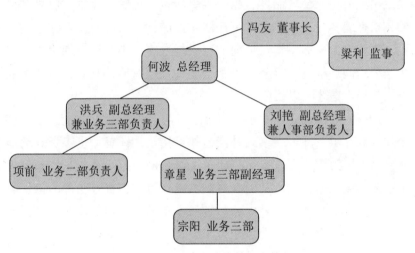

图1 公司规章制度中的公司构架

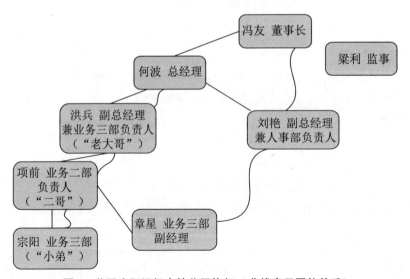

图2 公司实际运行中的公司构架（曲线表示团伙关系）

（三）纠纷的反转：团伙道义与把柄

由于尚未签署解除劳动合同的书面协议，次日宗阳的行为导致了纠纷的反转。宗阳视为团伙道义的行为被合量公司视为把柄，将纠纷推向了弯道。

得到了合量公司的口头承诺，宗阳如释重负。自 5 月 22 日晚，持续 5 天与公司的协商对他而言，如同战斗，令人深感疲惫。既然公司给了承诺，那么出于道义的考虑，宗阳决定次日去公司缓和与洪兵、项前的关系。

5 月 26 日，宗阳带了两盒茶叶，前去合量公司对项前、洪兵表达感谢，为他们曾经带他入局的善意表示感谢，也为自己未能给予回报表示抱歉和遗憾。项前和洪兵表现得尤为大度，都不再提之前的嫌隙，鼓励宗阳以后好好工作。

此时，刘艳却忽然提出，公司决定撤回之前的承诺，加班工资不予支付。公司忽然的反转令宗阳疑惑。根据宗阳的推测，去公司表示感谢和歉意的行为令刘艳认为是示弱、后退的行为，并握为把柄，撤回之前的承诺。

合量公司撤回承诺的行为，在宗阳看来是"说话不算数、背弃信义"的行为。宗阳请洪兵与刘艳沟通，希望她能恢复之前的承诺。洪兵满口答应，但直到第二天，刘艳都未松口。无从得知洪兵是否与刘艳沟通了，抑或是沟通了之后，刘艳为维护自己的面子或公司的面子仍坚持撤回承诺。

（四）纠纷的平息：双方的体面

宗阳再次陷入困境，他只得再求助黎东，希冀获得法律的保护。黎东并未完全严格依据法律提出新的诉求，而是设计了三个方案，在善意和威慑之间，充分顾及了公司的体面，为纠纷的平息画下句号。

黎东为宗阳设计的三个方案如下：方案一，在本周内办完离职手续，仅坚持最初的诉求。方案二，如本周内无法办完手续，则增加诉求，要求支付被通知日至签署解除劳动合同协议期间的基本工资。方案三，如果两项都不同意，通过法律途径解决问题。此处的法律途径是提起仲裁，要求合量公司继续履行劳动合同。

设计三个方案有两方面的考虑，一方面通过方案一和方案二向公司表达后退一步的善意，另一方面通过方案三向公司表达如果仍旧不领情可能面临的严厉的结果。而之所以称之为"善意"的，是因为相较于方案二严格依照法律提起的诉求，方案一是宗阳一定程度的妥协。毕竟，无论本周是否办完离职手续，宗阳都有权主张争议期间的基本工资。然而，宗阳却在方案一中放弃了此主张，将之作为方案二，意在给公司一个看起来更为严苛的方案，促使公司选择方案一。此种设计可以示意己方已经做出让步，公司也应当意识到己方的善意，并尽快做出让步，以达成一致意见。

在方案三——通过法律途径解决问题的情况下，要求继续履行合同而非支付违法解除赔偿金的方案是在做最坏的打算。如果通过法律途径解决问题，需考虑在漫长的仲裁和诉讼期间，宗阳无法工作而公司经营不受影响的不对等情势。如果仲裁的诉求是违法解除赔偿金，即使最终赢了诉讼，赔偿金也过于微薄，因而，在法律上相当于置己方于高风险、低收益的处境。黎东有足够的信心认定请求继续履行合同的诉求有极大的概率得到仲裁和法院的支持，由此仲裁、诉讼期间的工资有所保障，于己方是低风险、高收益的选择。

为了做好最坏的打算，给可能发生的仲裁提供尽可能多的证据，宗阳再次向洪兵、项前、梁利和刘艳表达了想要回去工作的意愿。在被拒绝后，将三个方案发送给了刘艳，并提供了前两个方案下相应的《解除劳动合同协议书》。[1]

此时宗阳和合量公司之间已经走到了纠纷解决的最后阶段。次日中午，在宗阳的催促下，刘艳未说明公司究竟选择了第几个方案，只简要地微信通知宗阳去公司办理离职手续。[2]宗阳没有追问，立刻去了公司。公司提供的协议书是方案一对应的协议书，只是与宗阳拟写的略有差别，增加了宗阳的保密义务和禁止损害公司及公司员工声誉的义务。不到十分钟，离职手续就已办妥。

---

〔1〕 此举相当于为合量公司做了公司法务应当做的工作，也表达了一定的善意。

〔2〕 仅通知宗阳去办离职手续，吝于说明选择第几个方案的行为是模糊表达。因为清楚的表达需要清楚的措辞，需耗费更多的时间，刘艳认为对方不值得自己清楚的表达、认真地对待，此举亦属于彰显威权的行为。

尽管相关款项到下个月才能支付完毕，基于对合量公司善意的期待，《解除劳动合同协议书》的签署意味着双方的劳动纠纷就此平息。与之前连续四天半的激烈对抗相比，纠纷的平息显得过于迅速了，但也正是之前的激烈对抗，使双方充分理解彼此的底线，并得以在宗阳选择了一定程度上的妥协、向公司表达了善意时，公司才能捕捉到这种善意，以体面的方式同意宗阳的诉求，并最终解决纠纷。

四、结语

通过以上对合量公司内部劳动纠纷的解决的描述和分析，可以发现公司内部同时存在三种秩序，即以公司实际运行所倚赖的团伙关系为核心的秩序、以公司规章制度所构建的秩序以及公司之外、由国家法律所规范的秩序。三种秩序在劳动纠纷的发生、发展和解决的不同的阶段分别发挥不同的作用，显露出不同的结构性力量在微观事件中的合作和竞争。

以团伙关系为核心的秩序包括两个核心要素：能力和忠诚，两者共同决定了团体内部的准入规则和层级结构。在纠纷的发生阶段，为共谋利益结合在一起的团体经过重组更换了核心成员，形成了新的团体。团体内部的层级由公司"领导—下属"的科层结构和"老大哥—小弟"的团伙结构共同决定，团伙内部的关系由工作规范和团伙规范调整。当宗阳尝试对团伙关系进一步调整时，触犯了团伙的禁忌——越级，因此小团体迅速破裂，宗阳被驱逐出局。可以判断，相对于能力而言，忠诚对于团伙而言更为重要，宗阳的行为虽然对"老大哥"是忠诚的，但对"二哥"形成了挑衅，因此于团伙整体而言是不忠的行为。

如同房间里的大象，[1]团伙关系规范的秩序是在公司日常运营

[1] "房间里的大象"是美国社会学家伊维塔·泽鲁巴维尔在《房间里的大象：生活中的沉默和否认》一书中详加阐释的概念，用以剖析人们私密生活和公共生活中，对于某些显而易见的事实，集体保持沉默的社会现象。本文用此概念援引其显而易见、默示的内涵，说明团伙关系规范是社会习惯规范，未被言明但却真实存在，并被广泛遵守的内涵。

中实际存在的结构性因素，是默示的行为规则，身处其中的人们大多都了解相应的规则，并选择遵守，违反这一规则的人会被施以严厉的惩罚。但即使是惩罚，也会借助于他者之名，而不会明示真正的原因。

被借名对违反团伙规范的行为实施惩罚的正是公司规章制度。公司的转正流程和公司规章制度中规定的架构在更多的时候都只是纸面文章、虚置的规则。转正流程在国家法中没有意义，在公司内部则为威权的彰显提供途径。无论是招聘时"领导看好你"及纠纷解决时的"恩赐"话语，还是在纠纷发生后，公司未经协商就以"不合格"为借口单方解除劳动合同，或是在协商初期污名化宗阳的维权行为是"与公司为敌"，以及协商后期威胁宗阳公司会在未来可能收到的针对宗阳的尽职调查中提供不利说辞，都显露了公司面对员工的威权姿态。与其说公司的规章制度在更大程度上是为了规范公司的行为，不如说是为了便于对员工施威。而公司规章规定的内部组织架构和权力关系与实际运行中的组织架构和权力关系有较大偏差。不是当宗阳指出公司解除劳动关系违法时，而是当宗阳指出公司违法是由项前违反规章制度的越权为行为所致时，合量公司的强硬态度才开始转变，这种偏差既是引发本文描述的劳动纠纷的症结，也是最终得到有利于宗阳的解决结果的关键。在合量公司的观念里，公司"家法"的效力要胜于国法，这一观念或旨在维护公司面子。

公司的规章和工作流程本身与争议并不直接相关，是团伙关系的变化触发了公司内部制度的运行，运行过程中的核心作用在于彰显公司威权、维护公司面子。但公司的威权并非没有限度。

国家法正是公司施威的限度。《劳动合同法》中单方解除劳动合同所规定的严格的证明责任可以轻易否决合量公司依据公司规章制度认定的"不合格"。公司有法务专员，但依旧没有按照法律规定协商解除劳动合同，而是主张单方解除。即使宗阳提出公司存在违法行为，公司也没有立刻承认，而是试图运用规章制度来否定基于国家法提出的诉求，甚至威胁将会利用不服仲裁裁决或一审判决的方式进行拖延。合量公司究竟是策略性的利用威权打压劳动者，还是真的认为规章制度足以对抗国家法已无从得知，但确定的是，在所有的明示中，公司都未承认其单方解除劳动合同的行为属于违法行为。不过，在纠纷解决的最后阶段，合量公司对宗阳所有请求的同意或可佐证国家法的在场。

如同隐藏在幕后的子弹，冷峻的国家法在劳动纠纷的过程中并未登场露面，却散发出巨大的威慑气息。公司不会忽略这颗子弹的存在，但也不会因这颗子弹的存在就放弃了规章制度所建立起来的威权和面子。劳动者的离开也同样需要体面，处于弱势的一方不得不以法律为武器，但最终的主张却并没有严苛地以法律为依据。终于，本文所述的纠纷在法律、公司规章和团伙关系三种秩序的竞争和合作中最大限度地保护了纠纷双方的体面。

附1：人物身份列表

宗阳：劳动者，合量公司业务三部新入职员工。

章星：宗阳的直属领导，合量公司业务三部副经理。

项前：合量公司业务二部经理（实际中也参与业务三部的管理）。

洪兵：章星的直属领导，宗阳的上一级领导，合量公司业务三部负责人、兼合量公司副总经理。

刘艳：合量公司人事行政部门负责人，兼友量公司人事总监。

梁利：合量公司监事。

何波：合量公司总经理，合新公司在合量公司的代表。

冯友：合量公司董事长，友量公司在合量公司的代表。

黎东：宗阳的好友，法学专业研究生。

附2：纠纷解决中的事件时间表

2020年3月23日至5月29日期间：

3月23日　合量公司与宗阳签署《劳动合同书》，约定试用期为3月23日至5月22日；

5月11日　章星被架空；宗阳入局；宗阳得到独立运作项目的机会；宗阳请章星吃饭；

5 月 21 日　项前向宗阳询问项目的秘密信息被宗阳拒绝；宗阳向洪兵表忠心；

5 月 22 日　下班前，宗阳收到《解除劳动合同通知书》；

5 月 25 日　洪兵劝服宗阳失败；宗阳向公司提出请求支付赔偿金及相关工资报酬的请求；

5 月 26 日　刘艳代表合量公司拒绝宗阳的诉求；

5 月 27 日　中午宗阳指出公司的违法解除行为由项前违反公司规章所致；刘艳承诺答应宗阳的请求，就劳动合同的解除达成口头一致。

5 月 28 日　上午宗阳向项前、洪兵表示感谢和遗憾；刘艳撤回承诺；

5 月 28 日　晚上宗阳向刘艳提出三个方案；

5 月 29 日　下午刘艳通知宗阳去公司办理离职手续；双方签署《解除劳动合同协议书》。

制度分析
●　●　●

城市中的理论宣讲方案及其实施
——以江南区理论宣讲工作为考察对象

颜　恺

一、引言

城市中的宣传思想文化工作承担着举旗帜、聚民心、育新人、兴文化、展形象的使命任务，是国家治理体系的重要组成，也是实现治理能力现代化的关键所在，事关旗帜道路，事关发展全局，事关人民福祉。理论宣讲作为城市基层宣传思想文化工作的重要内容，在宣传群众、凝聚群众、服务群众上具有不可替代的重要作用。理论宣讲将党和政府的政策方针、时政要闻等通过通俗易懂的方式直接传达给基层的各界群众，有效连接起宣传思想文化工作和群众的"最后一公里"。

江南区位于"长三角"腹地，[1]面积为 327 平方公里，常住人口约 90 万人，属于中心城区的郊区，城乡接合部，经济发达，人均收入水平较高，城市化率达 70%。自 2008 年以来，江南区连续十多年扎实开展各类宣讲活动，年均提供宣讲课目超 200 课时、年均开展宣讲超 1000 场次、年均服务受众超 6 万人次，在实践探索中形成了良好的宣讲基础。

---

[1] 按照学术惯例，本文中的地名已进行化名处理，特此说明。

本文以《江南区 2019 年"十百千万"宣讲活动实施方案》（以下简称《方案》）为主要文本分析对象，结合笔者自身参与宣讲的经历，展现理论宣讲在江南区的具体方案和实施，探讨基层宣传思想文化工作规范的实践运行。

二、理论宣讲方案的具体展开

中国共产党江南区委宣传部作为县级党委宣传部，主要的职能有：理论宣传、新闻宣传、网络宣传、文明创建、文化文艺、新闻出版等。理论宣讲属于理论宣传工作的一部分，由区委宣传部党教理论科具体承担。由于越到基层，人员编制越少，党教理论科只有两位工作人员，因此理论宣讲大量的具体工作就要发动镇（街道）的力量进行组织。

江南区的基层宣传思想文化工作队伍配备相对齐全，各乡镇、街道都有宣传办和党校，宣传办由宣传委员领导，一般 2~4 人。党校设专职副校长 1 名，工作人员一般 1~2 人。理论宣讲的许多具体工作由宣传办来协调，党校进行具体的组织。

（一）动员准备

这个阶段一般在当年的 4 月至 5 月，以《方案》的正式下发为启动标志，其中的要求是：

（1）下发实施方案。区委宣传部制定下发全区 2019 年"十百千万"宣讲活动的实施方案。

有序部署动员。各镇（街道）根据区实施方案要求，在调查摸底和广泛征求意见的基础上，结合自身实际，制定具体可行的本镇（街道）宣讲活动实施方案和总体计划，进一步调整优化宣讲队伍，认真开好宣讲动员部署会。

从外部来看，镇（街道）的工作包罗万象，十分繁杂。镇（街道）近年来安全生产、生态环境保护等工作压力很大，对于宣传思想文化工作重视的程度其实很有限。加上宣传系统有别于财政、发展改革、工业信息化等其他条线，没有具体资金、项目可以下拨，调动地方积极性的手段也有限。从宣传系统内部来看，文明创建工作有地市级、省级甚至中央年度、季度的考评督查，各地都比较重视；新闻宣传、网络宣传工作关系到地方形象和社会舆论，主要领导也比较重视。理论宣讲直接面向基层群众，面广量大，难以考核量化，属于"润物无声"的工作，很难引起领导的关注和各方面的有力支持。

因此，江南区将理论宣讲工作纳入区对镇（街道）的考核评价体系中，赋予一定的分值权重。制定具体的《方案》来自上而下进行组织，由区委宣传部行文给各镇党委、各街道党工委、区各有关部门，以引起主要负责同志足够的重视。明确以镇（街道）为主体负责具体的宣讲活动计划和组织实施，要求各自提出具体工作的方案和计划，组织宣讲人员、提供宣讲内容，最后形成正式的宣讲菜单。

（2）提供宣讲菜单。各镇（街道）突出十大宣讲主题，发挥宣讲员各自特长，汇总形成并向基层广为提供由宣讲主题、宣讲题目、宣讲对象、主讲人及其联系方式等内容组成的宣讲菜单，为宣讲活动全面展开做好充足的思想、人才、资料及课件准备。

在人员上，江南区的宣讲员队伍来自各个领域，主要由区、镇（街道）、村（社区）三级党政部门的工作人员、中小学在职或退休教师组成。这些人员比较熟悉基层的实际情况，经常与当地群众接触，容易消除距离感。这样也有利于建立大宣传的工作格局，宣传思想文化工作涉及方方面面，宣传条线有限的工作力量显然无法高质量完成日益繁重的工作任务，理论宣讲可以把各条线部门的工作人员都集中起来，共同做好宣传工作。

在主题上，重点主题包括思想领航、祖国礼赞、理想信念、形势政策、党规党建；常规主题包括理论素养、文明素养、生态素养、法治素养、健康素养。可以看出，理论宣讲的重点是把党和政府的政策方针面对面地传达给基层群众，同时也带有社会知识普及的作用，传播知识和技能，深入群众的日常生活。例如，2019年江南区理论宣讲的菜单中包括了《漫谈幸福》《合理膳食 平衡营养》《卫生应急自救互救》等专题。

（二）组织实施

经过前期的动员准备，接下来开始宣讲工作的具体实施，《方案》对此提出了一些更加细化的要求。

(1) 落实宣讲任务。各镇（街道）认真落实区实施方案确定的分解目标和基本任务，组织宣讲员结合基层实际，进一步完善宣讲教案或宣讲提纲，广泛开展宣讲进机关、进农村、进社区、进学校、进企业、进园区"六进"活动，努力提高宣讲活动的覆盖面和影响力，确保宣讲场次和宣讲覆盖面"双达标"。

现代资讯技术日益发达，群众获取信息的手段方式不断多样化，传统的宣传媒介如广播电视、报纸等的影响力正在迅速下降。同时，工业化、城市化的快速推进，无论是城市社区还是农村村镇，人口的流动性都空前加大，传统宣传工作的形式很难适应时代的新发展。因此，江南区的理论宣讲有意识地由点到面最大限度扩大影响，填充宣传工作的空白点，抢占宣传阵地，覆盖到机关、农村、社区、学校、企业等各个行业领域。

信息时代网络资讯铺天盖地，碎片化、浅显化是当前信息资讯的主要特点，很容易让人无所适从。理论宣讲可以发挥差别化优势，通过系统性、逻辑性的信息资讯整理，给群众提供相对高质量的信息服务。信息资讯的便捷化、智能化也会带来信息鸿沟的扩大。例如农村、社区的宣讲活动，很大一部分的老年人会积极参加。不仅是因为时间上空余，更重要的是他们使用智能手机操作上有困难，难以通过网络去获取信息资讯，因此宣讲活动成了他们了解时政大事的重要渠道。

(2) 办好讲坛讲堂。各镇（街道）扎实推进宣讲平台品牌化建设，严格落实讲坛备案管理制度，切实办好基层党校"道德讲堂"（原则上一年不少于 4 期），精心打造具有地方人文特色的综合性讲堂，培育核心价值、弘扬人文精神、传播和谐文化、普及社科知识、提升社会理性，充分发挥"江南大讲坛"及其下属各类讲堂在基层党员干部教育中的宣讲平台和学教载体作用。

宣传工作是在人的头脑中搞建设，具有系统性、持续性的特点，不像工程建设可以通过挂图作战，倒排工期来短时见效。宣传思想文化工作需要时间进行沉淀，最不可取的就是一阵风，图场面上的一时热闹。宣传工作一直存在的问题就是层层递减，越到基层宣传阵地越弱，手段越少，出现了上热下冷的情况。其中很重要的原因就是宣传工作在基层主要以办活动来推动工作，但例如文艺表演、采访报道都是短时性、分散性的，很难形成持续的效应。针对这一问题，江南区十分重视宣讲工作品牌化的建设，把数量众多的理论宣讲活动都尽可能地分类化、品牌化，实现持久性和继承性，克服理论宣讲短时化、分散化的问题。这样有利于形成工作的惯性，使理论宣讲活动得到时间上的延续，从而不断优化、总结和提升。

（3）深化主题活动。做好做强当代中国马克思主义宣传教育工作，以"在基层讲、让基层谈、听基层说"为主要形式，以"专家讲理论、干部讲政策、党员讲体会、群众讲感受"为主要内容，广泛深入开展"习近平新时代中国特色社会主义思想·基层说"系列主题宣讲活动，坚持不懈地用党的创新理论武装头脑、指导实践、推动工作。

聚焦重大主题是宣讲工作的重要任务，可以更加有力有效地把群众的思想行动统一到当前的重大布局政策上来。以《江南区2019—2020年度"冬训先锋"巡回宣讲菜单》为例，其中明确了深入学习贯彻党的十九届四中全会精神、深入学习贯彻中央经济工作会议精神等主题，宣传贯彻当年度的重大会议和重要政策精神，把一些概括化、书面化的表达，转化为通俗易懂的群众语言，让大家更能够接受理解，从而推动各项工作的顺利展开。

在我国的治理体系当中，县级和镇（街道）是距离群众最近的，它们的工作和决策也是和当地群众亲身利益相关度最大的。但是，我们的整个宣传思想文化系统和治理体系的事权配置是错位的，越往上宣传的手段和方式越多，群众得到的很多政策信息都是中央或省级层面的，对于更加具体切身的微观政策信息的了解渠道则很有限。江南区的理论宣讲将市、区、镇（街道）的一些重要政策和工作列为宣讲主题，将当地的城市和村镇规划、社会保障、医疗养老等情况向群众进行介绍，贴近服务群众的日常生活。例如，江南区2019年宣讲菜单中包括的《江南城铁站区的未来之路》《应对老龄社会 关爱自己健康》《医保政策知多少》等专题。

(三) 深入开展

在宣讲工作开展一段时间后，江南区主要采取动态巡回、评课评比的方式来检查、推动工作。

组织培训观摩。区委宣传部整合印发全区"十百千万"宣讲菜单，适时举办全区基层党校校长（教员）暨理论宣讲骨干培训班，着力提升基层理论宣讲水平。着眼推进新时代马克思主义大众化工作，更大力度加强理论教育和党性教育课程体系建设，以"理论教育示范课"和"党性教育精品课"为带动，由各镇（街道）推荐、区委宣传部遴选，分十大主题各确定 1~2 堂较为成熟的宣讲课，按照精品优质课的标准，进行专题研讨、集体备课、重点磨课，并适时组织巡回展示和集中观摩。

江南区在宣讲工作持续开展的同时，会组织一些培训活动，邀请相关专家或者优秀的宣讲员来进行授课。组织在各镇（街道）分别进行巡回的评课评比活动，评委由各镇（街道）相关负责同志组成，宣讲员、各镇（街道）之间可以互相学习借鉴、总结提高。

对于基层的许多工作，上级在发文件、提要求之后，往往就只是进行不定时的检查、年终再汇报台账，以求得工作的实效。这样的方式让基层工作人员疲于应付，甚至有的只能通过作假来蒙混过关，工作往往会流于形式，不仅增加了基层的工作负担，也很难取得良好的效果。江南区的理论宣讲工作以评比代检查，用评比的方式来促进宣讲工作的具体落实，而不是看材料听汇报。这样有利于促进宣讲工作本身水平的提高，可以形成比学赶超的无形推动力。据笔者观察，这种"同台竞技""集中点评"的方式，使各镇（街道）的宣讲组织水平、宣讲员的能力素质得到集中的展示，存在的问题也会暴露出来。所以，大家都很重视巡回评课活动，如果哪个镇（街道）落后于人，一般都会回去加紧培训，以求下次评课时争取上游。

三、关于理论宣讲方案及其实施的思考

理论宣讲方案及其实施，需要进一步从话语方式的转换、党群关系的密切、治理能力的提升等方面进行深入思考、予以完善。

（一）话语方式的转换

实现治理能力的现代化，要保证与群众能够保持良好的对话能力，这不仅是对宣传思想文化工作，也是对其他工作的内在要求。随着信息技术的日益发展，手机的日益普及使社会进入了移动互联时代，抖音、快手、微博、微信等信息工具日益占据社会大众的信息渠道，成为群众尤其是年轻一代获取信息的主要途径。群众获得信息资讯的方式不再是被动地接受广播电视、报纸的宣传报道，而是有了极大的选择自主权。现代化的生活是快节奏的，信息上的短平快成为新的时代特征，碎片化、影像化的信息资讯符合快节奏的生活需要和移动上的迅捷，开始成为主流。随着社会信息渠道的增多，群众注意力的转移，理论宣讲工作不仅要讲到位更要思考怎么讲得好、讲得通俗易懂，和群众形成对话、产生共鸣。

案例一：在一场政策宣讲活动上，宣讲员把相关的文件精神和新闻报道全文投放在 ppt 上，全程基本上照着读稿，现场许多群众都是昏昏欲睡。

宣讲工作首要的就是考虑受众对象，为此近年来几乎所有的宣讲都会用到幻灯片课件，直观形象得展现宣讲的内容。但由于理论宣讲带有一定政策性和政治性，宣讲员进行自由发挥的空间比较有限，因此一部分宣讲就采取低头读稿、抬头看屏幕的形式。虽然这样的宣讲不会出现政策上的偏差，但对于群众来说显然是十分乏味的。这里就涉及话语方式的转换问题，如何把书面的、概括性的政策话语转换成群众喜闻乐见的形式。

案例二：宣讲员为了活跃现场的气氛，把理论政策讲得更加生动，在宣讲中穿插播放了多段视频音频，其中有的视频来自流行的网络综艺节目，现场受众反响较好，觉得生动活泼。

有的宣讲为了调动受众的积极性，会采用多媒体工具的辅助，展示手段上多样化。也会紧跟社会的热点，用一些网络流行节目来配合宣讲。应该说这是很好的尝试，但是实践中出现的问题是：宣讲的逻辑性不足，前后不连贯，让受众觉得比较零散。同时，视频内容在偏向趣味性的同时，不可避免地会出现不严肃、不严谨的情况。理论宣讲话语方式的转换选择也存在一定的困难。

上述两个问题在基层的理论宣讲实践中大量存在，成了一对矛盾。事实上，理论宣讲工作的话语方式转换还是要从受众的角度出发。笔者在宣讲之余与群众交流时，多次听到这样的意见：有些东西离我们太远了，我们想听也听不懂，多讲一些故事，多说些我们身边的事情。现在的抖音、快手等视频工具受到社会的追捧关注，真正原因在于它们展现的内容都是群众的日常生活，使人感到亲切自然。从宣讲实践来看，许多群众对于宣讲的需求也是如此。因此，理论宣讲要多一些生活化的内容和平时自然的语言，在简要介绍政策时事的基础上，更多选取群众的身边人、身边事来进行阐释，多用细节和故事来展现主题。

(二) 党群关系的密切

治理能力的现代化，离不开党群关系的构建，群众路线作为党的根本工作路线为推进治理能力现代化提供了方法论支持。在当代中国，党群关系是认识国家和社会关系的关键，是理解中国政治社会运行的基本元素。以党群关系为核心的国家与社会关系，不同于基于西方历史经验所形成的强调对立的"国家—社会"概念，更多时候意味着"鱼水关系"。随着改革进程的推进、社会事务的不断增加，党群关系开始转变，由原先的紧密关系，逐渐转向疏离。

案例三：一场宣讲活动上，宣讲员是社区的一位副书记，他结合国家的农村人居环境政策，结合自身参与的农村居住环境整治工作，解释了整个工作的前后情况和主要参与干部的思考想法。

时至今日，城市社区的流动性大大增加，农村由于城市化影响，人口的流动速度也在不断加快，因此党群关系无法再延续单位制时代、户籍时代的构建方式。理论宣讲在此时提供了很好的平台，把各界群众在一定的时点上聚集到一起，党员干部可以面对面地与群众进行沟通，交流工作上的问题，这不仅宣讲了政策，还可以密切党群联系，取得群众的支持理解。

案例四：宣讲中央经济工作会议精神，宣讲员是卫生健康系统的工作人员，谈到了医疗卫生领域的数据统计情况，现场有的群众对自己感觉疑惑的问题和面临的困难开始提问，宣讲员现场进行了解答。

党员干部和群众面对面机会的减少，带来了信任感的下降。许多的社会矛盾产生，归根结底就是因为群众日常很难与党员干部进行直接的互动交流，真正当有社会矛盾产生时，极易产生不信任感。理论宣讲一方面创造了互动的平台，党员干部可以直接和群众进行交流，对一些困惑问题及时进行解答，避免造成进一步的误解，酿成不必要的矛盾。另一方面，打破科层制设置的体制障碍，越过常规性的行政层级，一些问题疑惑群众不需要再去通过层层的通报反映，可以直接和相关工作人员进行交流，降低了互动沟通的制度成本。

（三）治理能力的提升

话语方式的转换、党群关系的密切最后的落脚点都是要加强治理能力的现代化。笔者以为治理能力的提升关键在队伍，关键在人。我们的党员干部日常在繁杂的工作之余，很难有时间去思考群众所想，更遑论和群众进行直接的沟通交流。理论宣讲此时成了一种很好的锻炼党员干部的方式，具体有以下几个方面：

（1）专业能力。从宣讲员自身看，准备理论宣讲的过程中必然要对相关内容熟悉了解，要对受众的心理、兴趣有所思考，要明白群众对于宣讲主题的关注点所在。从对象看，一次宣讲的受众一般几十人，年龄段横跨老、中、青，知识背景和工作职业也丰富多样，他们对于一些宣讲内容的反应和交流互动某种程度就代表了社会大众的所思所感。因此，特别是涉及本职工作的主题宣讲，宣讲员如果认真去思考总结，就可以了解到群众的关注和疑惑所在，把专业上的工作内容和群众的真实需求连接起来，从而更好地履职尽责。

（2）服务能力。现在江南的部分社区开始大力推行全科社工的模式，让所有的社区工作人员轮流到集中业务前台，为群众办理相关事务。在方便群众的同时，也为了群众能够在办事的过程中熟悉社区工作人员，方便今后的工作服务。同样的道理，理论宣讲每场次的受众在50人到100人之间，宣讲员一年的宣讲场次平均是20场左右，宣讲员一年可以和数千名群众"打交道""留名片"，有助于今后直接面向群众开展服务。

（3）互动能力。理论宣讲的过程中，随着宣讲场次的不断增加，每一场宣讲的现场反应，宣讲员可以感受到群众的真实关切和兴趣所在。尤其是对于年轻的党员干部，可以通过理论宣讲来不断思考理论语言与群众语言的不同，在最短的时间内接地气、踏实地，提高和群众对话沟通的能力水平。笔者认为，每一场宣讲活动结束，都可以向部分受众发放评价打分表，建立一个大数据的分析库，了解群众对于不同问题的感受和关注，这不仅有利于理论宣讲工作，也有利于其他工作从群众的需求出发，有的放矢。

四、结语

治理能力的现代化并非一朝一夕之功，其意义内涵也会随着时代和社会的发展不断变化。城市基层的理论宣讲工作不仅要紧跟社会的发展动态，还要紧盯群众的所思所感，可以说是窥见国家治理能力的一个有效样本。

"郡县治，天下安"，通过展示理论宣讲方案在县区一级的具体运行实践、思考理论宣讲的意义，可以了解城市基层社会的发展变化，为提高城市社会治理能力提供有效的应对之策。

城市社区消防自治规约的形成及运行
——以武汉市汉水区河湾街道为例

王丽惠

一、引言

消防安全是社会安全与治理的重要内容，火灾带来的人身与经济损失不可估量。在我国消防体系中，消防部门的专业消防发挥着核心和主力作用；此外，基层组织的消防作用亦不容忽视。我国《消防法》第2条规定，消防工作贯彻预防为主、防消结合的方针，火灾的预防是减轻专业消防的减压阀，基层组织在预防火灾中发挥着关键作用。同时，第6条规定，村民委员会、居民委员会应当协助人民政府以及公安机关、应急管理等部门，加强消防宣传教育。农村村委会和城市社区是社会消防的主体力量，是组织社会消防、宣传预防火灾的属地单位。基层组织消防责任的履行，不仅能有效预防火灾、减轻消防机关压力、保证群众安全，而且能够引导和组织群众制定社区自治公约，激活社区消防工作的群防群治，促进社区自治。

本文以武汉市汉水区河湾街道社区的消防治理为例[1]，探讨城市社区自治规约的形式与实践。汉水区是武汉的老工业区，河湾街

---

[1]　笔者等人曾于2019年10月15日至11月4日在武汉市进行调研，材料来源于团队成员共同访谈、搜集和讨论。按照学术惯例，部分地名进行了化名处理，特此说明。

道有十万余人口，辖 9 个社区、13 家集团公司（行政村改制的社区）。其中，13 个行政村在 2013 年左右改制为"公司+社区"的基层组织，即村委会分为经营管理集体经济的股份制集团公司和对接街道政府社区公共服务的社区居委会。如河湾街道吴家社区于 2012 年完成村转居的改制，原有的行政村分为两个部分：一是集体经济组织转化为集团公司，负责村集体经济的经营和开发，维护股民利益。二是成立社区居委会，对接街道政府的民政、人口、计生、卫生、党建等基本公共服务工作。集团公司有干部 13 名，社区工作人员 10 名，另聘请环保工人、巡查队员 15 名。

河湾街道包括城中村、城郊村和村转居的城市社区等多元特点的基层单位，居民家庭收入以本地务工、房屋出租为主，租户主要是制衣作坊和外来务工者，因为制衣作坊火灾隐患大，因而基层消防压力也较大，为消防自治规约的形成提供治理基础。

二、消防自治规约形成的社会基础

因人口聚集和产业低端化等原因，城中村和城郊村是消防的重点区域。城中村和城郊村具有农村的特点，市政管理和公共服务仍不健全，但因为房租低、生活成本低，往往是流动人口和低小散乱家庭作坊的聚集地，也是城市治理的洼地。城中村、城郊村的消防需求大，消防工作牵涉居民的实际利益，也是基层治理和维稳的重要范畴，因而能够形成自治规约。

武汉汉正街是全国著名的商贸中心，因频发火灾，[1]2010 年以后，汉正街进行了升级改造，租金上涨且清理低端产业，其中，生产类的高端产业逐渐向黄陂等地的工业园区集中，而生产类的低端产业则大批向城市郊区的农村转移。河湾街道位于武汉市三、四环线之间，有地铁直达，交通便利且生产生活成本低，也是承接汉正街制衣小作坊的集中区域。由于制衣作坊分工极为细致，生产收入也主要依赖分工下的劳动力密集投入，因而所有的作坊都必须依靠

---

[1] "武汉汉正街发生火灾 79 台消防车施救"，载 http://www.china.com.cn/news/txt/2009-02/05/content_ 17230979.html，最后访问日期：2020 年 2 月 18 日。

产业链生存，河湾街道的社区就聚集了制衣相关产业作坊，如拉链、裁剪、缝纫、钉扣、印花、磨边、缝纫、包装等各环节都聚集在居民私宅中。拆迁安置小区和住宅小区禁止对家庭作坊租赁，因而家庭作坊主要集中于有楼房的城中村、城郊村。具体而言，村民消防自治规约的形成主要有以下三方面原因：

第一，制衣等家庭小作坊集聚，火灾安全隐患大、消防需求高。村民的楼房大部分租给小作坊，且尤以制衣作坊为主。制衣作坊全是化纤或棉布材料堆积，易燃且容易引发大火。居民楼房缺乏专业的消防厂房和消防设施，城中村住房密集，房屋间距窄，消防通道不顺畅，一旦发生火灾救急困难。制衣作坊的化纤、塑料和棉料等材料堆积，遇到裸露的电线、烟头、家用炭火等马上大面积燃烧。由于城郊村、城中村面临拆迁和城市规划管控，自2010年以来基础设施建设就基本停止，水管老化、水压不足，如吴家社区主干道直到2017年才硬化为水泥路。电路老化问题非常严重，村庄电线错综复杂、横七竖八，新旧电线都悬在居民住宅上方，容易产生火灾。而且，由于流动人口多，小餐馆、小商铺也多，随处乱倒的炭火也容易引发火灾。

例： 河湾街道吴家社区有几个垃圾池，租户会把废旧衣料布料丢到垃圾池，旁边有饭店把没有烧干净的炭火垃圾也倒进了垃圾池，结果就燃烧起来了，因为是夜里12点左右，十分危险。附近居民家里因为都有灭火器，十几把灭火器一起上没等村委会的洒水车过来就把火灭掉了，之后居民又找餐馆老板，要求他重新为各家购买灭火器。

第二，作坊对社区的经济效益使社区形成利益共同体，构成社区消防自治的经济基础。有的社区常住人口约2000人，但外来人口有5000~6000人，因而近乎家家有房出租。房屋出租收入是居民家庭收入的重要补充，由于没有土地，居民主要依靠打工为生，50岁以上人员打工收入为2000~3000元/月，而大多数居民家庭的房屋租金收入也有1000~1500元/月，在经济利益的驱动下，居民都愿意将房屋出租出去。仅有一幢楼房的居民一般会将一楼出租，而多于一幢楼房的居民则会将多余的楼房整幢出租。当地的租金约 20 元/平方米，户宅基地最少约 80 平方米。除了房屋出租利益，制衣作坊带来的就业机会和收益对居民也十分重要。制衣作坊为中老年居民尤其是妇女群体提供了就业来源，许多妇女在作坊做小工，如吴家社区常住人口中有 800 名妇女，其中 300 人在作坊中打工，妇女一般做辅工，收入在 2000～3000 元/月。男性也有为作坊拉货或者做车工，收入一般在 5000 元/月以上。因而，基于共同的出租利益和就业利益，社区内大多数居民家庭对作坊经营都持保护的态度。为了防止因作坊的生产、消防等安全问题而被取缔，居民基于共同利益就会形成自治规约。居民对于其他人家外租的作坊存在消防隐患或者公共卫生隐患的情况，都会第一时间向村委会举报。"消防是为自己做的，不是为政府做的，灭火器是为自己买的，出了事情还不是自己对自己负责。"

三、社区消防自治规约的内容

消防自治规约在我国农村地区较为常见并有效践行，尤其是在云贵等少数民族地区农村较为普遍。究其原因，一是云贵等少数民族地区传统住房皆为木质材料，且高原高寒的环境下居民多依靠烤火取暖，容易引发家庭火灾。二是云贵高原地区树木茂盛、山林繁多，一旦发生火灾可能会导致山火，因而各村会都有护林员，提防烟头、焚烧等引发山火。2019 年四川省凉山州森林火灾即是山火无情的一个反映。[1] 因而，山区农村的防火规约主要是森林防火、家庭生火和户外用火的注意事项和禁止规定，同时，各村都会有兼职的村民消防员、护林员等人员，并且建立敲锣喊寨、巡山等日巡制度，一旦发生火灾后的全体参与救火的群防群治工作也十分有效。[2]

---

〔1〕 "四川凉山森林大火已确认遇难 24 人"，载 http://sc.people.com.cn/n2/2019/0401/c345509-32800141.html，2020 年 2 月 18 日最后访问。

〔2〕 高其才："通过村规民约的乡村治理——从地方法规规章角度的观察"，载《政法论坛》2016 年第 2 期。

比较而言，城市社区的消防自治规约则较为少见。城市社区主要是高楼层、高密集居住，具体的火灾预防是家庭隐私化的居住空间内生活注意行为，由于城市社区治理薄弱，居民参与、动员程度都较低，而公共空间的消防主要由物业承担。但是，在城中村社区、城郊村社区，由于乡村居住格局和共同体团结性依然存在，消防自治规约也具有形成和实施基础。从河湾街道社区来看，社区消防自治规约主要包括消防设施配备规约、作坊消防管理规约、房东的租户审核监督规约、消防参与规约、生活生产注意事项规约等。

消防设施配备规约。城中村消防设施的配备仍是城市公共消防设施建设、消防装备的短板。如河湾街道农转居社区内的消火栓远没有新建的高楼层社区完善，且由于规控下的建设停滞，水压不足问题明显。城中村社区住房拥挤，道路狭窄，有的几乎连消防车都无法通行。社区内消防规约就规定，每家必须配备灭火器，为了防止灭火器过保质期，要求每户、每个作坊的灭火器都要年检或者每两年换新。

作坊消防管理规约。作坊老板到社区租房经营，必须先到社区报备或者由房东到社区报备。对于有火灾隐患、环境污染和公共卫生污染的作坊，要经过社区审核；如果隐瞒火灾隐患的，一旦被居民发现或者社区排查到就要即刻关停。如吴家社区有一家化学品作坊，主要是做衣服印花的化学试剂，因为污染和消防隐患大，这家作坊就在夜间生产，由于气味很大被居民举报，社区要求关停也未停止，社区就上报给消防部门将其通过联合执法的方式关停了。正如吴家社区某干部所说，"发现了隐患问题或者不良租户，立刻要求整改，不整改要上报贴封条，这是底线，只要有一户，全村遭殃。觉得有消防隐患就必须关停"。

房东的租户审核监督规约。外来流动人口无论是作坊加工人员还是普通租客，都必须向社区登记，房东对租户的消防安全要负有审查监督责任。首先，作坊的生产类型要符合消防要求。其次，作坊在生产过程中必须禁止"三合一"即生产、吃、住不能在一个空间，厨房烟道要改好，安全通道要保留。最后，作坊必须配备灭火器且必须会使用。

消防参与规约。消防参与以网格片区为单位，将各社区按照分片的原则划分为几个网格片区，实行属地负责。村干部分别要排查巡视各自划分的片区，并做好登记、整改要求工作。社区干部每天都会到田间地头、居民作坊区巡查，发现火灾第一时间去扑灭。党员也是参与的主体，党员负有带头维护消防安全的责任。对普通居民则要求每家都购买灭火器并会使用，一旦发生火灾，居民都要参与救火。

生活生产注意规约。社区干部将生产生活注意规约视为"源头治理"，认为"堵住了源头，才能尽可能减少火灾隐患"。生产生活注意规约即在生产材料的堆积存放、生活用火用电方面的注意事项。如在堆放衣料的生产车间禁止吸烟、生活炭火必须用水浇灭才能倒入垃圾池、禁止私自焚烧垃圾和草木、烧水壶等电器使用注意及时断电、不得在电线裸露处堆放衣料等。

四、社区消防自治规约的实施

从整体来看，河湾街道社区中的消防自治规约的形成与实施呈现不均衡格局。其中，两个因素对消防自治规约的形成与实施影响最大，一是作坊出租的利益。凡是交通便利、"前厂后仓"状况普遍存在的社区，作坊遍布下的消防压力更大，消防工作也会更加具有动员性、群众性，也更能形成自治规约、得到有效实施。而只有工业园的村转居社区，消防治理更加专业化，由工业园管理人员和各加工厂实施，与居民关联不大，更是生产管理规约。二是居住形态和社区团结性。在村转居社区即居住形态仍是农村独幢楼房的社区，消防自治规约形成的内生性越强，而拆迁安置社区或者商品房住宅社区的消防自治规约形成较少，其中原因与城市社区的居民间关系陌生化、基层组织薄弱、社会集体行动能力确实有关。因而，在河湾街道社区，社区内生而形成消防自治规约并有效实施的社区主要是地理位置优越的少数城中村、城郊村社区，其中的消防自治规约的形成与实施机制是城市社区自治规约运行的重要体现和组织部分。从消防自治规约的实施来看，主要分为宣传、培训、排查整改和联合执法机制。

（一）宣传

宣传是社区消防治理的基础，宣传是消防意识的培育，是消防自治的动员，也是消防知识和规范的传播形式。社区消防中的宣传包括形式、内容、人员等方面的要素。2005 年发布的《公安部、中央社会治安综合治理委员会办公室、民政部关于印发〈加强城市社区消防工作的意见〉的通知》中规定，利用广告、宣传栏、画廊、社区网站、文化活动站等阵地，开展经常性的消防安全常识、消防法律法规、家庭防火知识等方面的教育。在消防日（11 月 9 日）开展形式多样的消防活动。将消防知识教育纳入市民学校和托儿所、幼儿园的教学内容，加强对未成年人和家政服务人员的消防教育和培训。适时组织居民参观当地消防教育馆和消防站，增强群众的消防安全意识，每年组织居民和驻社区单位进行灭火与逃生演练，做到会报火警、会扑救火灾、会自救逃生。

从实践来看，社区消防自治的形成与实施中，海报宣传、画廊宣传、儿童教育和消防演练作用都不大，而宣传最重要的是要实现对社区全体居民消防意识及消防知识的培育与掌握。宣传形式要多样且一定要直接对接到户。宣传形式包括发传单宣传、开会宣传、放影片宣传、到社区公共场所宣传和直接入户宣传等方式。近年来，随着基层党建的加强，以及 2019 年"不忘初心、牢记使命"的主题教育活动的展开，社区党员会议从每月一次增加到每周召开一次，而且村转居社区党员仍是社区培养而非单位培养的，老党员都会参加社区党员会议。在社区党员会议上，村干部就会宣传消防知识和规范。河湾街道的社区每年元旦、中秋、国庆等节日都会举办晚会、放电影，在公共活动上，社区就会放映消防知识片或者进行消防宣传。用吴家社区干部的总结即"大会小会宣传，各种场所宣传"。宣传内容既包括消防法律、政策法规、社区消防规范，也包括火灾危害和消防知识。社区消防并不是专业消防，因而宣传更为重要的是告知居民国家法律规定的消防义务，火灾的危害和预防，以及社区消防中的注意规范、消防知识的掌握。社区在宣传中告诉居民，他们是消防的责任主体，也是受益主体。此外，从宣传队伍建设来看，社区干部是宣传工作的主体，党员、村民代表是宣传工作的辅助人员，全体居民是宣传工作的受众。

（二）培训

消防培训既是宣传消防知识落地的方式，也是比消防演练更为实质的社区消防工作，消防培训甚至可以说是社区消防自治的关键环节。消防培训是作坊经营的准入前提，没有经过培训就无法通过审核，也无法进行作坊生产。每一户作坊经营者入驻社区都要经过消防培训，包括如何使用灭火器、日常生产生活注意事项等，消防培训是社区消防规约转化为居民消防本能的机制。吴家社区每年会召开两次消防培训会，作坊老板或主管必须来参加，要求签到。另外，社区干部在社区内进行一户不落的大排查，入户排查同时也是对居民正确使用灭火器的入户培训。除了开会培训、入户培训，还包括在公共场所的培训。村转居社区仍保留自然村的居住格局，每个自然村都有公共空活动空地，社区干部会邀请消防人员、灭火器销售单位在公共场所进行培训，同时也为居民购买灭火器提供便利。公共场所的培训受众更广，且更有影响。

（三）排查整改

排查是最为有效的自治规约实施机制，排查主要由社区作为网格员分片进行。排查分为日常排查和特殊时期的排查。日常排查依据每个社区的治理能力而定，治理有效的社区，日常排查也坚持拉网式入户，基本上一个月可以排查完一个片区、完成一次闭环巡查。排查需要做排查表登记，登记的情况包括是否需要整改、器材的配备是否完善等。除了日常排查，还有特殊时期的排查，2019 年，武汉市举办了举世瞩目的军运会。河湾街道将社区消防治理作为社区综合治理工作的重要内容推进。特殊时期的排查不仅更加密集，而且要求也更加严格，街道综治办会要求上传排查照片并要求制定巡查上报制度。特殊时期的巡查上报要求严格，如军运会期间吴家社区每天晚上都有 7 名值班人员，其中 2 名负责夜巡，另外 5 名在社区值班；郑家社区巡查员每天要拍 30 张照片，整改前、整改后都要照片，并且打印版、电子版各要 1 份，同时，必须附说明材料，台账工作大为增加了排查的工作负担，如某社区干部所说，"有一半的时间精力要花在整理照片上"。

　　各社区建立了巡查上报工作制度，并规定：

　　一、工作人员严格执行值班巡查制度，每日对辖区各重点稳控人员、小区、企业等进行全面检查，坚守岗位，认真履行职责。

　　二、认真做好值班巡查纪律，内容具体、详细、完整。因值班巡查不负责任造成不良影响者，依纪论处。

　　三、按时交接班，不得空班，值班期间不准酗酒、打牌，违者依纪处理。有急事须事先请假未经批准不得离岗，紧急情况下必须提前四小时向内勤汇报。

　　四、各网格巡查组要对所辖网格进行全面巡查，做到不漏一条街、不漏一栋楼、不漏一个门点，确保每一条风险隐患及时发现、上报。

　　五、各网格巡查组一旦发现稳控人员应进行严格监视，并及时上报，记录时间、地点及详细情况。

　　六、对短时无法完成整改的风险隐患，要纳入重点巡查范围。

　　七、安全巡查工作十看：一看有没有存在"三合一"问题；二看有没有使用明火，是否符合安全规范；三看有没有易燃易爆物品堆放，是否有禁烟、禁火标识、是否通风和码放整齐、是否有专管责任人和定期查看记录；四看有没有器材过期、缺失、配备不足的问题；五看有没有特种设备，是否持证上岗；六看有没有电线乱牵乱搭，特别是配电柜开柜使用，必须一周内穿管整改到位；七看有没有制度上墙、标识上墙；八看有没有隐患清单下发，是否在限期内整改到位；九看有没有开展职工安全培训，是否会用消防器材，是否知道断电闸刀位置、是否知道安全逃生线路；十看有没有安全通道，是否上锁、是否占用、是否阻塞。

　　从以上巡查规定可以看出，消防安全是巡查、排查的主要内容。排查的内容包括"三合一"必须分离，即吃、住、生产必须分离；灭火器必须按照规定面积配备且不能过期，如郑家社区要求每20平方米空间就需要配备一个灭火器。排查与整改是联系在一起的，如果排查发现有消防隐患，社区干部会要求立即停业。

　　（四）联合执法

　　社区消防自治包括两个层面的含义：一是能够以基层组织和群

众自组织力量来实施国家消防法律政策；二是能够在社区内生出符合社区民情社情的自治规约并有效实施。但即使社区消防自治的运行也离不开国家执法的保障，联合执法就是在社区自治权力不足时运用国家力量而维护消防秩序的行为。在社区对作坊进行排查整改时，如果发现火灾隐患社区会要求作坊老板立刻停产并整个消防通道、配备消防设施等，对于消防隐患较大的产业如塑料、化工等，社区还会要求关停。但是，许多作坊并不服从社区的要求，因社区没有执法权，只能申请联合执法进行整改或取缔。

五、结语

消防安全管理是城市社区市政管理的内容，城市社区消防自治若能良好运转，不仅可以减轻正式消防部门的工作压力、节约国家资源、预防火灾和保护社会安全，还能够促进城中村、城郊村的非正规经济发展、增加居民收入。通过消防自治规约推动社区消防工作，可以减轻社区干部的负担并且切实提升消防效果，反之，如果仅靠社区干部依据街道综治部门的考核标准和工作要求而无法动员组织居民形成消防自治，不仅社区干部疲惫不堪，社区消防也会漏洞频出。社区消防自治规约的形成和实施需要社会基础和治理保障两方面因素，社会基础既有利益连带、消防需求，又可以形成"我为人人，人人为我"的群防群治消防工作机制；治理保障则依赖社区干部的动员组织、宣传排查和联合执法。

论法治框架下的高等学校学生处分制度[1]

陈 政

一、引言

高等学校是近代以来一种非常特殊并带着理想主义色彩的团体。[2]它承载了一种社会理想,人们总是对它充满期待。在知识经济时代,"大学已经成为社会的中心结构,大学教育之良窳足以影响乃至决定一个社会的文化与经济的盛衰。"[3]围绕高等学校的一切讨论都自然而然地热烈开展。

而随着我国依法治国进程的深入和学生权利意识的提高,高等学校学生处分越来越多地面临挑战:从 1999 年的"田永诉北京科技大学拒绝发放毕业证和学位证案"到 2012 年的"甘露诉暨南大学开除学籍决定案"等,已经产生了诸多诉讼甚至再审到最高人民法院的司法案件,逐渐成为教育法治的热点。特别是在国家提出"创新

---

〔1〕 根据学术研究惯例,笔者已将文中所有案例涉及的学校、个人信息进行了化名、部分隐去等处理,特此说明。

〔2〕 参见王怡:"法治与自治:大学理想及其内部裁判权",载 http://article. china-lawinfo. com/Article_ Detail. asp? ArticleID=32606,2014 年 6 月 10 日最后访问。

〔3〕 金耀基:《大学之理念》,生活·读书·新知三联书店 2001 年版,第 5 页。

社会治理体制"的背景下,〔1〕高校学生处分管理作为高校治理的重要组成部分,提供了重新审视国家与高校关系的一个窗口。

然而,由于学界研究起步晚和高等学校学生处分材料的内部性等原因,目前为止的讨论还停留在学生处分的法律性质、制度设计、是否司法救济、国外相关制度介绍等泛泛层面——既少有结合中国高等学校实际的讨论,也缺乏深入了解学生处分的真实过程,当然也就不能理解高等学校学生处分的秩序。基于此,本文的问题意识是:高等学校的学生处分秩序是如何被塑造的——国家的法律法规与高等学校的校纪校规两种规范在其中如何互动衔接,又应该怎样分配国家和高等学校(作为一种社会组织的)两种力量的角色来进行协力共治。时下中国有关高等学校改革的讨论方兴未艾,甚至可以说正处于风口浪尖:高等学校自主权(大学自治)、高等学校去行政化、学术自由等重大问题都被纠缠在一起讨论,似乎"剪不断,理还乱"。

本文仅着眼于高等学校学生处分制度,试图通过分析学生处分设定权的归属、学生处分的实际运作过程和学生合法权益的救济,来厘清国家法律法规具体介入高等学校学生管理事务的边界,高等学校校纪校规应该规制哪些内容,哪些是连校纪校规亦不可作为的——进而重新构建高等学校学生处分的制度体系。这既是为"国家还高等学校办学自主权"提供一点法理论证,改变高等学校学生管理被"教育部大学"的尴尬现状;〔2〕也是为规范高等学校制定校规、实施校规的行为,保障学生应有的合法权利。

本文的一个基本判断是:高等学校学生处分管理作为高等学校治理之一面与社会治理之一种,应当是法治框架下国家与高等学校的分权、共治。

---

〔1〕 在《中共中央关于全面深化改革若干重大问题的决定》中提出了"创新社会治理"和"改进社会治理方式";2013年的政府工作报告中提出要"推进社会治理创新。注重运用法治方式,实行多元主体共同治理"。

〔2〕 2014年全国两会期间,全国政协委员、中国矿业大学(北京)副校长姜耀东批评中国高校行政化的尴尬现状说:"某种程度上,中国只有一所大学,就是教育部大学,我们都是分院。"

二、高等学校学生处分的法律性质

"高等学校学生处分"从语义结构上看：高等学校是主体，学生是对象，违纪处分是内容，校规是直接依据。高等学校的法律地位决定校规的法律性质，而对校规法律性质的解释则决定学生处分中高等学校与学生的法律关系，因而是讨论高等学校学生处分制度的前提。

（一）高等学校的法律地位

尽管《教育法》第32条第1款"学校及其他教育机构具备法人条件的，自批准设立或者登记注册之日起取得法人资格"和《高等教育法》第30条第1款"高等学校自批准设立之日起取得法人资格……"都已经明确高等学校具有法人资格，是独立的法律主体。然而目前，高等学校在我国的法律解释中仍被定义为"事业单位"，即"国家为了社会公益事业目的，由国家机关或其他组织利用国有资产举办的，从事教育、科技、文化、卫生等活动的社会服务组织"。[1]这种定位既不同于大陆法系国家的公务法人（如法国）和公法团体（如德国），又不同于英美法系国家的公法人 public corporation，存在显著差异。[2]然而，作为事业单位的高等学校却在很多地方带有明显的公共行政色彩，如统一的招考制度、学校人事制度、学生事务管理制度等，都是由政府制定法规进行统一规制，或是直接交由各级教育行政部门进行规范管理。这种事业单位模式也给高等学校管理造成一定的影响：一方面行政化严重，给大学自主和学术自由造成较大负面影响；另一方面行政诉讼地位未有定论，给学生处分纠纷的司法救济造成障碍——有的司法机关以学校是事业单位而非行政机关为由拒绝受理。

为了保障越来越多学生处分纠纷中的学生权益诉求，司法实务界逐步突破"行政机关"的限制，尝试将事业单位模式下的高等学

---

〔1〕 参见《事业单位登记管理暂行条例》第2条。

〔2〕 参见王怡："法治与自治：大学理想及其内部裁判权"，载 http://article.china-lawinfo.com/Article_ Detail.asp? ArticleID=32606，2014年6月10日最后访问。

校解释为具有行政诉讼被告资格的"法律法规授权组织"，即"准行政机关"。到 1998 年，北京市海淀区人民法院首开其例，在"田永诉北京科技大学拒绝颁发毕业证和学位证案"的判决中写道：[1]"在我国目前情况下，某些事业单位、社会团体，虽然不具有行政机关的资格，但是法律赋予它行使一定的行政管理职权。这些单位、团体与管理相对人之间不存在平等的民事关系，而是特殊的行政管理关系。他们之间因管理行为而发生的争议，不是民事诉讼，而是行政诉讼。尽管《中华人民共和国行政诉讼法》第 25 条所指的被告是行政机关，但是为了维护管理相对人的合法权益，监督事业单位、社会团体依法行使国家赋予的行政管理职权，将其列为行政诉讼的被告，适用行政诉讼法来解决它们与管理相对人之间的行政争议，有利于化解社会矛盾，维护社会稳定。"[2]此案学界赞声一片，认为是"中国行政法学上一个里程碑式的案件，它的意义不仅在于法院首次把司法审查的范围扩展到高等教育管理领域，也在于法院对本案实体问题的判决理由"，[3]得到了很多的讨论。但长期被学界忽视的是：其一，此处高等学校作为"法律法规授权组织"的法律基础是"大学有代表国家对受教育者颁发相应毕业证书、学位证书的职责"。例如在后来的"刘燕文诉北京大学不授予博士学位案"中，[4]法院仍然要首先论证和认定被告是基于"北京大学作为国家批准成立的高等院校，在法律法规授权的情况下，负有代表国家对

---

〔1〕 1996 年，北京科技大学以田永违反《关于严格考试管理的紧急通知》，在补考过程中夹带写有电磁学公式的纸条被监考教师发现，对田永按退学处理。但随后田永继续在校学习，直至临近毕业，学校以田永不具备学籍为由，拒绝颁发毕业证、学位证和办理毕业派遣手续，引发纠纷。

〔2〕 参见北京市海淀区人民法院、北京市第一中级人民法院："田永诉北京科技大学拒绝颁发毕业证、学位证行政诉讼案"行政判决书，载 http://www.chinacourt.org/article/detail/2002/11/id/18054.shtml，2014 年 6 月 10 日最后访问。

〔3〕 何海波："通过判决发展法律——评田永案件中行政法原则的运用"，载罗豪才主编：《行政法论丛》（第 3 卷），法律出版社 2000 年版。

〔4〕 1996 年，北京大学无线电电子学系学生刘燕文的博士学位论文先后通过了博士学位论文答辩委员会的审查和北大学位评定委员会电子学系分会的审查，但未通过北大学位评定委员会的审查。北京大学据此决定不授予刘燕文博士学位，只授予其博士结业证书，而非毕业证书，引发纠纷。

受教育者颁布相应学业证书的权力"。[1]换言之，如果高等学校学生管理纠纷并不涉及毕业证书和学位证书的颁发，且又找不到法律法规授权表述的其他依据，那高等学校仍不能被视为是"适格"的行政诉讼被告，即完全存在其他法律定位的可能。而且，事实上高等学校所实施的各种行为中，哪些属于行使行政职权的行为，法律并无明文规定。其二，法院通过判决发展出"法律法规授权组织"法律定位的目的是为了"化解社会矛盾、维护社会稳定"，带有功利主义色彩，也就必然存在理论论证上的不周全。对于高等学校来说，法律法规概要授权的事项很多，《教育法》和《高等教育法》不仅规定有学位制度、学业证书制度，更有高等学校自主管理如"组织实施教育活动""招收学生""对学生实施奖励和处分"等，[2]教育部的《普通高等学校学生管理规定》等规章、规范性文件对高等学校学生管理事项的授权和规定则更为详细。如若相关纠纷都通过"法律法规授权组织"的司法解释，允许其进入法院诉讼，非但不现实，也有违功利主义论证的初衷。而且，一些法律法规在授权特定组织以权利时，并未明确权利的属性是公共行政权力还是私权利；"现代社会各行各业均须法律规范，并不能说，只要法律规定了某一组织的权利义务就一概认定其为授权组织"。[3]因此，有学者在评此司法举动时就审慎地表示，要根据高等学校"行为的特征、性质、对学生（或教师）的权利义务影响程度，以及结合相关司法判例，学校对学生作出的开除、勒令退学的处分，不予颁发相应的学业证书、学位证书的决定，以及其他一些严重影响学生（或教师）权益的行

---

〔1〕 参见北京市海淀区人民法院："刘燕文诉北京大学拒绝颁发博士毕业证书案"行政判决书，载 http://law.china.cn/case/txt/2006-12/27/content_ 259393.html，2014 年 6 月 10 日最后访问。

〔2〕 如《教育法》第 29 条规定："学校及其他教育机构行使下列权利：（一）按照章程自主管理；（二）组织实施教育教学活动；（三）招收学生或者其他受教育者；（四）对受教育者进行学籍管理，实施奖励或者处分；（五）对受教育者颁发相应的学业证书；（六）聘任教师及其他职工，实施奖励或者处分；（七）管理、使用本单位的设施和经费……"类似的规定还有《高等教育法》第 41 条等。

〔3〕 马怀德：《行政法制度建构与判例研究》，中国政法大学出版社 2000 年版，第 308 页。

为",[1]才纳入行政行为的范畴。因此,涉及学生处分纠纷时的高等学校的法律地位并不能一概认定为是行政主体,法院也不能一概受理所有学生处分纠纷的案件。湛中乐教授曾将其类型化总结为:"高等学校在不同方面具有不同的法律地位:其在行使法律、法规授予的行政管理等职权时,是行政主体;在接受有关行政主体监督、管理时,是行政相对人;在管理有关资产以及进行平权性质的活动时,是民事主体。"[2]这一表述似乎也未能全面表达高等学校的法律地位,如既不属于行使前述行政职权,也不是民事的纯资产管理,而是一种高等学校内部事务的协调与管理情形,这该如何定位高等学校的地位?

这种混乱既是高等学校作为一种涉多重法律关系的特殊社会团体的体现,也与我国采用事业单位模式的定位密切相关。本文认为,就学生处分的相关法律关系而言,可视高等学校为"法律法规授权组织"的准行政机关和"独立法人资格"的社会自治团体二重性的结合体:当以第一个面向出现时,它代表国家,学校与学生的关系是一种行政关系,纠纷纳入行政诉讼范围;当它以第二个面向出现时,它是它自己,国家在法律没有明文规定的情况下不得干涉其内部管理的自由。

(二) 高等学校规范即校规的法律性质

高等学校规范即校规是高等学校制定的学生必须遵守的规则,对学生具有强制性,不遵守校规往往会招致不利后果,甚至直接体现为学生纪律处分。校规和学生纪律处分存在的必要性在于"教育是一种培养人的活动,其核心内容不仅包括向学生传递人类以往的知识经验,而且还包括通过对学生身心施加特定的影响使其逐步社会化"。[3]根据校规所要达到的目的及其采用手段的不同,可以将其大致分为三类:①第一类校规通过奖励与惩戒的方法塑造校园的

---

[1] 湛中乐、李凤英:"论高等学校之法律地位",载湛中乐主编:《高等教育与行政诉讼》,北京大学出版社2003年版,第8~9页。

[2] 湛中乐:"再论我国公立高等学校之法律地位",载《中国教育法制评论》2009年第0期。

[3] 余雅风、蔡海龙:"论学校惩戒权及其法律规制",载《教育学报》2009年第1期。

教育秩序，比如学籍管理规定、社团管理办法、违纪处分条例等，重在维护秩序。②第二类校规通过服务达到育人的目的，比如学生贷款办法、勤工助学规定等，重在服务学生。③第三类校规是教学、科研的相关规定，比如学生科研成果或者学位论文的保密规定、研究生培养办法等，重在规范工作程序、提高效率。[1]本文所涉及和重点观察的是第一类校规中的学生违纪处分管理规定，它是学校给予学生处分的直接依据。

如前所述，高等学校的法律地位具有多个面向，相应地，校规的法律性质在一定程度上亦呈现纷杂的状态：第一，高等学校作为一种准行政主体时，其制定校规的行为具有抽象行政行为的属性，校规便属于规范性文件的一种，必然受到上阶位法律规范的约束。比如当前各高等学校分别制定的学生违纪处分规定或条例的法律效力就被置于教育部规章《普通高等学校学生管理规定》之下——其第 67 条第 1 款更是明确要求"学校应当根据本规定制定或修改学校的学生管理规定，报主管教育行政部门备案……"。校规这种法律性质的基础在"法律法规授权组织"理论，高等学校是国家机构的授权组织，其制定的校规是国家法律法规的延伸和细化，可视为国家法的扩大组成部分，其效力来源于国家法。作为规范性文件的校规在司法救济中应当被"参照"适用，如"甘露诉暨南大学开除学籍决定案"，[2]最高人民法院在判决书中写道"暨南大学开除学籍决定援引《暨南大学学生管理暂行规定》第五十三条第（五）项和《暨南大学学生违纪处分实施细则》第二十五条规定，属于适用法律错误，

---

〔1〕 田鹏慧："校规制定过程的师生参与"，载《中国教育法制评论》2011 年第 0 期。

〔2〕 2005 年，暨南大学华文学院语言学及应用语言学专业硕士研究生甘露在参加《现代汉语语法专题》科目的撰写课程论文考试时，先后两次从互联网上抄袭考试论文并被任课教师发现。2006 年 3 月 8 日，暨南大学作出《关于给予硕士研究生甘露开除学籍处理的决定》，给予甘露开除学籍的处分。甘露不服，引发纠纷，先后广东省教育厅行政申诉、广州市天河区人民法院初审、广东省广州市中级人民法院终审和最高人民法院的再审等程序。

应予撤销"，[1]实际是从反面解释认可了暨南大学校规在司法审判中的适用效力，即"人民法院审理此类案件时，应当以相关法律、法规为依据，参照相关规章，并可参考涉案高等院校正式公布的不违反上位法规定精神的校纪校规"。第二，高等学校是一个社会共同体，共同体享有团体自治权，可以在不需要法律授权的情况下制定规则调整内部事务——因为"自治意味着不像他治那样，由外人制定团体的章程，而是由团体的成员按其本质制定章程"。[2]根据大陆法系的"团体自治"理论，其制定的规则具有社会自治组织制定的"软法"的特征，校规在共同体自身事务方面应受到充分的尊重。[3]这种自治规范的效力不是来自国家法律的授权，规范也不是为了执行法律，而是基于"国家—社会"二元视野下，对公民社会的尊重，其效力来源于遵守者的共同同意。而且，比一般的"社团自治"多出一重意义——大学是一个强调学术自由的特殊共同体，学术自由是构筑大学的核心理念与根基，而大学自治作为学术自由的制度保障，必然需要自治规范效力的校规作为依托。换言之，大学自治的法理来源实际有两个：学术自由与团体自治，大学自治恰好是结合了这两重法理。

因而，校规的法律性质如同高等学校的法律地位一样不能一概而定，须结合校规的具体条文、规制学生行为的内容以及适用的实际情形来分析。高等学校学生处分规定作为校规中的一种，其中某些条文可以体现为"法律法规授权组织"的行政规范性文件而被司法参照适用，其条文也可以被视为"社会自治团体"的规范而不接受或仅接受有限的司法审查（只能审查校规的适法性而不能审查适当性）。

（三）学生处分的法律依据

当前，我国高等学校学生处分制度的法律依据由三个层次的规

---

[1] 参见最高人民法院："甘露诉暨南大学开除学籍决定再审案"行政判决书，载 http://www.court.gov.cn/zgcpwsw/zgrmfy/xz/201306/t20130628_154292.html，2014年6月10日最后访问。

[2] [德] 马克斯·韦伯：《经济与社会》，林荣远译，商务印书馆1997年版，第78页。

[3] 湛中乐："教育行政诉讼中的大学校规解释——结合甘某诉暨南大学案分析"，载《中国教育法制评论》2012年第1期。

范构成：①第一个层次是国家法律。《教育法》第 29 条第 1 款第（四）项规定学校及其他教育机构有权对"受教育者进行学籍管理，实施奖励或者处分"；《高等教育法》第 41 条进一步明确高等学校的校长有"对学生进行学籍管理并实施奖励或者处分"的职权。两部法律都概要地授予了高等学校和高等学校校长"实施处分"的权力，[1]但并没有对学生处分的内容、形式和实施程序作出具体规定。②第二个层次是教育部规章和地方教育行政部门的规范性文件。最主要和最集中的规范体现在《普通高等学校学生管理规定》，其第 52 条规定学校可以并应当"对有违法、违规、违纪行为的学生，给予批评教育或者纪律处分"，第 53 条至第 66 条又分别规定了学生处分的种类、开除学籍的具体情形、学生处分的程序、学生处分的申诉救济等事项，成为各高等学校制定和实施学生处分校规的主要依据。③第三个层次是以高等学校章程为核心的学生处分校规。这是高等学校学生处分运作的直接依据，如《北京大学学生违纪处分条例》等。在高等学校学生处分规定的开头，一般以依据"法律法规的授权"和"结合我校的实际情况"加以制定。其实笔者认为更应加上"依据《××大学章程》"的表述，因为高等学校章程是"大学宪法"，是校内基本法，是所有校规制定的基石，在学校管理中应具有最高权威。而且《教育法》和《高等教育法》也都明确授权高等学校"按照章程自主管理"，因之高等学校章程对内外都有一定的效力：校园之内任何的规章制度都不得与章程冲突，校园之外的教育行政机构也要尊重章程，并以之为基准。学生处分作为高等学校学生管理的一项制度，主要依据除了国家法律法规便应是本校的章程。[2]

（四）学生处分的法理基础

《宪法》规定"中华人民共和国公民有受教育的权利和义务"，

---

〔1〕 应注意到"高校"与"高校校长"二者在法律地位上也存在不同：前者是法人团体，后者是法人代表。因而，高校的实施处分是指法律概要地授予包括学生处分权的设定、运行与救济等完整的权利；高校校长的实施处分则仅限于该授权的具体执行，如领导学校相关机构制定学生处分管理校规，依照校规对违纪学生进行处分。

〔2〕 参见《中国人民大学章程》（2019 年修订）第 58 条规定："学校依据国家法律、法规及本章程自主管理学校内部事务，不受任何组织和个人的非法干涉。"

受教育权既是一项宪法权利，也是一项基本人权。[1]由于高等教育资源的稀缺性，高等教育阶段的受教育权实质上属于自由权，即保证学生的学习自由，已不同于义务教育阶段的教育公平。但学习的自由绝不意味着不受任何的限制，相反，自由要以遵从一定的规则和秩序为前提。国家对高等学校学生受教育权（学习自由）的尊重、保护和实现，必须"在学校内促成一种富有公正、效率的教育秩序"。[2]教育秩序离不开纪律，违反纪律则要遭受内部惩罚。纪律一般通过两种方式执行：一是教育引导，让其自觉遵守秩序；一是违纪处分，迫使其停止破坏并恢复到正常秩序。因为"社团作为一个社会群体，必须有能力对成员之违反群体要求的行为作出反应……章程通常应当对社团处罚措施作出规定"。[3]高等学校为维护正常的教学和科研秩序，必须建立学生行为准则，对学生违反国家法律、法规和学校规章制度的行为，给予批评教育和纪律处分。学生的违纪行为一般包括如危害国家安全、公共安全；侵犯他人人身权利；侵犯公私财产、知识产权；损害国家、学校声誉或利益；违反学习、学术纪律；扰乱学校、社会管理秩序；违反社会公德，造成不良影响等。[4]这些违纪行为，有的触犯了国家法律法规，有的破坏了教育考试制度的公正公平，有的妨碍了他人学习的自由……都对教育秩序的公正和效率原则构成了挑战，也侵害了其他学生的受教育权。因此，公正、富有效率的教育秩序有赖于学生纪律处分的保障——即保护公民受教育权是学生处分制度得以存在的法理基础。

总的来说，高等学校学生处分的法律关系可以归纳为以下几点：第一，学生处分的一般关系，行为主体是高等学校，处分对象是在学校正式注册并参加正常学习活动的学生，针对违反国家法律、法规或者学校管理规定的行为；第二，高等学校的法律地位和校规的

〔1〕《世界人权宣言》第26条第1款规定："人人享有受教育的权利。"《经济、社会及文化权利国际公约》第13条第1款规定："本公约缔约各国承认，人人享有受教育的权利。"

〔2〕朱佳丹："高校学生纪律处分法治化研究"，苏州大学2006年硕士学位论文。

〔3〕［德］迪特尔·梅迪库斯：《德国民法总论》，邵建东译，法律出版社2000年版，第838页。

〔4〕参见《清华大学学生违纪处分管理规定》第4条。

法律性质是决定学生处分法律性质的基础，学生处分的法律依据包括了国家法律法规和以高等学校章程为核心的校规，表现为国家法律法规的授权管理和高等学校依章程校规的自主管理两个面向；第三，学生处分制度的法理基础在于保障公民的受教育权利，维护富有公正、效率的高等学校教育秩序；第四，学生处分的内容，处分种类有警告、严重警告、记过、留校察看和开除学籍五种，其严重程度依次递增，学生处分须经正当程序，并应保障受处分学生的法律救济途径。

三、高等学校学生处分的法律设定

高等学校学生处分的设定是指国家机关通过法律法规或高等学校通过校纪校规，创设和规定可以给予学生处分的行为、处分的种类、处分的幅度和处分的程序等相关制度。学生处分设定权的划分可以直接体现国家与高等学校在学生处分秩序中的地位关系，也折射出国家对待高等学校治理的态度与方式。

（一）学生处分设定权的法律法规

《教育法》规定学校及其他教育机构有权对"受教育者进行学籍管理，实施奖励或者处分"，《高等教育法》也明确高等学校的校长有"对学生进行学籍管理并实施奖励或者处分"的职权。然而"实施处分"到底包括哪些内容和权利还不明确，有待立法解释。但现实是高等学校学生处分的设定权却一直由国家教育部门的规章所独享，学校原则上只有具体执行权，所谓"教育部大学"确非调侃。

根据《中国高等教育学生管理规章大全》的汇编，几乎所有涉及高等学校学生处分设定的国家法律法规都由国家教育行政部门作出：[1] 1953 年 5 月，原高等教育部附发《关于华东区高等学校处理学生学籍问题的若干规定》，对违反校纪校规的学生规定给予警告、

---

〔1〕 此间，国家教育行政部门先后经历了：1949 年起的教育部、高等教育部，1985 年起的国家教育委员会，1998 年起的教育部。但无论是国家教委还是教育部，其主要职责和任务都基本相同，总的职责任务是负责制定教育中长期发展规划，制定教育、教学政策法规，宏观指导、组织的协调教育工作，推进教育体制改革，督导各类学校教育工作等。

记过、留校察看、开除学籍的处分。对于"无故旷课,一贯违反校规与教学纪律,以及行为严重不端,并且坚持错误,屡教不改者,校长得下令开除其学籍,并将经过情况通知其所在地区行政主管部门"。这是我国第一个对高等学校学生处分作出规定的规范性文件。1978 年 12 月,原教育部颁发《高等学校学生学籍管理的暂行规定》,关于学生处分则规定"对于破坏革命纪律,破坏公共财物,以及有偷盗等不良行为的学生,可视其情节,分别给予批评教育、警告、记过、留校察看直至开除学籍处分。留校察看的处分,经教育不改的应令其退学。思想反动,品质恶劣,道德败坏,或者是流氓、阿飞学生,经教育不改的,应开除学籍"。1990 年 1 月,原国家教育委员会颁发《普通高等学校学生管理规定》,其中第 62 条规定"对犯有错误的学生,学校可视其情节轻重给以批评教育或纪律处分。处分分下列六种:(1) 警告;(2) 严重警告;(3) 记过;(4) 留校察看;(5) 勒令退学;(6) 开除学籍。留校察看以一年为期。受留校察看处分的学生,一年内有显著进步表现的,可解除留校察看,经教育不改的可勒令退学或开除学籍"。而 2005 年 2 月,教育部颁发《普通高等学校学生管理规定》,其中第 52 条和第 53 条分别规定"对有违法、违规、违纪行为的学生,学校应当给予批评教育或者纪律处分。学校给予学生的纪律处分,应当与学生违法、违规、违纪行为的性质和过错的严重程度相适应","纪律处分的种类分为:(一) 警告;(二) 严重警告;(三) 记过;(四) 留校察看;(五) 开除学籍"。

梳理历次法规可以看出,虽然四个文件对学生处分设定的规定在表述上稍有差异,但总体上沿用一个思路——国家完全掌握学生处分的设定权。这种思路原则上保证了全国高等学校学生处分的一致性,避免了高等学校可能的滥用权力或高等学校之间学生处分校规差异过大,体现了形式上的公平,应该说有一定的合理性。作为学校法律制度改革的研究之一,马怀德教授主持的《中华人民共和国学校法(草案)》(专家建议稿)第 114 条亦采纳此思路,在某些方面的表述甚至"收权"得更紧,其中规定:"高等学校可以对违反法律或学校规章制度的学生予以纪律处分。纪律处分包括:警告、严重警告、记过、留校察看、开除学籍。高等学校不得增加处分方式。高等学校非因正当事由，非经法定程序，不得给予学生不利处分。"并在立法理由中从两个层面分析学生处分的设定权：一是从制度或"制定法"层面，目前有关学生处分的规定是《普通高等学校学生管理规定》，在立法层级上系属于部门规章，该规定对处分的种类、开除学籍的适用范围作了原则性规定，但并没有对学校是否具有处分的设定权进行明确规定；二是从法治精神或"实在法"层面，因为公民的受教育权是宪法性权利，并非任何机关都可以决定剥夺公民的受教育权，从最严格的意义来说，只有拥有立法创制权的立法机关才有决定在何种情况下剥夺公民的受教育权，所以学校不应当享有处分的设定权。[1]但也应看到，这种思路其实是国家对高等学校自主管理的不信任，过分依赖教育部门规章和行政力量进行高等学校治理，与国家"放权"的大势相违；而且这种对高等学校学生处分的集权管理模式与《教育法》和《高等教育法》赋予高等学校和高等学校校长"实施处分"的权利之间可能存在龃龉（一旦"实施处分"能被解释为享有设定并执行学生处分权时），也不利于高等学校自主权的发挥和实现。

（二）部门规章独享处分设定权的法理问题

应该由谁掌握学生处分的设定权这一问题并没有得到太多的讨论，各国法律也无明确规定。从理论与传统上分析，不论是由国家还是由高等学校掌握学生处分的设定权，都有一定的合理依据。因为高等教育的起源就存在高等教育系统的两种理想类型：罗马传统和盎格鲁—撒克逊传统。前者是国家控制的一元结构，国家掌握高等学校治理的一切权力被视为理所当然；后者则是"社会选择"的多元结构，认同大学自治的理念。[2]放之大学兴起的时代，西方大学普遍拥有内部纪律的裁判权，欧陆南部有博洛尼亚大学的"学生（行业）自治"，北部有巴黎大学的"教师（行业）自治"，之后英国的牛津、剑桥大学甚至设有"大学法庭"——大学事务管理的权

〔1〕 马怀德主编：《学校法律制度研究》，北京大学出版社2007年版，第260~261页。

〔2〕 周光礼："中国大学办学自主权（1952—2012）：政策变迁的制度解释"，载《中国地质大学学报（社会科学版）》2012年第3期。

力都掌握在高等学校师生社群内部。显然，中国高等学校的事业单位模式承袭于前者，但改革已在路上。[1]仅从教育法制的规范分析出发，由教育行政部门以规章的形式独享学生处分的设定权存在法理上的问题。

1. "法无授权即禁止"

高等学校学生处分是指高等学校学生违反国家法律、法规和学校规章制度的行为，而被学校依据校规给予警告、严重警告、记过、留校察看和开除学籍等纪律处分。作为一种惩戒，几乎所有的高等学校都将学生处分与受处分学生的在校权益（如评定奖学金、学生干部、荣誉称号等）挂钩，开除学籍处分更是直接影响学生受教育权的实现，可以说学生处分都是对学生权益的一种不利的负担。第一，《立法法》第80条第2款规定："部门规章规定的事项应当属于执行法律或者国务院的行政法规、决定、命令的事项。没有法律或者国务院的行政法规、决定、命令的依据，部门规章不得设定减损公民、法人和其他组织权利或者增加其义务的规范，不得增加本部门的权力或者减少本部门的法定职责。"也就是说，《普通高等学校学生管理规定》作为教育部的部门规章只能是执行性立法，没有法律或行政法规的明确授权是绝不能立法给公民创设新的权利义务关系的。然而，纵观我国的法律和国务院行政法规，并没有明确授权教育部设定高等学校学生处分的种类：《教育法》和《高等教育法》仅概要地规定"国务院教育行政部门主管全国教育工作"。恰恰相反，《教育法》和《高等教育法》却分别地直接授权高等学校和高等学校校长"实施处分"——即使不能解释出高等学校和高等学校校长就具有完全的学生处分设定权，那也应该比教育部规章的垄断更具有正当性。第二，开除学籍处分直接关系学生的在学身份和受教育的宪法权利，类似或可参照于《行政处罚法》中的资格罚。如把高等学校视为"法律法规授权组织"的准行政机关，那高等学校

〔1〕　国务院办公厅于2010年印发了《国务院办公厅关于开展国家教育体制改革试点的通知》（国办发〔2010〕48号），其中第6点"改革高等教育管理方式，建设现代大学制度"中要求"落实高等学校办学自主权"和"完善高等学校内部治理结构"等改革试点工作。

作出的开除学籍处分是一种准行政处罚行为。依照《行政处罚法》的规定，资格罚的设定主体仅限于法律和行政法规，而部门规章仅能在"法律、行政法规规定的给予行政处罚的行为、种类和幅度的范围内作出具体规定"。从法治精神而言，国家行政机关应当"法无授权即禁止"，而且这种授权还应当是具体明确且符合正当程序的。因此，教育部的《普通高等学校学生管理规定》设定所有学生处分没有立法基础，其行为不但有违法律保留原则的法理——法律保留原则要求"宪法关于公民基本权利（学生的受教育权利）的限制等专属于立法事项，必须由立法机关通过法律规定，行政机关不得代为规定"，[1]更是一种超越职权的立法。究其原因大概有两个：其一，历史发展的原因，中华人民共和国成立后高等教育体制"全面复苏"，实行高度的行政集权管理和成为国家经济计划的一部分，大学成了政府的附属机构，关于高等学校管理的规范都是以行政法规或部门规章形式作出的。后虽经历改革开放和放权高等学校自主办学，教育部仍把学生处分的设定权作为一项"历史的权利"承袭了下来。其二，立法不作为与规章乱作为，既然立法没有明确规定学生处分设定权的归属，也没有明确授权教育部或高等学校制定规范来设定学生处分，而又面临学生处分制度的现实需要，那教育部作为国家教育行政部门便以"管理的职能"担起其"保护学生合法权益"的责任，这某种程度上也是退而求其次的选择。

2．"无救济则无权利"

"无救济则无权利"，这句古老的谚语已经成为法律的基础逻辑。法治精神不仅要体现在权利的宣示上，还要体现在权利的救济上。公民如果对自身承担的义务存在异议，司法应当允许其寻求救济。换言之，如果学生处分是由法律设定的，并且学生对处分存在异议和纠纷，就应通过诉讼的方式解决。立法形式上，《普通高等学生管理规定》属于教育部制定的部门规章，其不仅规定学生处分的

---

[1] 程雁雷："高校退学权若干问题的法理探讨——对我国首例大学生因受学校退学处理导致文凭纠纷案的法理评析"，载湛中乐主编：《高等教育与行政诉讼》，北京大学出版社 2003 年版，第 214 页。

种类，并严格规定了可以给予开除学籍处分的七种情形，还规定了实施处分的程序和学生校内申诉的程序等，已是我国行政法上的法律渊源。那么，因学生处分所引起的纠纷应该属于行政诉讼的受案范围，这也是无救济则无权利的题中之意。然而，我国法律并没有明确将学生处分纳入行政诉讼的受案范围，其他法律也没有为这些权利提供司法救济的途径，因而长期以来的司法实践排斥此类诉讼。直到1999年的"田永诉北京科技大学拒绝发放毕业证和学位证案"才有限度地开启了学生处分纠纷的司法救济新篇——其"限度"表现在司法实践仅仅是对勒令退学、开除学籍、拒绝颁发毕业证和学位证等涉及学生教育权实现的学生处分纠纷"法外开恩"，[1]而其他如警告、严重警告、记过和留校察看等学生处分从来都不曾被受理过。天津市高级人民法院就曾经两次裁定驳回此类起诉，其论述理由是："警告、记过、留校察看等处分并未改变原告在校大学生的身份，并未剥夺原告经国家统一考试取得的接受高等教育的资格，属于学校对学生进行正常教育的管理行为，学生对此如有异议可通过申诉等其他途径解决。"[2]这种司法实践的兴起与德国行政法学中的"特别权力关系—重要性权利理论"密切相关，该理论认为涉及学生基本权利或重大权益的事项，必须由法律规定并接受司法审查；不涉及学生重要权利的事项，学校可以根据自己的内部规定行使管理权，既不适用法律保留，相关纠纷也不能通过司法途径解决。显然，这呈现出法律规定与司法实践的不一致，即"说与做"的分异。要解决这种矛盾冲突，只能是：其一，做的与说的保持一致，既然《普通高等学校学生管理规定》作为行政法渊源已经规定了学

---

〔1〕 2004年最高人民法院起草的《关于审理教育行政诉讼的若干问题规定（征求意见稿）》第1条规定："学生或者其他受教育者不服教育行政机关、经国家批准设立或者认可的学校、科学研究机构及其他教育机构行使下列教育公共管理行为的，可以依法向人民法院提起行政诉讼：1. 招收学生或者其他教育工作者的；2. 责令退回招收人员的；3. 取消学籍等处分的；4. 不颁发、补办学历证书或者其他学业证书的……"其中"取消学籍等处分"实际上就是指勒令退学、开除学籍、强制退学等使其丧失学籍的处分。

〔2〕 天津市高级人民法院行政审判庭："关于审理教育行政案件的调查报告"，载中华人民共和国最高人民法院行政审判庭编：《行政执法与行政审判》，法律出版社2005年版，第143页。

生处分的所有种类,那但凡学生处分的纠纷都应当提供司法救济,在行政诉讼法上也应明确纳入受理范围;或者其二,说的与做的保持一致,既然这种有限度的司法救济实践已经被大家接受并有行政法学理论作支撑,那么《普通高等学校学生管理规定》就不应将所有学生处分的种类都设定其中,而应只设定开除学籍这样直接影响学生受教育权实现的学生处分种类,其他都归之于高等学校,引发的纠纷也只能寻求校内申诉或其他途径解决。

由此可见,不论是从法律文本、法治精神还是从司法实践分析,教育部以部门规章的形式独享学生处分的设定权都存在法理问题。因而,建立一种国家与高等学校分权、法律与校规分治的学生处分设定制度对于理顺高等学校学生管理关系、保障学生合法权益势在必行。

(三)建立法律与高等学校校规分治的学生处分设定制度

如前文所探讨,既然教育部规章独享学生处分的设定权存在法理问题,而且确实有一些学生处分在法律规定和司法实践上都得不到救济,那么就应当承认法律的边界(即法律可作为和应当作为的空间都是有限的),交由校规调整——建立国家与高等学校分权、法律与校规分治的学生处分设定制度:开除学籍等涉及学生基本权利的处分由法律设定,其他学生处分由校规设定。

国家与高等学校分权、法律与校规分治的法理基础在于“社会是多层次的复杂结构,而社会规范是人类社会的普遍现象,不同层次的社会类型具有不同的规范……国家法律的支配并不涉及所有的社会领域,各类社团的内部尚存在以社团章程等形式表现出来的自治规范,包括纠纷解决替代性规范等”。[1]从这个意义上来讲,正是因为《普通高等学校学生管理规定》独揽设定所有类型的学生处分,将警告、严重警告、记过和留校察看等本不该由法律直接调整的学生处分种类通通纳入法律直接调整的范畴,使法律承载了它不能承载的任务,才导致了法律规定与法理逻辑的冲突。

1. 开除学籍处分由法律设定

开除学籍处分直接关系受教育者的在学身份,是最严厉的学生

---

〔1〕 郑磊:“论‘部分社会’法理”,载《学习与探索》2009年第3期。

处分，为确保高等学校不滥用处分权和学生的权益不受非法侵害，应该设置严格的条件加以限制，并应明确给予其司法救济的权利。受教育权是公民的宪法性权利，并非任何机关都可以创设规定加以剥夺，根据法律保留原则，应仅狭义的法律才可以决定何种情形通过何种程序剥夺之——"足以剥夺大学生学习自由之退学或者开除学籍处分，更应以法律明定之事由、范围与效力，而不得仅以行政命令或者各校之学则即予剥夺"。[1]马怀德教授希望通过制定《学校法》将学生处分的设定权收归法律，正是考虑到部门规章的立法位阶不够，不能创设像开除学籍这样直接关涉学生基本权利的规范，值得称赞。但完全将《普通高等学校学生管理规定》关于学生处分的条文照搬照抄到《学校法》中，并且还删除限定开除学籍的七种情形，这不是一个明智和经得起推敲的研究，前文已有分析。[2]当然在现阶段《学校法》（或另起名字的专门调整大学事务的法律如《大学法》等）立法准备不充分的情况下，可以先相应修改《教育法》和《高等教育法》，增加一条："高等学校（校长）有权对受教育者实施处分。学生有下列情形的，经正当程序可以开除学籍，但得保障其获得司法救济的权利：（一）违反宪法，反对四项基本原则、破坏安定团结、扰乱社会秩序的；（二）触犯国家法律，构成刑事犯罪的；（三）违反治安管理规定受到处罚，性质恶劣的；（四）由他人代替考试、替他人参加考试、组织作弊、使用通信设备作弊及其他作弊行为严重的；（五）剽窃、抄袭他人研究成果，情节严重的；（六）违反学校规定，严重影响学校教育教学秩序、生活秩序以及公共场所管理秩序，侵害其他个人、组织合法权益，造成严重后果的；（七）屡次违反学校规定受到纪律处分，经教育不改的。"这样既避免了教育部规章设定学生处分的法理矛盾，又能保障学生的合法权益，特别是涉及受教育权等基本权利。

2. 其他学生处分由高等学校校规设定

警告、严重警告、记过、留校察看四种学生处分虽然对学生的

---

[1] 董保成：《教育法与学术自由》，月旦出版社1997年版，第211页。
[2] 马怀德主编：《学校法律制度研究》，北京大学出版社2007年版，第261~263页。

在校权益也有不利影响，但没有改变学生的在学身份，仍然可以享受其受教育的基本权利，应该由高等学校校规予以设定。高等学校也应被允许结合自身的实际来设定这四种处分之外的学生处分种类，比如公开道歉、恢复原状、赔偿损失、社区服务代替处分罚等，[1]但不能逾越法律保留的范围——涉及学生的受教育权等基本权利的事项归属于法律，比如劝退（表面劝说学生自愿退学，实则勒令退学）等，更不能设定学生处分来限制学生作为一个公民应享有的法律权利，如言论、结社的自由，到达法定年龄的结婚、生育等权利。赋予学校一般学生处分的设定权并不会造成学校滥用权力的危险。因为一方面大学本身具有办学自主权，享受《教育法》明确授权"对学生实施奖励和处分"的地位；另一方面，大学校规在设定这些处分罚则的同时也构建了校内救济的途径，基本可以保障学生的合法权益，突破法律保留原则的学生处分纠纷还可以寻求司法救济进行合法性审查。例如，《清华大学学生违纪处分管理规定》就明确规定了学生处分的申辩、申诉和申请召开听证会的制度，并另行制定《清华大学学生申诉处理办法》，构建了一个完善的学生申诉救济机制并实际运转良好（后文将详细介绍）。这些学生处分纠纷解决的替代性规范存在，为校规享有一部分的学生处分设定权提供了可能和理由。

归结起来，建立国家与高等学校分权、法律与校规分治的学生处分设定制度，既是理顺理论逻辑的需要，更是维护高等学校学生管理秩序的需要。这种学生处分设定权的划分并不影响法治作为国家对社会治理的核心地位，因为校规享有部分设定权仍在国家法治的框架之下，受到法律保留原则的限制和司法救济途径的监督。同时，也应当看到，国家法律法规并不是塑造一切秩序的唯

---

〔1〕 比如，美国华盛顿大学制定的违纪处分就包括以下几种类型：①警告：通过口头或者字条通知学生，他们的行为不符合大学行为准则，如再出现就面临严厉的惩罚。②申斥：用书面的通知告知学生已经触犯了大学的规定，再犯将面临严厉的惩罚。③恢复原状：要求学生赔偿大学或其他人的损坏、损失、伤害。④留校察看：一般由学校的委员会决定时间和长度，多适用于初犯者。⑤停学：这项处罚内容包括了停止的时间长度。⑥开除：与停学不同，开除视为一项永久处罚。

一规则，法律法规也不可能事无巨细地规范所有事务——让法律法规设定和调整所有的学生处分关系，可能既是虚妄的，也是不堪重负的。

四、高等学校学生处分的自主管理

人对秩序的需求是一种原初特性，秩序要求遵守规则，而且规则必须具有正当性与合法性。学生处分是高等学校内部秩序的维护者和保障者，它创制和实施校规引导学生行为，并对违反者施以纪律处分，体现为一种自主管理。高等学校对学生的自主管理权应该包括规则制定权、具体管理权和争议裁决权，[1]体现为"创制修订规范—推进实施规范—实施规范的后果"完整逻辑链条。而这种自主管理要获得正当性与合法性，就应当是利益相关者过程参与的民主管理，即民主的参与要体现在学生处分的校规制订、程序过程和权利救济之中。

（一）学生处分制度的制定

秩序意味着首先要确立规则，高等学校创制与修订学生处分制度是维护校内秩序的直接依据和体现。承接前文对校规法律性质和学生处分设定权的分析，高等学校学生处分制度的创制与修订一方面来源于国家法律赋予高等学校自主管理权，并且《普通高等学校学生管理规定》第 68 条更直接地要求："高等学校应当根据该规定制定或修改学校的学生管理规定，报主管教育行政部门备案，并及时向学生公布。"基于此，如北方某大学于 2005 年重新制定了《学生违纪处分管理规定》及其实施细则，取代之前施行的《学生违纪处分条例》等。另一方面，大学作为特殊的社会团体，为达成团体自治的需要，可以创制和修订自治规范，这种自治规范的效力和正当性来源于遵守者的同意。学生处分规定主要约束学生（当然也以正当程序约束管理者），即便招生录取及开学注册的程序可视为学生已与学校达成自愿接受学校管理的"教育契约"，也仍然要强调学生处分校规创制与修订过程中的民主基础，即由校规利益相关者（学

---

〔1〕 余雅风：《学生权利与义务》，江苏教育出版社 2012 年版，第 187 页。

生、教师和学生处分的管理者）等共同参与制定校规，从而保证其正当性。

以北方某大学学生处分规定创制与修订过程中的公开征求意见公告为例：

关于对《学生违纪处分管理规定》及其实施细则面向全校公开征求意见的公告

根据教育部近期发布的《普通高等学校学生管理规定》，结合我校的实际情况，学校在广泛征求各职能部门和教师、学生意见的基础上，修订了《学生违纪处分管理规定》及其实施细则，将在今年9月1日起施行。

现面向全校教师、学生和各职能部门公开征求对《学生违纪处分管理规定》及其实施细则的意见，请您提出具体意见或建议。您可以通过信函、电子邮件或者电话等形式反馈。对提出优秀建议的，我们将赠送您纪念品表示感谢之情。

联系方式：……

学生工作指导委员会办公室

2005 年 6 月 23 日

可见，学生处分校规的起草者是学生工作指导委员会。根据定位，学生工作指导委员会是校党委和校行政统一领导、负责协调全校学生工作的机构，办公室设在学生部。[1]换言之，学生处分校规起草过程中起主导作用的仍是学生部。[2]高等学校学生处分规定中类似"经 2014 学年至 2015 学年度第××次校务会议通过，2017 学年至 2018 学年度第××次校务会议第一次修订……"的字段，则表示学生处分规定的生效要由校务会这个学校事务管理的最高权力机构表

---

〔1〕 我国高校的管理实行"党委领导下的校长负责制"，因而普遍设有"学生工作指导委员会"这种党政合一的学生思政管理与协调机构，可参见清华大学、浙江大学、上海交通大学等大学学生部（处）的网站介绍。

〔2〕 我国高校的"学生工作部"与"学生工作处"实际是"两块牌子，一套人马"，一个是校党委机构，一个是校行政机构，主管所有涉及学生事务的工作。

决通过。通知中的征求意见可以分为两种：①起草前的意见调研和起草过程中的意见收集；②既有上面的公开征集意见，也有定向给法学教授、校领导、学生处分工作具体操作者的意见征集，体现出校规创制的民主参与。正是这些校规的利益相关者，充分参与并表达意见赋予了校规正当性的基础。

归纳起来，学生处分校规的创制与修订一般要经过以下几个步骤：①根据需要设立"学生违纪处分管理规定修订工作小组"，一般由学生部牵头，包括全校各院系、各部门、特邀法学专家以及学生代表等共同组成。②起草内容主要依教育部部门规章的要求或学生违纪处分实践出现的新情况、新需要，来拟定学生处分规定的草稿，并冠以"征求意见稿"之名面向全校师生广泛征求意见。③根据各方意见和建议修改学生处分规定，形成拟定稿在学生工作指导委员会全体会议上报告说明和意见讨论。④在此基础上形成送审稿，报送校务会审议，如获通过则向学生公布后生效实施，整个创制与修订过程完成；如获不通过则折回重新走之前的程序修改完善，直至通过生效为止。表面上看，这与国家的立法体制非常相似，先制订立法规划，然后由法制工作委员会或其他机构主导起草，最后交由全国人民代表大会或全国人民代表大会常务委员会审议通过。整个过程大约持续7~8个月时间，如果是"从无到有"的重新创制或许要更长时间。根据某高等学校学生部2012年的《违纪管理文件修订情况汇报日志》可大致知晓修订过程：

3月31日，将修订规划报校务会；7月6日，与胡老师（校党委书记）等讨论；9月，书面征求学生工作指导委员会委员意见，与人事处讨论征求意见；9月15日，召开对学生的修订说明及征求意见会；10月14日，与孙老师（校务委员会副主任，原校党委纪委书记）等讨论、规范相关文件；10月27日，报请校务会审议。

应当说，学生处分校规的创制与修订既可能是迫于国家法的外在压力（如前文提到的教育部规章的要求），也有维护自身秩序的内在需要（不断符合学生处分实践遇到的新情况）。其过程体现出校规的正当性来源、规范体系的理性化和学校内部权力的运作机制，值得深入探究。追求一个更理性科学和更具正当性的学生处分校规是高等学校学生处分自主管理的"苦练内功"表现，也是其能够更好、也更有能力地实现高等学校自主的例证。校规的制定既在某些方面类似于国家立法的过程，又在更多方面有自身的秩序特点。

（二）高等学校学生处分制度的实施

"徒法不足以自行"，高等学校学生处分制度制定后，必须通过各种方式和手段加以推进实施才能规范学生行为、塑造校内秩序，实现霍姆斯所说的"将'纸面上的法'（law in book）转化为'现实中的法'（law in action）的过程"，[1]从而达到维持良好教育秩序的目的。

1. 学生处分制度的宣传

知法才能守法，这是国家普法宣传的逻辑，[2]也是高等学校宣传学生处分制度的逻辑。学生处分的特殊性在于教育始终奉行"他们之所以应受惩罚，不是由于他们犯了过错（因为做了的事情不能变成没有做），而是要使他们日后不再犯"的理念。[3]因此在某种程度上，学生处分制度的宣传作为一种规训手段，是学生处分制度运行过程中更值得学校重视的一环。

一般而言，学生处分制度的普法宣传包括以下几项措施：①学生手册，每一个入学新生都会领到一本，内容涵盖学生日常行为守则、奖励处分办法、教务教学规定等几乎所有涉及学生管理的重要规章制度。②学生处网站，设有"违纪处分"子网页，可以查看学生处分校规和违纪处分通知公告。③院系宣讲，对院系学生组组长、辅导员、部分新生进行学校学生处分规定的讲解。④处分通报，一般包括学生个人信息、处分事由和处分等级，会张贴在公告板上。学校出于保护受处分学生的后续成长环境，若非不得已要警示其他同

---

〔1〕 王利明："中国为什么要建设法治国家？"，载《中国人民大学学报》2011年第6期。

〔2〕 在国家的普法逻辑里，"知法""懂法""守法"三层递进，普法是人们懂法，进而守法的前提。

〔3〕 ［捷］夸美纽斯：《大教学论》，傅任敢译，人民教育出版社1984年版，第21页。

学（如连续出现多起同类违纪事件），一般都不进行学生处分的张贴通报。

关于给予杨某某同学严重警告处分的通报

杨某某，男，共青团员，某某学院学生。杨某某于 2012 年 6 月 11 日在校外醉酒后打架，侵犯他人人身权利，对学校声誉造成不良影响，其行为违反了校规校纪。

鉴于以上事实，为严肃校纪，教育本人，根据《某某大学学生违纪处分管理规定实施细则》第 3 条和第 17 条有关规定，经校长办公会讨论通过，决定给予杨某某严重警告处分。

特此通报。

某某大学学生处
2013 年 1 月 7 日

学生处分制度的宣传虽然带有浓厚的"自上而下"的色彩，但同样非常在意学生的参与，毕竟这是普法宣传的着落点，没有学生参与就没有普法的效果。然而，高等学校重视和加强学生处分校规的宣传却也存在一个法理的悖论：如果将校规看作自治规范之一种，其正当性和效力来源于遵守者（学生）的同意，或者称之为共同体成员的共同意志，那么学生理当知晓规范的内容，根本上就不需要对学生进行普法宣传。[1]一个可能的解释是：校规是经制定代表理性化、抽象出来的产物，本质上与共同体成员的意志一致，但校规的实践仍需普法宣传加以推进，是作为一种工具价值的需要。另一个基于现实的理由是：招生录取与开学注册虽可被视为学生接受高等学校管理的一个"教育契约"，但这个契约内容甚广，很多的权利义务关系需要在实际入学后逐步明确，包括学生处分的规范。

---

[1] 宋晓："普法的悖论"，载《法制与社会发展》2009 年第 2 期。

2. 学生处分的程序

学生处分的具体过程实际是要追溯违纪处分决定是如何一步步作出来的。一般而言，高等学校学生处分的程序包括发现与报告、立项与调查、院系处分建议、拟处分决定、处分决定五个阶段。为便于理解学生处分各阶段的形式与性质，下面将以某某大学"崔某某校内无证驾驶摩托车给予警告处分"为例，列出各阶段的文书简要说明。[1]

（1）发现与报告。发现学生涉嫌违纪的单位或个人应当及时向学校主管部门报告，报告无形式限制。例如，崔某某无证驾驶摩托车进入校园教学区被保卫处扣押，得知崔某某为某国籍留学生，因而通知并转给外国留学生工作办公室处理。留学生办公室随后发函《关于商请对某某系某国籍崔某某校内非法驾驶摩托车违纪行为进行处分事宜》给崔某某所属某某系。若涉嫌违纪行为的学生非留学生，则无此程序，直接由所属院系立项处理。

（2）立项与调查取证。对于学生涉嫌违纪的行为，所在院系应当进行初步核实，作出是否立项处理的决定，并报学校主管部门备案。立项后，涉嫌违纪学生所属院系或学校主管部门要着手调查取证工作。证据收集应当注意手段正当合法、全面客观采纳。一般是由院系学生工作组负责对涉嫌违纪学生进行谈话和收集相关证据。从下列文书模板《某某大学学生违纪处分第一次谈话记录》可知，在对涉嫌违纪学生进行第一次谈话时，院系或主管部门应当告知学生享有的权利。

某某大学学生违纪处分第一次谈话记录

事由：_____

时间：_____ 地点：_____

谈话对象：_____ 系别：_____

学号：_____ 班级：_____

---

〔1〕 参见某某大学学生工作指导委员会办公室 2012 年编写的：《某某大学学生违纪处分工作手册》和《某某大学学生违纪处分、服务消过、申诉处理工作流程解读》。

代理人：_____ 代理人工作单位：_____

谈话主持人：_____ 谈话主持人工作单位：_____

院系代表：_____ 记录人：_____

谈话纪要包括但不限于以下内容：

1. 由谈话主持人告知学生违纪处分程序中享有的权利；

2. 由谈话主持人主持对违纪情况进行调查，或告知学生（或其代理人）学校有关部门认定；的其违纪事实、处分理由、依据和拟给予的纪律处分种类；

3. 学生（或其代理人）作出的答复或申辩；

4. 院系代表发表的意见。

谈话记录：

......

谈话对象（签字）：_____ 代理人（签字）：_____

日期：_____ 日期：_____

院系代表（签字）：_____ 主持人（签字）：_____

日期：_____ 日期：_____

记录人（签字）：_____ 日期：_____

附：《某某大学学生违纪处分工作FAQ》

立项后，涉嫌违纪学生享有哪些权利？

违纪处分立项后，在对涉嫌违纪学生进行第一次谈话时，院系或学校主管部门应当告知学生应享有的权利。其权利包括以下内容：

（1）学生有委托代理人的权利；

（2）学生及其代理人有陈述的权利；

（3）学生有在法律允许的范围内自行收集证据的权利；

（4）学生及其代理人享有申辩的权利；

（5）拟被给予警告或严重警告处分（不包括因危害公共安全、违反考场纪律、学术不端以及主观恶性较大的违纪行为而被给予此类处分的）的学生有申请服务消过的权利；

（6）拟被给予开除学籍处分的学生有申请召开听证会的权利；

（7）被处分的学生有提出申诉的权利；

（8）法律法规规定的其他权利。

参见《实施细则》第 50 条至第 53 条。

（3）院系处分建议。调查取证完成后由院系务会议作出处分建议如下，表明院系享有所属学生的处分建议权。这是考虑到院系对该学生的综合情况有着更全面和细致的了解。

关于给予崔某某警告处分的建议

崔某某，男，某国留学生，23 岁，某某系车辆专业汽某某班，学号 200＊＊＊＊＊。崔某某于 2012 年 3 月 23 日无证驾驶摩托车进入校园教学办公区，违反了校规校纪。根据《某某大学学生违纪处分管理规定实施细则》第 33 条第 2 款有关规定，经 2012 年 6 月 4 日汽车系系务会议讨论，建议给予崔＊＊警告处分，报请校长办公会议讨论决定。

某某大学某某系
2012 年 6 月 4 日

（4）拟处分决定。学校主管部门（包括学生处、教务处、公寓管理委员会）依据院系的处分建议及掌握的违纪事实和证据，作出书面的拟处分决定如下。拟处分决定作出后，学生享有申辩的权利，针对事实认定、证据采信、校规适用等任何可影响处分决定作出的情况进行书面或口头申辩。

关于拟给予崔某某警告处分的决定

某学拟处〔2012〕38 号

崔某某，男，某国留学生，23 岁，某某系车辆专业汽某某班，学号 200＊＊＊＊＊＊＊＊＊。崔某某于 2012 年 3 月 23 日无证驾驶摩托车进入校园教学办公区，违反了校规校纪。

鉴于以上事实，为严肃校纪，教育本人，根据《某某大学学生违纪处分管理规定实施细则》第 33 条第 2 款有关规定，并依据 2012 年 6 月 4 日某某系系务会议提出的处分建议，经 2012 年 6 月 11 日学生处处务会讨论，拟给予崔某某警告处分。

崔某某同学如对此拟处分决定有异议，可以在接到学校拟处分决定书之日起 5 个工作日内，向学生处提出书面申辩。提出书面申辩后，学生还可以要求进行口头申辩。

某某大学学生处

2012 年 6 月 11 日

（5）处分决定。根据违纪事实，以及申辩或听证（仅限于留校察看和开除学籍处分）情况，经学校主管领导主持的办公会讨论，可以给予违纪学生警告、严重警告或记过处分；拟给予留校察看或开除学籍处分的，经学校主管领导主持的办公会讨论后，要报请校务会议才能决定。具体如下。

关于给予崔某某警告处分的决定

某学处 ［2012］ 40 号

崔某某，男，某国留学生，23 岁，汽车工程系车辆专业汽＊＊班，学号 200＊＊＊＊＊＊＊。崔某某于 2012 年 3 月 23 日无证驾驶摩托车进入校园教学办公区，违反了校规校纪。

鉴于以上事实，为严肃校纪，教育本人，根据《某某大学学生违纪处分管理规定实施细则》第 33 条第 2 款有关规定，经校长办公会（2012 年 6 月 28 日）讨论通过，决定给予崔某某警告处分。

崔某某同学如对本处分决定有异议，可在处分决定书送交之日起 5 个工作日内，向我校学生申诉处理委员会提出书面申诉。

某某大学

2012 年 6 月 28 日

总的来说，某某大学的学生处分程序设计相对紧凑合理：从学生个人到所属院系，再到学校主管部门，最后到校长办公会或校务会讨论决定，各个阶段角色清晰、分工明确，而且注重保障学生的合法权益，留有谈话、申辩、听证会等空间给学生参与，基本做到了《普通高等学校学生管理规定》关于学生处分"程序正当、证据充足、依据明确、定性准确、处分恰当"的原则要求。虽然校规没有明确"审限"的要求，但对于违纪事实清楚、处理依据明确的学生处分决定基本能在一个月内作出（如前举崔某某案例），但也有关系复杂的学生处分案件拖延一年的情况，比如涉及治安管理处罚、民事及刑事诉讼等的学生处分案件都要等国家公安机关或司法机关的裁决作出之后才会给予处分决定。

3. 高等学校学生处分制度的不足

即便如此，本着高等学校学生处分应是一种民主参与、公正公平和正当程序的原则理念，深入这寥寥数语的文书背后，仍可以发掘当下的学生处分制度中若干可以商榷和改进的地方。

（1）学生处分的机构设置。学生处分的机构是学生处分过程的审定与决断者。《高等教育法》概要授权校长（代表学校）"实施处分"，但如何具体设置学生处分的机构并未规定。教育部《普通高等学校学生管理规定》也仅要求"开除学籍处分的决定应当由校长会议研究决定"，况且校长会议亦非固定机构。结合《某某大学学生处分管理规定》第16条"学校主管领导主持的办公会可以讨论决定给予违纪学生警告、严重警告或记过处分；对于留校察看和开除学籍处分的，要在学校主管领导主持办公会讨论的基础上报校务会议决定"，据查阅已有的资料，当前高等学校学生处分制度没有设置专门的学生处分机构，依附于校主管领导办公会和校长会议的讨论决定在操作层面上杜绝了学生处分决定中学生民主参与的可能性。[1]

为增强学生处分决定的可接受性，我国高等学校应当成立专门的学生纪律处分委员会，吸收学生代表、法学专家、学生处分管理教师以及普通教师组成委员会，在民主参与的基础上审定学生处分决定的作出，保障公平公正对待违纪学生。这已经是教育发达国家高等学校的通行做法，如美国斯坦福大学《学生司法章程》中规定一个常设机构"学生违纪案件处理委员会"，由校内相关机构任命的学生、教师和职工代表组成，负责监控学生处分司法程序的各个方

面，并有权修改学生违纪行为处分规则。[1]

（2）学生处分校规的理性化与体系化。即便是校规也应注重规范的体系性和逻辑的自洽性，才能表明学生处分校规自身的合理性，得到同学的遵守。如某某大学于 2011 年专门修订学生处分校规，意在重整学生违纪管理规章制度体系：将原来《某某大学学生违纪处分工作实施办法》根据规范的内容和性质分类整合成为《某某大学学生违纪处分管理规定》《某某大学学生违纪处分管理规定实施细则》《某某大学学生申诉处理办法》和《某某大学学生服务消过实施办法（试行）》四个规定。四个规定中的前两者是总则与细则的关系，是学生处分运行的直接依据；申诉处理是校内的救济途径；服务消过则是一种以社区服务替代某些学生处分的特殊制度。[2]但从整体上看，中国高等学校的学生处分校规呈现规范层次不清、交叉重叠、出自多头等混乱现象：如在形式上有"条例""规定""细则""办法""通知"和"意见"等多种称呼；在制订和审议通过上也有"校务会""学生工作指导委员会""学位委员会""学生部"和"教务处"等多个机关，却同样都作为了学生处分的实际依据，体系化程度非常低。这不仅可能造成学生处分校规之间规范的矛盾冲突、程序的衔接不清等问题，也降低了学生处分校规在实施过程中的权威性和操作性，最终损害了高等学校自主管理学生处分的能力。因而，高等学校应当以章程为核心，构建理性化与体系化的学生处分校规体系：一方面应明确学生处分校规的制订程序和机构，使之符合正当程序原则；另一方面梳理现有的学生管理规章制度，消除多个校规之间的混乱与冲突。

（3）院系的学生处分建议权。院系处分建议权起初设置的逻辑可能是：①通过征求院系意见来体现对院系管理其学生权力的一种尊重；②相比主管部门，院系在事实上可能更接近违纪学生，也就

---

[1] 蒋后强、刘志强："中美高校学生违纪处分程序制度比较研究"，载《比较教育研究》2006 年第 3 期。

[2] 《某某大学学生服务消过实施办法》第 2 条规定："初次违反校纪校规，应给予警告或严重警告处分的，如果经过教育主动承认错误，可以申请服务消过。危害公共安全、违反考场纪律、学术不端行为，以及主观恶性较大的违纪行为不能申请服务消过。"

更接近了解案件真相；③或许仅仅是《某某大学学生违纪处分条例》时期院系拥有独立学生处分决定权的历史遗留。但这样设置潜伏着一种危险，即尊重院系意见与全校范围公平的矛盾。例如，A院系的甲与B院系的乙在同一门课程考试中串通作弊，A院系系务会经讨论认为甲平时学习认真、态度端正，表现良好，建议给予甲严重警告处分；而B院系则认为乙平时上课不积极，也很少主动上自习，学习态度不端正，建议给予乙记过处分。如果主管部门尊重各院系的意见，那就会造成相同学生处分规范下的"同案不同判"显失公平；反之，则没有尊重院系意见，院系处分建议权则无意义。这种"同案不同判"显然表明在案件事实之外，还有其他（规范之外的）因素在影响学生处分决定的作出。

当然，学校主管部门在处理某些违纪行为时离不开院系的协助，特别是在证据收集和了解涉嫌违纪学生平时表现方面。但这是否导致必然要求设立院系违纪处分建议权却值得商榷。因为事实上，还有一些违纪行为的处理中，院系的工作或参与基本虚置。比如公寓管理中的学生处分，楼长比院系老师更了解违纪事实，这种处分建议权程序被公寓管理委员会视为不必要的麻烦。而且，院系违纪处分建议权要经过院系务会议的讨论通过，结果必然要拖长学生处分的周期，反而不利于学生权益的保障。因而，应当取消院系的学生处分建议权，共同置于全校范围内同一学生处分校规和同一学生纪律委员会的审定之下，保证公正公平。

（4）证据认定的标准。任何学生处分都要求做到"证据充分"，但学生处分规定本身并没有规定何种证据可以采信，证明力也没有轻重排序。内部工作手册《违纪处分工作流程解读》认为经查证核实后可以作为处分依据的证据有：书证、物证、证人证言、当事人陈述、视听资料、鉴定结论、勘验笔录和现场笔录、学校有关部门提供的说明性材料、其他权威部门依法作出的鉴定性结论。在实践中，用得最多的是证人证言、当事人陈述（指违纪处分谈话记录和个人思想检讨）和学校有关部门提供的说明性材料，很少用到物证、鉴定结论和其他证据类型，呈现为偏重言词证据而轻实物证据。如在《关于建议给予崔某某警告处分的意见》（某学文［2012］13

号）中：

附2：关于崔某某违纪处分的相关证据有：证据一、汽车系《关于建议给予崔某某警告处分的建议》，时间：2012.06.04；证据二、留学生办公室校内报文，时间：2012.04.23；证据三、崔某某本人的思想检讨，时间：2012.04.23。

个人的思想检讨能不能算作是学生处分的证据，还有待商榷。基于刑事诉讼"不得迫使自证其罪"的理念，不能以某人的忏悔或自白为依据来处罚某人，即不能以学生的个人思想检讨作为证据反过来给予他纪律处分。因而，要真正做到"证据充分"则应改变这种现状，建立符合正当程序的、全面收集的证据认定标准。

（三）高等学校学生处分的后果

学生处分某种程度上类似行政处罚，受纪律处分的学生不但有身份性（如名誉、档案等）的负担，其在校权益也会受到不利影响。比如"受纪律处分的学生，根据所受处分不同，在处分期内相应取消其在奖学金、荣誉称号、免试推荐研究生、研究生'三助'岗位、助学金等方面的申请资格"。[1]其中，"处分期"概念最初来源于《公务员法》，[2]是南开大学于2010年最先引入到高等学校学生处分制度中的，而且很快便得到其他高等学校的效仿。因为"处分期"概念设置的目的是为了保障受处分学生的合法权益，在此之前学生一旦受纪律处分，其在校权益直至毕业的期间都会受到不利影响——这一方面会挫败受处分学生改过自新的积极性，因为不管怎么努力学习和表现，都不可能再获得奖学金、荣誉称号等；另一方面也有一事重复处罚的嫌疑，违纪行为只有一次，而却要在此后直至毕业的多个学期中多次地丧失评定奖学金、荣誉称号等的资格。作为一项法理原则，"一事不再罚"要求处罚机关不得以同一事实和同一依

---

〔1〕 参见《某某大学学生违纪处分管理规定》第10条。

〔2〕《公务员法》第64条规定："公务员在受处分期间不得晋升职务、职级和级别，其中受记过、记大过、降级、撤职处分的，不得晋升工资档次。处分的期间为：警告，六个月；记过，十二个月；记大过，十八个月；降级、撤职，二十四个月。受撤职处分的，按照规定降低级别。"

据，对同一个违法行为给予两次或者两次以上的处罚。高等学校学生处分不论是准行政行为还是内部管理行为，都带有"公权力"的色彩，理应遵守此项原则。

更为严重的是如果毕业离校之前不能撤销所受处分，即"毕业撤处制度"，违纪处分便要以"何时何地因何原因受过何种处分"记入个人人事档案，影响学生的就业与前途：国家公务员和大型国企一般不会录用有纪律处分记录的求职者（比如不能通过政审或考察程序）。而按夸美纽斯的理论，处分并不是目的，教育从善才是目的。如果处分能够使学生改过自新并不再犯，既然学生处分的目的就达到了，终身背负处分记录便没有必要和意义，甚至还会伤害学生的成长——撤销处分制度由此而生。

事实上，早在1953年，我国原高等教育部颁布的《关于华东区高等学校处理学生学籍问题的若干规定》里就创设过"消过制度"——"对于警告、记过、留校察看等处分的学生，自处分之日起，一年内如未犯过失，且有明显进步表现时，得撤销其处分"。[1]但这种处分撤销决定的作出应该有严格的条件限制，否则削减了学生处分的惩罚威慑效应，达不到维护良好教育秩序的目的。某某大学违纪处分规定："受记过以下处分且原则上处分期已满，如真诚悔改并有良好表现的，可在毕业前三个月内申请并由校务会议决定撤销处分，有关材料归入学校文书档案。"[2]即给那些曾受过处分的学生一个洗涤人事档案"污点"的机会，激励他们改过自新，因为学生处分区别与其他团体罚的一个主要特征是遵循教育的理念，即"日后不再犯"。学生在成长或"社会化"的过程中难免会犯一些错误，而且某种程度上说学校本身就是一个"试验场"，对待犯错应更加宽容。

以史某某严重警告处分的撤销为例：

---

〔1〕 参见《关于华东区高等学校处理学生学籍问题的若干规定》第38条。
〔2〕 参见《某某大学学生违纪处分管理规定实施细则》第47条。

关于撤销史某某严重警告处分的决定

——经 2011-2012 学年度第 25 次校务会议讨论通过——

史某某，男，汉族，22 岁，共青团员，某某系 20＊＊级无某某班学生，学号 200＊＊＊＊＊＊。

史某某于 2010 年 6 月 8 日对同寝室同学进行骚扰，侵犯了同学的人身权利。根据《某某大学学生违纪处分管理规定》第二章第 10 条，《某某大学学生违纪处分管理规定实施细则》第三章第 10 条的规定，经校长办公会（2010 年 10 月 29 日）讨论，决定给予史某某严重警告处分。

受处分以来，史某某能够认识错误，吸取教训。鉴于其表现，经某某大学 2011-2012 学年度第 25 次校务会议讨论通过，决定撤销史＊＊严重警告处分。

某某大学

2012 年 6 月 14 日

以某某大学为观察对象，是为展现当前高等学校学生处分自主管理下的真实运行状况。这些叙述与讨论表明：一方面高等学校能够通过自身的机构设置、规范的创制和推进实施来进行学生处分的自主管理，进而实现维护良好教育秩序的目的；但另一方面要达到学生处分自主管理的更好状态，还要求高等学校在制度上更加完善，校规更加理性化，程序更加正当合法，学生处分的全过程中增强民主参与性，使得学生处分校规和处分决定更具正当性和可接受性。这种制度完善的需求，既是教育法制深入高等学校和保护学生合法权益的必然要求，也是夯实高等学校为排斥国家行政干预学校自主管理的根基。

五、高等学校学生处分的法律救济

"无救济则无权利"，高等学校学生处分的救济是指发生学生处分纠纷时，受处分学生可以通过校内申诉、行政申诉和司法诉讼等途径寻求救济，以保障自身的合法权益。在法治社会，法院是实现社会公正的最后一道屏障。但法院并不是解决所有纷争的唯一途径，法律规定和允许的纠纷解决机制是多元的。高等学校学生处分的救济途径也表现为国家法治框架下的多元方式。

(一) 学生处分的校内申诉

校内申诉是高等学校学生处分纠纷的内部解决途径，也是学生寻求救济的主要途径，在教育法制发达的国家早已形成制度。我国则要到 2005 年教育部的《普通高等学校学生管理规定》才明确要求"学校应当成立学生申诉处理委员会"，并在其第 60、61 和 62 条中对学生申诉处理委员会的受理范围和人员组成、提起申诉的条件与期限、申诉处理的决定等作了原则性规定。这个规章一方面迫使高等学校不得不着手设立学生申诉处理机构，另一方面也成为高等学校提供学生处分纠纷的校内申诉救济的直接依据。应当说，中国高等学校学生处分纠纷的校内申诉制度是由此才普遍建立起来的。[1]

应教育部规章的要求，各高等学校纷纷制定或修订申诉校规。如清华大学制定的《清华大学学生违纪处分管理规定》中："学生对处分决定有异议的，可以向学校学生申诉处理委员会提出申诉。"同时另制定了《某某大学学生申诉处理办法》，里面规定由学生工作指导委员会负责组织学生申诉处理委员会并任命其组成人员。学生申诉处理委员会共由九名委员组成，其中一人为学校负责人，两人为学校职能部门负责人，三人为教师代表，三人为学生代表。其中学校负责人作为委员会主任一般不投票，除非在其他委员所投赞同与反对的票数相同时，主任才投下决定性的一票。这样的委员结构具有一定的代表性，是高等学校学生处分自主管理中民主参与原则的体现。申诉处理的基本程序是：①申诉人在规定时间内提出书面申诉。②申诉处理委员会办公室在收到学生的申诉申请书后，将申诉申请书副本送交对申诉人作出处理决定的机构，由该机构作出书面答复，并提供处理过程中的相关档案。③学生申诉处理委员会在接到书面申诉后进行复查，根据实际情况，分别作出书面复查结论

---

〔1〕 在此之前，也有少数高校建立了校内学生申诉制度，如北京大学于 2003 年 6 月成立"学生申诉受理委员会"，浙江大学于 2003 年 10 月成立"浙江大学学生申诉处理委员会"等机构专门受理学生的申诉。

如下："（一）同意原处理决定；（二）认为原处理决定所依据的事实认定不清、发现新的重要证据、处理依据错误或在处理程序上有错误，可能对原处理决定有实质性影响的，向原处理机构作出重新研究决定的建议。"〔1〕换言之，学生申诉处理委员会对于学生处分决定只有争议管辖权，没有最终决定权，不得直接改判原处理机构作出的处分决定。

以张某某申诉减轻学生处分案为例：

某某大学学生申诉书〔2〕

申诉人：张某某　　　　　　　　系别：某某系

学号：200＊＊＊＊＊＊＊　　　　班级：某＊＊

申诉事项：

张某某在 2012 年 1 月 11 日的《信号与系统》课程期末考试中，携小抄进入考场，违反了考试纪律。根据《某某大学违纪处分管理规定实施细则》第 20 条的规定，决定给予张某某记过处分。张某某在收到拟处分决定书之后，选择通过向学生申诉处理委员会提出书面申诉，希望学校减轻处分。

申诉理由：

在 2012 年 1 月 11 日的《信号与系统》课程期末考试中，我没有遵守考试纪律，携带小抄进入考场，严重违反了公平诚信原则，破坏了考试纪律，我深刻认识到了自己的严重错误，在考试结束后，我在任课老师、系领导以及系教务的老师面前诚恳地认识了自己的错误，做出了深刻的检讨，主动配合老师和领导开展处置工作。

……

这次考试违规，我主动承认错误，从错误中深刻反省自己，吸取教训，认真悔改，我保证，在以后的学习生活中严于律己，通过

---

〔1〕　具体条文参见《某某大学学生申诉处理办法》第 5、12、13、17、18、19 和 29 条。

〔2〕　根据张某某同学（已化名）的意愿，申诉省去了部分申诉理由，但不影响通过本文书了解校内申诉制度。感谢张某某同学同意将申诉书和下文教务处的答复意见两份材料提供给笔者，并与之有交流、访谈。

实际行动，重新证明自己！恳请学校能给我一个以实际行动证明自己的机会，减轻处分。《某某大学违纪处分管理规定实施细则》第八章第37条中说明：主动承认错误并及时改正的，可以减轻或从轻处分。

申诉要求：

希望学校能在给予我记过处分的前提下，减轻处分。

支持上述申诉理由的证据材料：

附件一、个人简介，前五学期的成绩单，素测情况和奖学金情况等。

附件二、辅导员对本人的评价。

附件三、《信号与系统》考试完当天（1月11日）给任课教师的检讨书。

附件四、辅导员在1月12日与自己的谈话记录。

附件五、《信号与系统》任课老师对自己认错态度的评价。

附件六、考试违纪课程《信号与系统》的学习情况。

附件七、《关于给予张某某记过处分的决定》

此致

申诉人签名：张某某　　　　　申诉日期：2012-4-11

见证人签名：景某某

按照程序要求，申诉处理委员会办公室在收到张某某同学的申诉申请书后，立刻将申诉申请书副本送交对申诉人作出处理决定的主管部门教务处，要求其作出书面的答复意见，并提供该处分的全部案卷材料。

关于张某某同学申诉一事的回复意见

学生申诉处理委员会：

针对张某某同学（学号：200＊＊＊＊＊＊＊）提出的申诉申请，教务处召开专门会议，再次认真查阅张某某违反考试纪律处分的相关证据，并经讨论，意见如下：张某某在2012年1月11日的《信号与系统》课程期末考试中夹带违规资料的事实清楚，证据确凿，处理得当，其违反了《某某大学学生违纪处分管理规定实施细则》第 20 条的规定，因此仍应维持给予张某某记过处分的决定。

教务处

2012 年 4 月 12 日

　　由于案情确实简单明了，张某某的申诉书也并未提供新的足以改变处分决定的证据（如可以证明原处分决定事实认定不清、适用校规错误、违反正当程序的材料等），因而申诉处理委员会讨论表决后作出了同意原处理决定的书面结论。但设想，如果学生申诉处理委员会认为原处理决定有问题并作出了"建议原处理机构重新研究决定"的结论，而原处理机构经"重新研究"之后仍坚持原处分决定该怎么办？这是一个制度设计上的僵局，可能置学生申诉处理委员会于非常尴尬的境地，解决的办法：要么赋予决定权成为"二审"机构，要么被"架空"而无法给学生实际的救济。笔者认为，可以参照台湾大学《学生申诉评议办法》的规定，一方面赋予学生申诉处理委员会处分决定权，另一方面也强调原处理机构再次说明理由的机会[1]，但二者应统一在现行校长办公会和校务会之下，即发生冲突时交由校长办公会和校务会协调决定。当然事实上，学生申诉处理委员会并非"摆设"，自设立之日起已有几例被建议"原处理机构重新研究决定"，并最终获得减轻处分的等级，视为申诉成功。而且仅仅根据公开的新闻报道，其他高等学校的学生申诉处理机构也屡有"作为"。[2]若此将校内申诉制度放在我国教育法制刚起步、高等学校对学生一直有着过于强势地位的背景下看，它的全面建立

---

　　[1] 台湾大学《学生申诉评议办法》第 15 条关于"评议效力"规定："评议会做成评议书后，陈校长核定时，应副知各系所及原处分单位，原处分单位若认为有与法规抵触或事实上窒碍难行者，应自收到评议决定书副本之次日起十日内，列举具体事实及理由陈报校长，并副知申评会。校长如认为有理由者，得移请申评会再议（以一次为限）。"

　　[2] 如《光明日报》2006 年 3 月 30 日的报道"学校有了申诉制度，怎样行使才得当"：北京师范大学珠海分校学生申诉处理委员会复查，10 例学生处分申诉案例：1 例自行撤回申诉，3 例要求作出处理决定的机关或单位重新审理或研究，6 例同意维持原处分决定。类似的还有 2006 年 11 月，烟台大学某学生申诉成功，从开除学籍处分降为留校察看处分等。

对于保障大学生的合法权益意义重大。

校内申诉制度的意义在于，作为一种内部的纠纷解决机制为受处分学生提供了救济途径，而且这种救济更符合学生的文化心理，也更为经济容易获得。无论结论是维持原决定还是要求原处理机构重新研究决定，都体现出高等学校的自主性——以团体内部民主的必要程序来保证纠纷解决的正确性，让处分决定更具接受性，从而塑造一个良好的校内秩序。

（二）学生处分的行政申诉

早在1995年《教育法》第42条就规定受教育者有权"对学校给予的处分不服向有关部门提出申诉"，但"有关部门"的指向一直不明确，学生处分的申诉制度也因此没有实际构建和运行起来。基于当时高等学校自主权受较大限制的情势和国家完全掌握学生处分设定权的思路，可信的解释应该是教育行政部门。2005年《普通高等学校学生管理规定》第63条规定第1款："学生对复查决定有异议的，在接到学校复查决定书之日起15个工作日内，可以向学校所在地省级教育行政部门提出书面申诉。"这便是学生处分的行政申诉的法律依据。横向比较，国外也有类似的制度，如法国的国民教育部和学区均设有一个专门机构——国民教育（高级）委员会受理涉及教育的法律纠纷等。[1]

由于学生处分纠纷进入司法诉讼的长期受限，行政申诉在解决高等学校学生处分纠纷方面确实发挥了一定作用，因为教育行政部门有着教育管理上的专业性和处分裁决上的中立性特点。将行政申诉作为校内申诉的后置监督程序，表面上是多给了学生一种救济途径，但本质上体现了国家权力对高等学校自主管理的不信任，这是行政力量不断干预高等学校自主的原初动力。然而，从大学自治的理念出发，行政申诉应当保持对高等学校自主管理权的尊重，不仅要不主动介入、不扩大审查学生处分的纠纷解决，仅作为保障学生合法权利的一种救济途径，更要相信学校有能力通过内部民主、理

---

〔1〕 吴殿朝、崔英楠、王子幂主编：《国外高等教育法制》，中国人民公安大学出版社2005年版，第206~207页。

性的机制自我解决纠纷。

根据北京市教育委员会的介绍，高等学校学生处分纠纷的行政申诉程序包括以下几个阶段：[1]

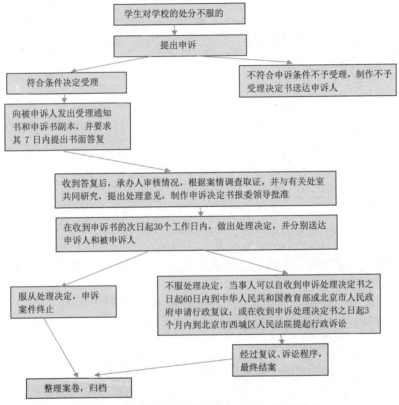

图1　北京市教育委员会学生申诉工作流程图

对于学生处分的行政申诉制度而言，最值得讨论并且讨论最多的莫过于 2006 年"中央民族大学开除作弊学生案"。[2]行政申诉程

---

〔1〕　参见"北京市教育委员会学生申诉工作流程图"，载 http://www.bjedu.gov.cn/publish/portal0/tab133/info 6828.htm，2013 年 4 月 21 日最后访问。

〔2〕　2006 年，中央民族大学的期末考试中，有 10 名学生因作弊而被学校处以开除学籍的处分。其中有 4 名学生和家长不服学校的处分，认为处分过重而向北京市教委提出申诉。参见刘薇："民大未执行教委决定书"，载 http://epaper.jinghua.cn/html/2006-11/15/content_ 79267.html，2014 年 6 月 10 日最后访问。

序中，北京市教委先后以"程序不当"和"学生的行为不属于严重作弊"为由两次要求中央民族大学撤销开除学籍的处分决定。这涉及教育行政部门对高等学校学生处分决定的审查范围：前者为正当程序审查，无异议，中央民族大学召开听证会进行了补救；后者则审查了校规的合法性——《教育部法制办公室对"北京市教育委员会关于对中央民族大学4名学生申诉处理意见是否恰当的函"的答复》中认为，开除学籍处分依据的《中央民族大学关于考试作弊处理的若干规定》凡有考试作弊行为的"一律给予开除学籍处分"违反了《普通高等学校学生管理规定》第52条和第54条的规定。因为《普通高等学校学生管理规定》第52条要求学生处分须与学生违法、违规、违纪行为的性质和过错的严重程度相适应；第54条则规定仅由他人代替考试、替他人参加考试、组织作弊、适用通信设备作弊及其他作弊行为严重情形的才能给予开除学籍处分。[1]即本案的关键在于学籍属于学生的重要性（基本性、身份性）权利，属于法律保留范畴，校规不得逾越国家法律法规扩张其适用范围。更有趣的是，中央民族大学却逾期既不申请行政复议也不执行北京市教委关于撤销开除学籍处分的决定。这某种程度上与中国高等学校的部属、省市属或"共建"的复杂主管体制有关，更涉及学生行政申诉决定后的执行问题——由于教育部规章仅授权省级教育行政部门可以作出申诉裁决，并未规定该如何执行申诉结论，只能"敦促"高等学校执行，僵局的最终解决仍可能需要法院判决。但是"迟到的正义是非正义"，这种本意保护学生权益的救济制度却有可能反而拖延了学生获取正义裁决的时间。

然而，凡不服学校的学生处分决定的纠纷都应该进入行政申诉程序吗？笔者以为不然。其一，诚如前文讨论"学生处分的设定权"部分，为尊重高等学校的自主管理权，开除学籍之外的学生处分均应由高等学校结合自身实际予以设定，相应地由高等学校内部程序予以救济，国家力量（不论司法的还是行政的）都不应直接介入。

---

〔1〕 石旭斋、李胜利：《高等教育法律关系透析》，吉林大学出版社2007年版，第255页。

如果学生对行政申诉的结论不服，根据《行政复议法》和《行政诉讼法》的规定，必然导致所有类型的学生处分纠纷之争议问题都有可能"实质性"地进入行政复议和行政诉讼程序，而这与高等学校学生处分制度的体系设计不符。其二，开除学籍之外的学生处分对学生的受教育权等基本权利影响较小，校内申诉的救济途径已足以保障其合法权益。其三，所有种类的学生处分纠纷都允许进入行政申诉还可能会造成类似"缠讼"和"讼累"效应，既不符合学生处分纠纷的高效解决，也给了行政干预高等学校内部事务的机会。其四，从学生处分的行政申诉实践看，也几乎没有出现过开除学籍和退学决定之外的学生提请行政申诉。

行政复议是上级行政机关对下级行政机关的具体行政行为进行合法性、适当性的审查和复核，以矫正违法或不当的具体行政行为，是一种行政救济手段。在学生处分的救济中，对行政申诉处理决定不符而提起的行政诉讼，在本质上与之前的行政申诉并无太大差异，仅是学生处分救济的一种有限补充。还有学者甚至认为行政申诉处理决定书在性质上就是一种行政复议决定书，[1]并无特殊之处，因而本文不再详细介绍。

(三) 学生处分的司法诉讼

司法最终解决原则（司法终极性原则）要求司法在社会纠纷的解决体系中处于终极性的地位，即公民合法权益遭受侵害而通过其他途径无法解决时，得以司法诉讼的方式寻求救济。自教育管理法治化理论以来，学生处分纠纷进入司法诉讼领域已经不可避免。从"田永诉北京科技大学拒绝发放毕业证书及学位证案"开创中国高等学校学生处分的司法救济先声，到"甘露诉暨南大学开除学籍决定案"明确"违纪学生针对高等学校作出的开除学籍等严重影响其受教育权利的处分决定提起诉讼的，人民法院应当予以受理"。最高人民法院逐渐以案例公报和再审判决书公开的形式推进学生处分纠纷的司法诉讼解决，所谓"通过判决发展法律"，弥补了《行政诉讼

---

〔1〕 田飞龙："高校学生权利救济的法律辨思——中央民族大学'学生开除案'的法律分析"，载《山东科技大学学报（社会科学版）》2009 年第 5 期。

法》无明确规定而造成司法救济的长期缺位，使之成为学生处分纠纷的重要救济途径之一。

从最高人民法院的判决书可知，人民法院并非受理所有的学生处分纠纷，仅有开除学籍等严重影响受教育权利的处分决定才纳入受案范围，反面解释即其他类型的学生处分不得受理。这某种程度上既有德、日的行政法学理论支持，也是我国司法实践形成的一致做法。按照德国的"重要性权利理论"，涉及学生基本权利或重大权益的事项，必须由法律规定并接受司法审查。例如，不授予学位、开除学籍等涉及学生重要权利的纠纷属于行政诉讼的受案范围。而不涉及学生重要权利的事项，学校可以根据自己的内部规定行使管理权，既不适用法律保留，相关纠纷也不能通过司法途径解决。日本最高法院亦受其影响，在"富山大学不承认学分事件"的判决中提出了"部分社会"学说，并得到了日本行政法学界的遵从。该"部分社会"的法理一方面认为大学为达到其教育研究设置目的的必要事项，是具有通过内部规则予以规定和实施的自律性、概括性规范的特殊的部分社会，纯粹的大学内部关系问题不受宪法审查；但另一方面又承认"人权的制约应限制于该关系的目的所必要的限度内，且此种关系涉及市民秩序时（例如学生的退学处分），才接受法院的司法审查"。[1]德国、日本的这种司法救济模式可暂且称之为"公务关系"模式，即明确学生处分纠纷属于公法性质，整体上由公法调整：国家法律既保留一部分涉及学生重要性权利的事项，基于此明确司法救济的受理范围；又授权高等学校自治，高等学校可以制定校规自主管理内部事务，像国家与公务员之间的管理关系一样不可诉。有学者据此提出我国司法审查介入高等学校学生管理纠纷的标准有三个：第一是被诉高等学校学生管理行为是否足以改变学生的在学身份，即开除学籍处分，各种"退学"亦在审查之列；第二是被诉高等学校学生管理行为是否具有外部性，是否影响公民受教育机会的实现或涉及学生受教育权利的完整性等，如入学资格审

---

〔1〕 石旭斋、李胜利：《高等教育法律关系透析》，吉林大学出版社 2007 年版，第 181~182 页。

查、毕业证书和学位证书的颁发纠纷等；第三是被诉高等学校学生管理行为是否对公民基本权益有重大影响，如限制学生的结社与言论自由的宪法权利、到达法定年龄后结婚生育的权利等。[1]以上，任何符合三条标准之一的高等学校学生管理纠纷即可进入司法诉讼，形式上看学生处分纠纷仅限第一条。但若高等学校校规违反法律保留原则，擅自将学生处分扩展勾连至第二条和第三条所涉学生基本权利，则纠纷亦应可以提起诉讼；若不符，则法院应驳回起诉。这三条标准，在实质上与英美普通法的司法救济模式趋近，即模糊民事诉讼与行政诉讼的区别，以学生的宪法性权利和处分的正当程序为司法审查的标准——宪法诉讼模式。显然，不论"公务关系"模式抑或宪法诉讼模式，司法审查的内容都聚焦两个问题：其一，涉及学生的基本权利，如受教育权和其他基本权利事项；其二，是否违反法律保留之正当程序原则，如保障申诉之权利等。我国亦应遵此通行规则。

然而值得注意的是，即便有的学生处分纠纷进入了司法诉讼程序，也并不表示法院有权对其进行全面和实质的审查。基于大学自治的理念和对高等学校自主权的应有尊重，司法审查仍应尽可能地保持谨慎与谦让，如仅对所依据校规的合法性、学生处分决定的正当程序等问题进行审查，而不应审查开除学籍处分之外决定的适当性，特别要尊重大学在学术和专业问题上的"首先判断权"——即属于高等学校管理中的专业知识或自由裁量范围问题，应该由高等学校自主地首先决定，确保司法权对高等学校自主权的必要尊重。也有人称之为司法中的"学术遵从"原则。[2]

对于学生处分的司法诉讼是否一定前置学生申诉程序的问题，司法实践有两种不同的做法并存：广州市的两级人民法院在受理案件时并未要求申诉前置，因为行政诉讼法并没有设置这样的前置程序；而天津市高级人民法院则要求确立申诉前置程序——"教育行政纠纷除法律规定可以直接提起诉讼的外，都应先经申诉程序解

---

〔1〕 程雁雷："大陆司法审查介入高校学生管理纠纷范围的界定"，载湛中乐主编：《大学自治、自律与他律》，北京大学出版社 2006 年版，第 153~161 页。

〔2〕 刘金晶："法庭上的'自主高校'——论美国司法中的'学术遵从'原则"，载《环球法律评论》2011 年第 6 期。

决"。因为教育领域的管理具有专业性，申诉才是解决学生处分纠纷的最主要途径，能截留很大一部分的案件，从而减少各方当事人的讼累，也能最完整地保持高等学校内部教育管理秩序的稳定。[1]笔者认为，从尊重高等学校学生管理的自主性和承认高等学校自主管理的有效性出发，天津市的做法更值得提倡，并不着急将学生处分的纠纷推给司法诉讼来解决。

高等学校学生处分的校内申诉、行政申诉（行政复议）和司法诉讼三种救济途径是法治框架下的"各居其位、各守其职、各出其力"，其三者的活动界限和关系衔接都由法律确定：对于高等学校，要符合法治原则保障学生的合法权利；对于国家，要审慎监督尊重高等学校的自主管理。

六、高等学校学生处分制度的法理思考

高等学校学生处分制度涉及国家、高等学校和学生主体之间的多重法律关系，论述起来纷繁复杂。而掀去面纱，根植于这一法律关系互动中的问题要害，是多种法理价值的追求、冲突与平衡，值得深入思考。

（一）学习自由与教育秩序

自由与秩序都是人类社会追求的基本价值目标，也是法的主要价值。但二者有时会发生冲突，需要法律规则加以调整平衡。高等学校对于学生的处分便是学生学习自由和高等学校教育秩序博弈互动的制度结果。通过国家法律和高等学校校规的分权设定，它一方面确认和保护学生的学习自由免受侵害，另一方面又限制过分的学习自由以维护高等学校正常的教育秩序。

如前文论述，高等学校学生处分制度的法理基础是宪法中的受教育权条款，高等教育阶段的学生受教育权主要体现为学生的学习

---

[1] 湛中乐：《大学法治与权益保护》，中国法制出版社2011年版，第118页。但也有学者表达了相反观点，例如沈岿认为"申诉前置或许是未来立法者可取之策，但在相关法律、法规制定或修改之前，法院不应僭越其权限而接受与《行政诉讼法》相悖之解释和建议"。参见沈岿："析论高校惩戒学生行为的司法审查"，载《华东政法学院学报》2005年第6期。

自由。一般认为,学习自由是指"学生可以自由地学习感兴趣的学科,可形成他们自己的论断和发表他们自己的意见",[1]它与教师的教学自由、研究自由共同构成学术自由的内涵。美国大学教授联合会 AAUP[2]曾于 1967 年发表《关于学生权利和自由的联合声明》,提出了学习自由的六项重要内容,分别是:①接受高等教育的自由;②在教室内言论表达的自由;③学生记录免于不当公开的保障;④在校结社的自由;⑤在校外行使公民权的自由;⑥对学生的惩戒应履行正当程序。[3]德国于 1976 年制定的《联邦高等教育基准法》对"学习自由"的界定包括了入学的自由、选课的自由、上课的自由和积极参与讨论与表达意见的自由等四项权利。表面上看,高等学校学生处分是限制甚至剥夺了学生的学习自由(如开除学籍处分),大凡受到纪律处分的学生的学习自由都受到不同程度的限缩。但是,由于世界上不存在绝对的自由和绝对的权利,任何自由和权利都是有界限的,须受到社会(足以保障自由的)秩序的制约。正如德沃金所言,"当我们面对我们所承认的其他人的平等分享尊重和资源的权利时,我们就没有权利紧紧缠住这些自由"。[4]一项权利的行使,应当以不侵犯他人权利的行使为原则。自由和权利的滥用只会造成社会的失序和混乱,这有违秩序的价值追求。因此,学生享有上课自由,但不能以此主张无故、多次地缺席,扰乱教师的正常教学计划;学生享有选课自由,但即便在学分制之下也有"必修课""学位课"等要求,不能违背该专业的培养方案规则;学生享有在课堂表达意见的自由,却也要遵守学术讨论的礼仪和课堂发言的纪律,不得大闹、扰乱课堂秩序……这些自由的行使都以不侵扰和妨害其他学生的学习自由为界限。这个界限主要由高等学校的学习规则设定,因此校规追求的价值应当是学习自由与教育秩序的

---

[1] 周光礼:"学习自由的法学透视",载《高等工程教育研究》2005 年第 5 期。

[2] 美国大学教授联合会 AAUP(American Association of University Professors)是服务于教师、科研学士和高等教育的学术图书馆员的全国性组织,旨在维护学术和职业标准,保卫学术自由和终身教授制度。

[3] 周志宏:《学术自由与大学法》,蔚理法律出版社 1989 年版,第 167 页。

[4] [美]德沃金:《认真对待权利》,信春鹰、吴玉章译,中国大百科全书出版社 1998 年版,第 350 页。

和谐统一，既表达公正又富有效率。对于滥用学习自由的行为，高等学校可依学生处分校规给予纪律处分。换言之，学习自由一旦超出国家法律和大学校规规定的范围，破坏正常的教育秩序，便有被限制或剥夺的可能。但显然，反过来看，滥用学生处分压制学生的学习自由，过分追求校内稳定的秩序既没有正当性与合法性，也必不能长久维持。

维护公正和富有效率的教育秩序从根本上来说，是为了最大化地保护和实现学生的学习自由。没有良好的秩序作保障，任何学生的学习自由都有可能随时遭受侵害。因而，高等学校学生处分作为维护教育秩序的手段，既保护学习自由又限制学习自由，但在本质上仍是保护学习自由。高等学校学生处分制度调整学习自由与教育秩序的平衡关系，其体现出自由与秩序的关系是："自由总是一定理性规则范围内的自由，这种自由本身便内在地包含尊重秩序的倾向；而当秩序包容且以自由为构序原则的时候，秩序便不再以排拒、否弃自由为代价。这时，秩序是有自由的秩序，自由是有秩序的自由。"[1]

（二）学生参与与程序正义

当今世界，"参与"已是公共政治生活中一个不可或缺的词汇。[2]参与的法理价值在于，它总是与民主紧紧结合在一起：在宏观层面，无论是卢梭的直接民主或密尔的代议制民主，还是后近兴起的参与民主或商议民主理论，公众的有序和充分参与都在其中占据着非常重要的地位。科恩曾指出："民主过程的本质就是参与决策。"[3]在微观层面，公众参与则是实现民主价值的重要形式，往往体现为一种程序正义的要求，它能使微观的治理更民主和更合乎理性，进而补强决策行为的合法性。[4]一般认为，"参与的核心含

---

〔1〕 孙莉："偏好与疏离——中国法制现代化的价值取向分析"，载《天津社会科学》1997年第6期。

〔2〕 中国共产党的十六大报告提出，要"健全民主制度，丰富民主形式，扩大公民有序的政治参与"。各种听证会、讨论会、法律草案的公共评论等形式的公众参与，成为中国立法和公共决策过程中的一道风景。学者王锡锌称之为一场"新公共运动"。

〔3〕 [美]科恩：《论民主》，聂崇信、朱秀贤译，商务印书馆1988年版，第219页。

〔4〕 王锡锌："公众参与：参与式民主的理论想象及制度实践"，载《政治与法律》2008年第6期。

义在于公民通过一定的方式和途径影响决策和公共生活，它本质上是公民权利的实现"。[1]

高等教育和高等学校治理作为公共生活的一个场域，已然越来越受到人们的关注，并有学者开始尝试用参与理论解释高等学校自主管理的合理性。从法律地位上看，不论将我国的高等学校定位为"法律法规授权组织"的准行政主体，还是独立法人资格的社会自治团体，师生参与都是高等学校管理正当性的主要来源之一。假使前者，按照美国行政法学家理查德·B. 斯图尔特对行政行为正当性的模式研究，共有三种：传送带模式、专家理性模式和利益代表模式。其中传送带模式是说行政行为的正当性来源于法律授权，专家理性模式指其正当性来源于专家知识，而利益代表模式则是指其正当性来源于公众参与。[2]高等学校管理中的学生处分行为若被视为准行政处罚行为，那么便可以通过三种模式中的任何一种获得正当性。显然，对于寻求自主的高等学校来说，学生参与应该是学生处分正当性的重要来源，因为"通过参与而使行政决定得到合法化的逻辑，来自一个基本的信念，即当所有利益都得到考虑时，正义也就随之产生"。[3]假使后者，大学依自治理念而组建，学生处分行为是高等学校的内部自治行为。自治本源自对人民自由的保障，是对自身的事务以自己负责的方式来自行管理。因而"自治组织必须有当事人参与该团体决策的制度，至于参与的程度则是组织规模的大小而有直接或间接参与的机制"。[4]换言之，参与与自治紧密相关，参与原则是自治概念的本质要素之一。自治规范和团体决策的合法性来自遵守者和利益相关者的共同同意。参与内含着民主的要素，是实践的民主，是表达这种共同同意的载体。

如前文论述，高等学校学生处分中的学生参与应当是全面的，

[1] 王建富："高校学生处分中的参与研究"，载《南京大学法律评论》2010年第2期。
[2] [美]理查德·B. 斯图尔特：《美国行政法的重构》，沈岿译，商务印书馆2002年版，第42~48页。
[3] 王锡锌："公众参与和现代行政法治的模式变迁"，载罗豪才主编：《行政法论丛》，法律出版社2007年版，第336页。
[4] 赵相文："由法律观点论自治制度"，载《中原财经法学》2005年第15期。

并以法律和高等学校章程、校规明确学生参与为程序正义之必要，表现在：学生处分校规的制订必须广泛征求利益相关者特别是学生的意见，征求意见的范围、方式、时间都应以便利学生参与为原则；设置专门的学生处分机构——学生纪律处分委员会的组成应包括学生、普通教师、行政管理教师、法律顾问等代表；学生处分过程中应充分保障学生陈述与申辩的权利，对开除学籍处分的学生有申请召开听证会的权利；学生不服处分决定的可以提起申诉，申诉处理委员会的组成也同样必须有足够的学生代表参加。

可以说，高等学校学生处分中的学生参与有多重法理价值，对于制度自身是实践民主的形式，也是程序正义的要求，能补强制度的合法性；对于学生则有助于培养公民意识，更有利于保护其自身的合法权益；对于高等学校也有助于其用好办学自主权，维护良好的教育秩序，实现高等学校的"善治"。

（三）大学自主与社会治理

国家治理和社会治理是探讨法治内涵的应有领地，好和善的治理之术亦是法理学追求的价值。人类社会在经历了"神治失据，德治失灵，人治失信"[1]的治理术选择后，法治作为国家治理和社会治理的框架和路径已无争议。依法治国、依法行政、依法办事等"依法××"的口号早已成为我国公共政治生活中的一种话语，高等学校当然亦不例外——依法治校。

而随着我国教育法制的逐步完善，高等学校被赋予越来越"充实"的办学自主权，[2]结束了"高度统一、政府包揽一切的高教管理体制"。[3]这种从高度集权到适度分权的转变，实质是高等学校

---

〔1〕 高鸿钧："现代法治的困境及其出路"，载《法学研究》2003年第2期。

〔2〕《高等教育法》第32条到第38条明确列出大学至少具有七个方面的办学自主权，分别是："调节系科招生比例""设置和调整学科和专业""制订教学计划、选编教材、组织和实施教学活动""开展科研活动，技术开发和社会服务""开展国际交流与合作""设置内部机构和聘任人员""管理和适用学校财产"等。

〔3〕 谭晓玉："权力与权利的冲突与平衡"，载湛中乐主编：《大学自治、自律与他律》，北京大学出版社2006年版，第174页。

治理理念从政府统治到大学自主的改变，[1]在根本上也与我们国家对社会治理方式的变化一致。国家放权与高等学校自主两位一体，要求高等学校积极推进内部管理体制的改革，充分利用国家法律、高等学校章程划定自主范围，实现自主管理、自我控制。高等学校治理作为社会治理的一个方面，讨论高等学校学生处分在于"一叶知秋"，另一个视角映射出对社会治理的思考。

如前文论述，高等学校学生处分秩序呈现的国家与高等学校分权、法律与校规分治，表明社会治理的最终目标是达成"法治国家+共治社会"。这样的社会治理方式具有如下特点：第一，治理框架的法治性。社会治理纳入国家法治的大框架下，国家放权，法律授权和划定社会组织自治的空间，并保留涉及公民基本权利的事项，是国家法律和社会规范分工合作的共同治理。社会组织的自治是国家法治框架下相对独立自主运行的子系统。国家力量介入的界限应依国家法律确定，介入的途径仅有事先的法律保留和事后的司法救济；社会自治的范围应依社会组织章程确定，自治的方式不仅不能违反法律，也不得超越章程。第二，治理过程的民主参与性。社会治理是社会团体成员共同参与的众人之治，追求团体成员间的协调合作。成员的民主参与体现在社会组织的规范制订、行为自律、纠纷替代解决等治理全过程。不但保障公民权利的实现，也补强社会治理的合法性。第三，自治规范的理性化。社会治理注重自治规范的科学性和体系化，在符合法律保留原则的前提下，结合各自团体的实际进行自主管理。社会组织的自治规范应主动约束内部治理行为，使之符合程序正当、结果正义。第四，治理后果的更强社会凝聚力。社会治理是以最亲近和最符合社会团体（社区）成员共识的方式进行治理的，它的规范自制、行为自律、纠纷替代解决都最接近于维护团体内部原有的秩序和稳定，因而有着比国家直接管理更强的社会凝聚力。

套用那句名言，大学自治的精髓在于，"让上帝的归上帝，恺撒

的归恺撒，亚里士多德的归亚里士多德"。而社会治理的精髓亦应在于"让国家的归国家，社会的归社会；让法治的归法治，自治的归自治"。

七、结语

诚如篇首提及，当前高等学校改革的一个尴尬情况是，去行政化呼声日涨而行动上不知所措。研究高等学校学生处分制度的意义在于它提供了一个重新审视国家与高等学校、法律与校规关系的窗口——国家怎么放权，高等学校如何自主；法律怎么介入，校规如何规范，从而获得高等学校治理的启示。

本文讨论了高等学校学生处分制度的法律设定、学生处分的自主管理、学生处分的法律救济等问题，分析得出结论：高等学校的学生处分秩序由国家法律法规和高等学校校纪校规共同塑造，高等学校学生处分管理是国家法治框架下的治理，是高等学校内部充分民主参与下的共治。一方面，在"创新社会治理"的理念下，应改革事业单位模式下高等学校管理的国家本位思路，放权或还权给高等学校自主管理。[1]国家力量的介入仅限于事前的法律保留和事后的司法救济两种方式——国家应懂得如何放权。这在文中体现为，学生处分的设定权由法律明确国家与高等学校的分权界限：国家法律设定开除学籍等严重影响学生基本权利实现的处分，高等学校校规设定除此之外的其他处分种类。根据法律保留原则，学校也不得以校规设定限制其他法律明确赋予的公民基本权利。相应地，能据此进入司法诉讼程序的学生处分纠纷也是有限的，并且司法审查时要严格遵守谨慎与谦让的原则。教育行政部门理应严守法治，不越权设定，不干预大学进行学生处分的自主管理。另一方面，高等学校通过机构设置、校规创制与实施对学生处分的进行自主管理，但应注重学生处分利益相关者的民主参与性，增强学生处分校规的合

---

[1] "还权"与"放权"的区别在于，前者强调根据大学的本质属性，学生处分等事务管理权根本上属于高校，但在国家建设过程中被国家力量篡夺了，现应归还给高校自主管理；"放权"则认为权力都属于国家，但为了减轻国家管理的负担和更好地进行社会治理，适当交给高校自主管理。

法性，构建以大学章程为核心的学生处分校规体系——高等学校应懂得如何自主。这在文中体现为，学生处分的全过程都留有民主参与的空间：学生处分校规的制定有多渠道的征求意见，学生处分的程序保障学生陈述和申辩的权利，学生处分机构和学生校内申诉委员会的组成包括了学生代表、普通教师、法学专家和学校行政管理者，处分作出后学生享有申诉和诉讼的权利救济途径等。总的来说，国家的这种"放权"和高等学校的这种"自主"都应在法治的框架下进行，高等学校自主管理是作为国家法治系统中一个相对独立又受一定约束的子系统存在的，既分工又合作，既独立自主又监督制约，呈现出"法治国家+共治社会"的治理目标。

在此基础上，本文建议重新构建高等学校的学生处分制度体系：①清理国家的法律法规，分权界定国家和高等学校、法律和校规各自的领地及相互间关系。第一，建议制订《中华人民共和国大学法》，明确大学的法律地位，专门调整大学事务。[1] 在"学生处分"内容部分应至少包括：以法律的形式明确保留开除学籍处分的设定权，限定开除学籍的适用情形与正当程序；同时授权高等学校以大学章程或其他校规的形式"实施处分"，可以除设定开除学籍之外的处分种类和所有学生处分的执行权；以法律形式明确司法诉讼的受理范围是"开除学籍等严重影响学生受教育权和其他基本权利的学生处分"，其他学生处分纠纷只能寻求申诉救济，并明确学生申诉为司法诉讼的前置程序。如立法时机不成熟，可先同步修订《教育法》和《高等教育法》，增加此内容之条文。第二，应限定教育部规章的处分设定权，现行规定存在法理矛盾，教育部《普通高等学校学生管理规定》仅规范调整属于执行法律或行政法规的事务，不得创设新的权利义务关系。第三，建议取消学生处分的行政申诉和行政复

---

[1] 姚金菊曾提出大学法基本框架的十个方面，值得参考：①大学的目的和理念，明确学术自由和大学自治；②大学的范围和种类；③大学的设立、变更、合并和解散；④大学机构的组成，包括基本组织机构和领导体制；⑤大学的权利义务；⑥教师的权利义务；⑦学生的权利义务；⑧大学的相关财产制度；⑨国家对大学的监督和大学有关争议的处理；⑩其他事项。参见姚金菊："转型期的大学法治——兼论我国大学法的制定"，中国政法大学2005年博士学位论文。

议程序。若坚持保留此程序则应与行诉讼的受案范围保持一致，仅限于受理"开除学籍等严重影响学生受教育权和其他基本权利的学生处分"的不服申诉案件。②以高等学校章程为核心进行高等学校自主管理，增强高等学校学生处分的民主参与性，补强学生处分的合法性，完善校规的理性化和体系化。第一，建议制定高等学校章程〔1〕，设定高等学校学生处分的权限，明确校规的制订程序，在符合法律保留原则的前提下，将多头管理的学生处分校规（如学生处分管理规定、学生处分管理规定实施细则、学生处分机构组织办法、学生申诉处理办法、服务消过实施办法等）整合到章程之下，加以体系化，避免各规范之间的冲突与不一致。第二，应将民主参与原则贯穿高等学校学生处分管理的全过程，并作为一种程序正义的要求在学生处分校规中加以明确。第三，建议完善设置高等学校学生处分机构，以符合民主参与原则的学生纪律处分委员会取代校主管领导主持的办公会或校务会。

至此，大学作为一种特殊的社会团体，承载了人们太多的社会理想，甚至把对美好未来的憧憬寄托于此。她卓然高贵，又充满关怀。但无论如何，对高等学校学生处分的讨论和完善，都应坚守信念——"大学'研究高深学问'的宗旨始终没有改变，传承知识的职能始终没有改变，学术性仍然是大学的根本属性。"〔2〕

附录：

《中华人民共和国大学法》中"学生处分"内容部分至少应拟订六款条文：

对有违法、违规、违纪行为的学生，学校应当根据本法和各校校规给予批评教育或纪律处分。

高校制定的学生处分校规应当符合法律规定，不得设定限制学

---

〔1〕 根据教育部研究制定的《中央部委所属高等学校章程建设行动计划（2013-2015年）》，提出"到2015年底，教育部及中央部门所属的114所高等学校，分批全部完成章程制定和核准工作"。2013年10月，教育部已经对中国人民大学、东南大学、东华大学、上海外国语大学、武汉理工大学、华中师范大学等6所高等学校章程进行了核准并公示。2019年12月，复旦大学等高等学校对章程进行了修改。

〔2〕 杨学志："高校学生纪律处分权研究"，中国政法大学2009年硕士学位论文。

生基本权利的学生处分。

高等学校自行设立学生纪律处分委员会，专门负责审定学生的违纪处分案件。

学生纪律处分委员会的组织办法由高校制定校规确定。

学生有下列情形之一的，学校可以给予开除学籍处分：

（一）违反宪法，反对四项基本原则、破坏安定团结、扰乱社会秩序的；

（二）触犯国家法律，构成刑事犯罪的；

（三）违反治安管理规定受到处罚，性质恶劣的；

（四）由他人代替考试、替他人参加考试、组织作弊、使用通信设备作弊及其他作弊行为严重的；

（五）剽窃、抄袭他人研究成果，情节严重的；

（六）违反学校规定，严重影响学校教育教学秩序、生活秩序以及公共场所管理秩序，侵害其他个人、组织合法权益，造成严重后果的；

（七）屡次违反学校规定受到纪律处分，经教育不改的。

学校对学生作出开除学籍处分决定之前，应当召开听证会，听取学生或其代理人的陈述和申辩。

听证会的组织办法由高校制定校规确定。

听证会应符合公开、公正、客观的原则进行。

学校对学生作出处分决定之后，应当允许学生提出申诉。

学生申诉处理办法由高校制定校规确定。

学生申诉处理委员会应当由学校负责人、职能部门负责人、教师代表、学生代表和法律顾问组成。

学生对学校给予开除学籍处分，或者其他严重影响受教育权和其他基本权利的学生处分，经申诉后仍对处分决定不服的，可以向当地人民法院提起行政诉讼。

互联网行业加班习惯规范初探

张　振

一、引言

近些年来，"996""8116+8""007"等热词红遍中国职场，折射出以互联网行业为代表的员工加班蔚然成风的现实。《中华人民共和国劳动法》（以下简称《劳动法》）第 36 条规定，我国实行劳动者每日不超过 8 小时，每周不超过 44 小时的工时制度；第 41 条规定，用人单位由于生产经营需要，经与工会和劳动者协商后可以延长工作时间，一般每日不得超过 1 小时；因特殊原因需要延长工作时间的，在保障劳动者身体健康的条件下延长工作时间每日不得超过 3 小时，但是每月不得超过 36 小时。互联网公司大都实行标准工作制，以"996"为例，员工每天加班时长超过 2 个小时，每月加班时长 20 小时，月加班时长超过 80 小时，严重违反《劳动法》中有关工时和加班制度的规定。

当前，互联网加班主要集中在如何通过国家法控制加班、[1]工

---

[1]　王林清："加班控制制度法律问题研究"，载《法学杂志》2012 年第 8 期。

作时间认定与加班工资计算、[1]员工加班成因和机制,[2]也有研究分析"996"背后工时制度僵化问题,[3]较少探讨互联网中既存的加班的事实秩序。实际上,互联网行业员工加班已经形成一种有别于《劳动法》中所规定的稳定的新秩序,企业与行业内部关于加班条件、工作时长等自发形成了一系列制度,这些制度有的以通知、规定等书面形式呈现,有的则是不约而同的默契,但无论哪种形式,这些规范事实上都得到了实施,在客观上显得比《劳动法》更有效。研究公司中加班的习惯法制度,对理解加班现象、规制加班风气、促进员工和企业共同利益、推动《劳动法》的完善具有非常重要的现实意义。

自 1995 年中国电信开通北京、上海两个互联网节点开始,中国互联网行业迅速崛起,涌现出华为、阿里巴巴、京东、小米等行业领先公司。根据中国互联网协会和工信部信息中心联合发布的《2019 年中国互联网企业 100 强发展报告》估算,60%以上的互联网企业集中于北上广深等大城市。[4]互联网行业有广义和狭义之分,广义包括以华为、中国电信等公司为代表的基层互联网企业;以微软、IBM 等为代表的互联网服务层企业;以亚马逊、百度、阿里巴巴为代表的终端服务层企业。[5]狭义仅指终端服务企业。本文探讨的互联网行业是广义的互联网行业。

非国家意义上的习惯法是依据某种社会权威和社会组织,具有一定强制性的行为规范的总和。[6]不同于历史久远的习惯法,互联网行业中的工时习惯规范是裹挟在产业升级和现代化进程中产生的年轻规范。为了认识这种年轻的习惯规范,笔者采访了多位正在或

〔1〕 沈同仙:"工作时间认定标准探析",载《法学》2011 年第 5 期。

〔2〕 庄家炽:"从被管理的手到被管理的心——劳动过程视野下的加班研究",载《社会学研究》2018 年第 3 期。

〔3〕 班小辉:"反思'996'工作制:我国工作时间基准的强制性与弹性化问题",载《时代法学》2019 年第 6 期。

〔4〕《2019 年中国互联网企业 100 强榜单揭晓》,载 http://www.miit.gov.cn/n1146290/n1146402/n1146445/c7260802/content.html,2019 年 4 月 3 日最后访问。

〔5〕 参见 https://wiki.mbalib.com/wiki/互联网企业,2019 年 4 月 3 日最后访问。

〔6〕 高其才:《中国习惯法论》(第 3 版),社会科学文献出版社 2018 年版,第 3 页。

者曾在互联网公司工作的员工，向他们实地调查互联网公司的加班情况；同时开放式项目平台 Github 中由互联网公司员工自发成立了"996，ICU"项目，[1]由互联网公司员工自发搜集、上传"996"加班的凭证，这为笔者的调查提供了巨大的便利。

二、加班规范的形式与内容

1. 加班规范的形式

由于互联网行业工作时长的规范不是国家法，其表现形式更为复杂和多元。按照加班规范是否正式，可以区分为以正式文件形式呈现的加班规范和以非正式形式存在的加班文献；按照是否呈现为书面形式，后者可以区分为非正式书面形式和非正式非书面形式。区分这三者一方面出于不同类型可信度的考虑，正式书面可信度最高，而非正式非书面的可信度较低；另一方面也旨在突出说明，除了很多正式加班制度之外，也存在大量非正式甚至是非书面的加班习惯规范。

法归根结底是社会团体中的一种秩序，因此在众多材料的筛选中，我们重点甄别何种加班是个别性、临时性的，何种加班是制度性的；而且还要甄别哪些是具有效力的，而哪些只具有信息交流、意见征询。只有制度性、有效力的规范才是本文的研究对象。

（1）以正式文件形式呈现的加班规范。

正式文件仍然是一些互联网公司加班习惯法重要的渊源，它的法律效力最强、对认识互联网加班秩序最具有说服力。在笔者梳理过程中，按照书面文件制定的程序和表现形式的不同，将正式文件区分为协议类和公司决定类书面文件。

协议类以华为"奋斗者协议"为代表。员工在进入华为之后会选择签署"成为奋斗者承诺书"，所有奋斗者承诺书中必须包含的内容为"自愿放弃年休假和非指令性加班费"等一系列承诺。[2]我们

---

〔1〕 参见 https://github.com/996icu/996.ICU/blob/master/README_CN.md，2019年 12 月 20 日最后访问。

〔2〕 "华为'自愿'的奋斗者协议"，载 https://new.qq.com/rain/a/20190312A002PT，2019 年 3 月 11 日最后访问。

127

虽没能亲眼所见事实上的奋斗者协议，但在互联网众多沸沸扬扬的讨论之下，可见这种协议确实存在。

在 Ximmerse 公司的考勤管理制度中制定了以下的工作时间（表1）：[1]

表1　Ximmerse 公司研发部上下班时间

研发部	上午		休息	下午		休息	晚上	
	上班	下班	12：00-13：30	上班	下班	18：00-19：00	上班	下班
周一至周六	9：30	12：00		13：30	18：00		19：00	21：00

苏州捷住（快住）智能科技于 2019 年发布了《关于公司实行单休工作制的通知》，落款为快住智能（苏州）有限公司，并加盖单位公章，内容如下：[2]

各部门：

根据公司目前的业务发展状况，为了更好地服务客户、提升公司经营业绩，经公司研究决定，现将公司的作息时间调整如下：自 2019-5-1 日期公司实行单休（每周日）制度。

特此通知，希各周知！

有些公司的规范性文件是倡导性质的。倡导性质的文件形式上缺少强制性，但考虑到公司内部情况的复杂性，如果员工积极遵守倡导性文件的号召，这类文献完全可以成为加班秩序的制度框架。比如浙江杭州盘石信息技术股份有限公司于 2018 年 11 月 12 日以公司名义发布的《关于盘石人集体奋斗 6×12 的倡议书》中有如下内容：[3]

---

〔1〕　参见 https://raw. githubusercontent. com/996icu/996. ICU/master/blacklist/img/Ximmerse 制度方案 . png，2019 年 12 月 18 日最后访问。

〔2〕　参见 https://raw. githubusercontent. com/996icu/996. ICU/master/blacklist/img/IMG_2365. JPG，2019 年 12 月 18 日最后访问。

〔3〕　参见 https://raw. githubusercontent. com/996icu/996. ICU/master/blacklist/img/浙江杭州盘石信息技术有限公司 996 制度 . png，2019 年 12 月 18 日最后访问。

倡议内容

1. 选择相信，倡导公司所有员工发挥自我驱动力，自发自愿执行 6×12 工作制，早日自实现各大业务板块的飞跃式发展，并由此实现个人的财富自由。

2. 选择相信，倡导 M5/P5 及以上管理干部主动承重，自发自愿执行 6×13 工作制，起带头作用，共同绘制公司蓝图。

（2）以非正式书面形式存在的加班规范。

为规避劳动执法，互联网公司大量加班的规范是以非正式文件的形式存在的，笔者搜集的材料包括考核说明、邮件、微信通知等形式。

考核说明的代表为武汉氪细胞网络技术有限公司，在其考核 APP 中对考核时间做出如下解释，该考勤规则的发布人为氪细胞考勤组：

上班时间：

周一、二、三、四、五、日 09：00-20：30，休息时间 12：30-14：00，周六休息。

一些加班的秩序体现在邮件通知中。在一封北京中体联合数据科技有限公司的邮件中写道：[1]

各位同事：

由于技术部目前开发任务较多，且大部分任务都需要尽快完成并上线，因此，从本周开始实施加班工作制，具体如下：

周一至周五：每晚下班时间从 18：30 调整至 21：30

周六：9：30-21：30

请各位提前安排个人事宜，如遇特殊情况，提前沟通。

谢谢！

---

〔1〕 参见 https://i.loli.net/2019/05/22/5ce4bcc5a753d12104.png，2019 年 12 月 5 日最后访问。

这封邮件的落款人为李某涛，信息技术部总监。

微信等聊天工具群内通知也是一种非正式的书面形式，一方面因为微信通知能够以文字的形式得以记录和保存；另一方面通知一般由较为权威的人员发出，面向多数、不特定人群、格式用语正式，本文将微信聊天记录作为非正式的书面存在形式。在安徽学云教育信息科技有限公司的一封微信聊天记录中，该公司 CTO Json 在"例会群"中发出了这样的号召，该群主要成员包括各业务组产品经理、研发组长等 29 人。

为加强研发、产品、测试团队的沟通交流与信息同步，加强各业务小组间的统一协调与互通有无，共同提升整个团队的工作效率与工作质量，故决定建立研发部周例会制度，相关内容如下：

1. 会议时间：每周一晚上 7：30……

此外，公司倡导奋斗者文化，所以我们也要拿出实际的行动，作一个真正的奋斗者。我提议每周一、二、四、六加班，大家一起并肩作战，共创美好未来。

成都二次元动漫有限公司在其工作群中发布如下消息，标题为"关于公司作息时间调整的通知"，但发布人和落款人不详。[1]

全体员工：

鉴于公司今年的业务发展情况及目前的行业形势，总部号召大家为全年的业绩做最后的冲刺，经公司研究决定，临时调整作息时间：

1. 周一至周六每天上午 9：00 上班，晚上 21：00 下班，12：00-13：30 为午餐休息时间，18：00-19：00 为晚餐及休息时间，周日休息。……

（3）以非正式非书面形式呈现的加班规范。

这一种非正式的制度见诸日常聊天，以口头形式表露。比如在

---

〔1〕 参见 https：//raw. githubusercontent. com/996icu/996. ICU/master/blacklist/img/ecy1. jpg，2019 年 12 月 7 日最后访问。

武汉小码联城科技有限公司在内部的交流中有如下话语：[1]

> @所有人 大家最近跟部门强调一下，9 点务必到岗，上周五 X
> 老师已经批评了我们团队 9 点不到座位工作的情况。
> 下班至少 8：30 以后

在与互联网员工的交谈中，我们也发现存在大量非书面形式的加班规范。在跟渠某交谈的过程中，她说道：[2]

> 我们互联网公司采用灵活工作制，每天上班和下班的时间相对灵活。但大家都在加班……一两次早走的话没有问题，[3]但如果每天都早走的话，领导就会找你谈话，是不是公司安排的任务不够多？时间久了大家都不会早走了。

2. 加班习惯法的内容

通过对互联网行业加班做法的梳理，笔者发现关于加班对象、加班条件、加班主体与加班保障措施等方面互联网行业有较为丰富的实践。互联网公司和员工是整个加班生态中的两元主体，围绕加班对象、加班条件与加班保障等事项，两元主体形成了一系列权利和义务的关系。

（1）加班主体。

互联网行业的加班会因工作岗位的性质偏差而不同，加班最主要的人群是从事技术开发岗位的员工。在 Ximmerse 加班的工作制度体现得最为明显，[4]该公司明确将员工分成 A、B 两类，A 类员工包括人事、财务、行政、商情、专利部门，这些部门员工实行朝九晚五的工作制；B 类员工包括产品、品控、算法、硬件、程序、结

---

〔1〕　参见 https：//raw. githubusercontent. com/996icu/996. ICU/master/blacklist/img/小码联城加班 . png，2019 年 12 月 7 日最后访问。

〔2〕　渠某访谈视频，2019 年 12 月 15 日。

〔3〕　笔者注：指 9 点之前下班。

〔4〕　参见 https：//raw. githubusercontent. com/996icu/996. ICU/master/blacklist/img/Ximmerse 制度方案 . png，2019 年 12 月 7 日最后访问。

构、嵌入式、供应链在内的研发部门员工。技术岗位员工的工作与市场需求紧密对接，为了适应客户要求工作时间相对较为灵活；而人事、财务等部门的员工，主要是内部服务，晚间加班的必要性不强。

（2）加班条件。

在加班条件上，有些公司强调，采取"996"工作制是为了完成特定着急的项目，等到项目完成后将不再采用"996"工作制。河北东软软件有限公司一封电子政务研发部于 2019 年 3 月 29 日的邮件显示即是这种情形。

×××平台项目组，由于项目组开发人员不足，项目上线时间紧张，根据项目建设内容调整和用户使用时间要求，项目组计划于 4 月 1 日起，在公司内启动封闭开发，具体如下：

1. 日期：2019 年 4 月 1 日-2019 年 4 月 30 日

2. 时间：每周一至周五 18：00-21：00

比如北京海尔优家智能科技（北京）有限公司在员工的邮件中写道，落款人为范某：[1]

近期冲刺 530、630 项目，要求每个团队的人员周六上班，通知到各个开发人员。

为应对市场需求、客户紧急要求而采取紧急赶工的形式并不罕见。但是，更多的公司并没有规定加班的形式和条件，只是泛泛地讲竞争压力较大、市场行情不利，也没有加班旨在完成的目标与加班终止的日期，因此对这些公司来说，这种加班已经变化成为延长时间的工作制。比如湖南映客互娱网络信息有限公司在内部群聊中，有关领导就写道：

@所有人 如上周的沟通，本周六北京＆长沙继续全员正常上班，没有接到新的通知前，都采用六天工作制。周六工资会有 HR

---

〔1〕 参见 https://github.com/996icu/996.ICU/blob/master/blacklist/img/海尔优家智能科技.png，2019 年 12 月 7 日最后访问。

统一结算。排期上需要把周六正常排期进去，周六有事情的尽量在周日把进度补上，休假的需要提前邮件发我、自己 leader、hr 请假，长沙的×××审批、北京的我来审批。

（3）工作时长。

工作时长是最基本和最普遍的内容，工作时长包括两方面的内容，即每天的工作时长和每周工作天数。结合互联网公司的一般做法来看，采取 996 工时制的互联网公司一般约定俗成上午 9 时左右上班，晚上上班至 21 时。

（4）加班待遇和保障。

为了服务员工加班，增加员工对加班接受程度，互联网公司出台了多样化的配套制度，既包括激励性的措施，也包括惩罚性的措施。

激励性的措施包括交通补助、资源倾斜配置等。加班到深夜，地铁等公共交通工具几乎停运，公司需要采取必要措施解决员工交通问题、保证员工的人身安全。很多互联网公司规定，如果工作超过一定时间，可以凭借打车发票报销。

当然，行业中也有不少公司拒绝提供交通、用餐的保障。在钱某的访谈中，他说：

在我们公司，如果每天 9 点之后下班打车的费用可以报销……但是不是所有公司都是这样，如果你在京东工作，他们那里员工工作到十点也不报销打车费。[1]

北京永信至诚科技股份有限公司规定的更为详细：[2]如果工作日加班晚于 20 点打卡的，依据考勤记录提供 20 元/人的餐补；晚于 21 时的，报销打车费用；晚于 23 点后的，经确定次日可调休半个工作制；凌晨 3 点之后的，经确定可调休一个工作日。

高薪水是对员工加班的一种补偿。根据国家统计局的统计数据，2018 年城镇私营单位分行业就业人员年平均工资中，信息传输、软

---

〔1〕 钱某采访视频，2019 年 12 月 15 日。

〔2〕 参见 https://i.loli.net/2019/05/05/5ccee0a706458.jpg，2019 年 12 月 11 日最后访问。

件和信息技术服务业 2018 年平均工资为 76 326 元，为所有行业最高，高于金融行业的 62 943 元。[1]互联网公司薪水高有很多原因，据了解其中一个原因就是弥补互联网高强度的劳动。如同钱某所在的互联网公司因为回避劳动法等缘故很多不愿意另行支付加班公司，转而采取了高薪+自愿加班的模式。[2]

资源倾斜配置也是一种补偿方式。华为公司奋斗者协议内容严苛，只有签署奋斗者协议后才能够成为奋斗者；根据华为《以奋斗者为本》一书，向奋斗者倾斜资源和价值是华为价值分配的基本原则，"公司的价值要向奋斗者、贡献者倾斜，给火车头加满油"。[3]在员工看来，这一信号意味着加班可以获得更多年终奖和晋升的机会。

（5）加班考核。

在员工请假和加班证明上，互联网行业企业摸索出一系列举措。有的公司考核制度较为灵活，这种互联网公司自称采取"灵活工作制"，上下班打卡时间灵活，如有事只需说明，无须走特殊程序，但是必须保证任务能够完成。钱某所在的互联网公司便采取这种制度。[4]

我们互联网公司采用"灵活工作制"，上下班打卡，理论上谁有事的话谁都可以早走。没有特殊的考核和加班统计制度，但是周围的同事和领导都在看着，如果早走的次数太多的话业绩考核肯定没法通过。

有的公司有固定的考核和请假制度。每天上下班打卡时间固定在早 9 时、晚 21 时。比如深圳边度网络科技（深圳）有限公司打卡

---

〔1〕 参见 http://www.stats.gov.cn/tjsj/zxfb/201905/t20190514_ 1664753.html，2019 年 12 月 10 日最后访问。

〔2〕 参见钱某访谈视频，2019 年 12 月 15 日。

〔3〕 黄卫伟：《以奋斗者为本：华为公司人力资源管理纲要》，中信出版社 2014 年版，第 60 页。

〔4〕 钱某访谈视频，2019 年 12 月 15 日。

软件上，就有如下强制性说明：〔1〕

考勤组：sz 考勤（996）考勤时间：周一、二、三、四、五、六 SZ 996 09：00-21：00 周日休息。

（6）加班纪律。

由于笔者所掌握的材料有限，目前尚未掌握加班纪律的详细规定，且大部分采取"996"工作制的公司也不会以书面形式单独规定加班纪律。但互联网员工的劳动合同中，一般有遵守劳动纪律以及违背劳动纪律的后果的条款，约束着劳动者按照单位要求行事。一份互联网公司劳动合同规定：〔2〕

六、劳动纪律

第19条 乙方违反劳动纪律和甲方规章制度的，甲方可依据本单位规章制度，给予纪律处分、行政处理或经济处罚直至解除本合同……

总体来看，互联网加班制度形式多样，通过一系列制度、通知、倡议、协议，以及考勤说明、群通知，明确了加班中的员工和企业的权利义务，使得互联网行业的加班形成稳定的秩序生态。

三、加班习惯规范的制定程序

《劳动法》第41条规定，用人单位由于生产需要而延长工作时间的，需要同工会和劳动者协商后方可延长工作时间，这是公司制定加班规范的法定程序。法定程序的合理性在于，休息权是劳动者的基本权利，大范围的加班与全体劳动者基本权利息息相关，因此在决定是否加班上本应当通过一定的民主程序，保障劳动者在决策中的参与权和知情权。

然而，互联网行业显现的完全是另外的一种秩序。公司在是否

---

〔1〕 参见 https://github. com/996icu/996. ICU/blob/master/blacklist/img/bindo_ com_ 996. jpg，2019 年 12 月 7 日最后访问。

〔2〕 KS 互联网公司合同（应合同当事人要求，KS 为互联网公司的昵称）。

加班的问题上具有决定权，多数情况下员工没有任何参与权。具体程序一般由公司的决策机构商议确定，或者由相关项目组负责人讨论决定。不同于《劳动法》第 41 条的规定，鲜有征求劳动者和工会意见的情形，也不曾征求劳动行政部门的许可。

对于新招聘入职的员工，他们更没有发言权。很多公司在招聘时会将 996 作为谈判的基本条件，想要找到工作必须以接受加班为条件。比如据称是北京快陪练（隶属于北京未来橙网络科技有限公司）的 HR 在招聘时，就对应试者说：[1]

我们这里是 996 节奏　您能接受么？

例外仅存在于个别情形，在制定加班制度时征求了劳动者的意见，最终取消了加班制度。以北京必胜课教育科技有限公司为例，该公司于 2019 年 4 月 10 日的文件显示：

原计划 4 月 1 日起试行的每周单休制度，考虑员工有些建议和想法，公司领导经研究，决定尊重员工想法，取消该制度，按国家规定双休，每周工作不超过 40 小时；因 4 月初第一个周末为清明节放假，目前该制度并没有开始正式执行。

本公司尊重劳动法规定，考虑到员工的身心健康，经过慎重考虑，自愿行为的加班不再鼓励，且加班必须通过申请后方可执行，加班费用按国家规定执行。

但绝大多数互联网公司的劳动者和工会在加班市场中没有参与权，在加班规范的制定上呈现出资方强势而劳方无条件服从的强弱局面。

四、加班规范的实施

实践中，互联网的加班制度得以有效的实施。加班制度的实施可以分成两个方面：一是员工的守法；二是企业的监督和对劳动纪

---

〔1〕　参见 https://ae01.alicdn.com/kf/HTB1mNAXQbPpK1RjSZFF7615PpXaI.png，2019年 12 月 7 日最后访问。

律的有效执行。

1. 员工的守法

加班制度得以有效实施，最根本的原因是员工对该项秩序的遵守。加班的习惯法巧妙地运用了员工微妙的心理，使得这套秩序无须公司特殊维持便可自行、有效地维持均衡。

根据员工的自愿与否，员工遵守习惯法可以分为自愿遵守和强迫遵守两种类型，前者是员工因为各种原因主动选择遵守加班规范，后者是受制于外部环境所迫而遵守加班规范，每种类型均有不同的原因。

对自愿的因素来说：第一，员工守法是因为互联网行业高强度劳动下的高薪水，即加班能够带来利益，让员工心服口服。在采访钱某的过程中，他告诉以他的文凭（普通一本）不可能在其他行业获得像互联网公司一样的薪水，拿高薪自然就应当更多付出。[1]"你快乐过生活，我拼命去生存"，当代社会的生活压力使得更高经济收入格外具有吸引力。第二，互联网行业以年轻人居多，互联网公司员工普遍年龄在 35 岁以下，而这一代人在教育阶段就受到晚自习教育，夜间精力旺盛，无须担心身体问题，早上难以早起，互联网公司这种模式更适合年轻人。[2]互联网公司的年轻人相当多没有家庭，对他们来说下班后还不如在公司有意思，因此相当多年轻人自愿加班。第三，加班源自对企业文化的认同。举例而言，马云就曾多次为"996"代言，他曾说："阿里巴巴从来也都提倡，认真生活，快乐工作！但是年轻人自己要明白，幸福是奋斗出来的！不为996辩护，但向奋斗者致敬！"奋斗的企业文化凝聚起一批认可奋斗价值而奋斗的年轻人，他们相信加班就是奋斗，认可规范本身的价值。

从消极意义上讲，迫于工作压力、情面压力是主要的原因。在工作压力上，管理者倾向于按照加班时长的任务量给员工布置任务，因此不加班难以完成全部任务；同时将重要会议安排在晚上，如果

---

〔1〕 钱某访谈记录，2019 年 12 月 8 日。
〔2〕 钱某访谈视频，2019 年 12 月 15 日。

不加班就难以参加会议，这些都给员工造成了工作的压力。在情面上，周围同事都在加班，甚至领导也在加班，如果自己先走就会给自己造成巨大的社会压力。根据 BOSS 直聘《2019 职场人加班现状调查报告》显示，41.6% 的职场人因为工作没有完成而加班，25.4% 的职场人因为大家都没走不好意思先走而加班；17.3% 的职场人因为老板还没走、不敢先走而加班。另一个重要的原因惧怕不按规定加班遭受到不利后果，特别是在就业形势不景气而导致探底竞争的情况下，谁不加班谁就会被淘汰。在钱某的采访中，他向我举了一个例子：

> 我认识一个同事，他刚来的时候头发非常浓密（给我看照片），才几年后顶部的头发都没有了，得从两边把头发拉过来。他也考虑过要不要辞职，这样以后就不用再加班了。但是考虑到自己的年龄和经济形势，找工作不好找，和最近刚把妻子和两个孩子接到北京来，他不得不放弃。

在积极和消极两方面因素下，虽然员工屡有怨言，加班规范总体得到了较好的遵守。

2. 加班规范的监督

公司会对员工是否遵守加班规范进行监督。现在打卡技术手段先进，监督员工"按时"上下班并非难事。就算对采用"灵活"工作制的互联网公司，虽然加班没有申请制度，也有打卡制度。员工何时上下班，人力资源部门能够做到绝对的控制。

对于个别违反加班规范的处罚措施，根据情节轻重存在多种处罚措施。对违反情节较轻的，领导谈话，即为通过颜面压力和任务量压力责令改正。情节稍重的，则会扣除效绩或者薪水；情节更为严重的，则会采取换岗的形式；情节最重的，则会被辞退。这些规定在互联网中得到了严格的执行。

渠某给我讲了她自己的例子。她刚到某网约车平台工作的初期曾经多次早走，但是情况并不严重。她的主管后来找她谈话，问她原因是什么，主管说："大家平时工作都很多，到深夜也没完成，你完成这么快是不是分配给你的工作太少了？"她觉得特别不好意思，觉得自己不守规矩，从此之后再也没有早走过。[1]

腾讯网"职场直升机"讲述了一个有趣的小故事：某个互联网公司接了一个项目，所有员工都在加班，只有两个程序员没有加班，被领导发现，领导在单位群里发怒："今天晚间没来加班的，是不是没有任务啊？那么既然这样的话，本周六全体加班，周日全体加班，直到小程序名片完成为止，不来的自动离职吧。自今日起，所有请假的一律不批，直达[2]小程序名片完成为止，今后周五不加班者，一律交辞职报告。"该位领导实际上在警告没有正常加班的技术员工。

3. 不适应员工主动退出

不适应加班工作的员工往往不需要公司出面要求离职，他们会因各种原因逃离公司的加班文化。根据同花顺财经报道，2019 年上半年互联网公司的整体离职率为全国各行业最高，达到 13.3%。[3]以今日头条为例，知乎上主题为《你为什么从今日头条离职》共计 131 个答案，加班问题是从今日头条离职的重要原因。[4]得赞最多的一名用户说道，"但是加班是无止境的，因为工作永远做不完。ddl 一个接着一个，没有喘息的功夫……做不完，做不会，我是个废物。被 leader 反复提醒我比别人差得太多但是我还不够努力不用心"，在这样的压力下，这位用户选择离职。[5]员工主动离职使得加班规范能够得到自行的监督。对公司来说，这也是一个最好的结果，因为公司可以免去解除劳动合同所支付的经济补偿。

综上所述，通过对员工心理的准确拿捏和适当监督、对员工适当的监督和惩戒以及不适应员工的主动离职，互联网高强度加班的生态得到了稳定的维持。

---

〔1〕 渠某访谈记录，2019 年 11 月 23 日。

〔2〕 笔者注：此处应该是笔误，应为"直到"。

〔3〕 参见 https://baijiahao.baidu.com/s? id＝1653267026966551430&wfr＝spider&for＝pc，2019 年 11 月 7 日最后访问。

〔4〕 参见 https://www.zhihu.com/question/24598839，2019 年 11 月 7 日最后访问。

〔5〕 参见 https://www.zhihu.com/question/24598839，2019 年 11 月 7 日最后访问。

五、加班规范的善恶之辩与国家所起的作用

互联网行业就加班已经形成了全面的制度，但目前的习惯法是否是善法？目前国家采取了较为宽松的态度，未来国家是否应当以积极的态度介入，应当如何介入？这些问题都值得进一步思考。

善法、恶法的判断并非易事。一个难处是，法拥有多重价值，秩序、公平、正义、自由、效率均是法律价值，每种价值都可以作为独立的判断标准，价值冲突不可避免。二是结果正义和过程正义之辩难解。

为避免陷入多元价值的辩论，在可能存在冲突时提出本文判断的最终标准是必要的。本文认为判断一个法是善法还是恶法，本质应当判断该法的结果是否有利于发展。第一，发展意味着该法有助于未来整体福利的提高，长期是一个帕累托改进的过程，即至少能够保证没有人会为发展而福利受损。第二，发展是一个全面的概念。在发展的早期，学界和实务中均将发展和经济增长等同，但这不是发展的全部过程；发展包括经济增长、贫富差距缩小、科技进步、文化改善、生活质量提高以及公平、公正得到改善等多个维度。第三，在众多维度中，现代经济增长是经济发展的核心，现代经济增长是"持续的技术创新、产业升级和多样化的过程，也是一个各类基础设施和制度安排不断改善的过程"。只有创造财富的能力更多，财富才会更多；只有社会财富更多，所有人的生活水平才得以改善：即便财富最少的人，他们所拥有的资源也要比过去多很多。

有学者主张以休息权的视角切入分析，[1]笔者总体上认同休息权的思路，只是休息权的思路应当与经济发展结合起来。保证劳动者的休息权是经济发展的基础和长期发展的动力，所以两者一般是一致的；[2]但休息权又是一个与发展阶段有关的概念，因此休息权

---

[1] 班小辉："反思'996'工作制：我国工作时间基准的强制性与弹性化问题"，载《时代法学》2019年第6期。

[2] 适当的休息是经济增长的一个促进因素。第一，休息时间能够促进消费，带动消费的提升；第二，休闲的时间有助于劳动力的长久维持，促进人力资本的健康发展；第三，"闲暇出智慧"，休息和闲暇时创新的促进因素。

可能与发展产生冲突：一方面对居住在亚非拉等没有工业化国家的人们来说，休息权等同于痴人说梦；[1]另一方面，对已经建立休息权制度的国家来说，休息权的内涵和外延具有波动性，甚至对休息权概念本身都存在争议。

讨论互联网加班，应当置于技术发展的大背景下。如果将劳动者所有的时间安排区分为工作时间、家庭生产时间、人力资本投资时间和娱乐时间，技术的先进使得生产效率提升，在减少整体工作量的同时，也在降低劳动者家庭生产时间、人力资本投资时间和娱乐时间的成本。网络购物、外卖行业产生降低消费者家庭生产的时间需求、网络游戏降低消费者娱乐的场所和时间需求。新技术及应用的出现使得消费者长期劳动，并且在长期劳动中缓和劳资关系成为可能。

1. 互联网加班规范中的合理性

互联网行业的基础和现状很大程度决定了互联网行业的加班秩序。行业高度市场化，竞争充分，进入壁垒较低。根据市场需求的不同，难免存在工作时长的波动，在客户多的时候任务量大，加班比较急；客户少的时候任务量轻，加班不严重也是自然之理。软件服务业随时可能存在需要修改的问题代码，需要随时面对客户反馈，因此互联网公司所主张的"灵活工作制"对应对行业随时的变化是必要的。设想某天晚上，如果淘宝的服务器崩溃，势必会造成大量用户不满甚至流失，导致企业丧失竞争优势。

直接面对市场的是以研发部门为核心的技术部门，加班最严重的正是各类技术人员，以及为技术人员加班所服务的必要人员。除此之外，大量行政人员、财务人员和专利人员等，他们无须直面市场，适合于朝九晚五的工作模式。这两类人员在薪水上也存在较大差异，技术人员薪水远高于后者。因此像 Ximmerse 一样的公司区分两类人员的做法是合理的。

如果加班是一种合理的现象，为加班人员进行服务、考核员工

---

〔1〕 蓝寿荣："休息何以成为权利——劳动者休息权的属性与价值探析"，载《法学评论》2014 年第 4 期。笔者对该文观点持保留态度。

是否进行必要的加班也是必要的措施。员工加班至深夜,如何打车回家、如何用餐都是影响员工工作效率、员工人身安全的问题,互联网公司理应对员工提供便利条件。如果加班至深夜凌晨,为员工安排合理的调休是必要的,从工作效率讲,无法期待员工第二天保持高工作效率;从员工休息权的角度讲,无法保证员工的身体健康和休息权。如果员工负担加班的任务使员工的权利义务和公司的权利义务不平衡,公司加班保障的义务使得劳资双方的天平朝向在平衡移动。回应员工基本诉求,不仅有助于保障员工权益,也有助于员工精力恢复和提升工作效率。

2. 互联网加班规范中的畸形问题

即便如此,不同公司的加班规范也存在大量不合理之处,包括加班规范的工作制化、加班规范的普遍化、加班规范制定中的员工参与问题。

加班规范工作制化,很多互联网公司不论是否赶项目,无论是否有任务需求,一律工作时间为"996"。工作制化的加班规范无论对劳动者个人还是对整个行业、社会经济都有长期损害。对劳动者个人来说,工作制化的加班伤害劳动者身体,挤压劳动者提升劳动技能、生活休闲的时间。长期看,劳动者身体健康普遍受损影响整个经济体赖以发展的人力资本的素质;劳动者生活时间被挤压,会造成各种社会问题,比如劳动者无法提升劳动技能导致的结构性失业,休闲时间减少导致思维活跃程度降低,进而影响整个经济体中的创新。工作制化的"996"对创新的负面作用体现在两个方面:一是不利于中国的互联网公司吸引最顶尖的国际人才。高教育水平的业界顶级人才若非环境所迫,更愿意选择有助于自身价值充分发挥的环境,更为自由的环境更有助于个人价值的实现。当然,像谷歌一样的灵活工作制需要更为科学的管理方式支撑。二是压制公司既有员工创新的活力。马克思曾说,"自由时间,可以支配的时间,就是财富本身",[1]充足的空闲时间是创造性思维和思辨的必要条件。

---

〔1〕 马克思:"以李嘉图理论为依据反对政治经济学家的无产阶级反对派",载 https://www.marxists.org/chinese/marx-engels/26-3/024.htm,2019 年 11 月 4 日最后访问。

所以，谷歌公司会准许所有员工将其工作时间的 20%用于任何除工作之外的任何事情，目的在于鼓励员工充分创新。

很多公司存在加班规范的普遍性问题，即不论何类岗位，一律加班。这种工时制度缺少必要的正当性，也不会为公司带来更高的产出，因此普遍性的加班不合理。

程序上，加班规范缺少员工参与，规范形成在程序上缺少正当性。《劳动法》第 41 条规定，用人单位需要延长工作时间的，应事先与工会和劳动者协商。现代劳动法建立在长期的劳资冲突之上，以家长式的方法保障劳动者在单位延长工时中的参与权，原因在于协调建立健康的劳资关系，保障用人单位对劳动者的过度剥削，进而影响社会的稳定和经济创新发展。然而，实践中互联网公司随意延长劳动时间，劳动者几乎没有任何参与的权利。当然，并非所有的加班规范都需要协商，任务紧急下的临时性加班，由于协商成本过高，单位可以不与劳动者协商。但是对于长期加班，不确保劳动者的参与权，使得劳动者完全处于被支配的状态，扭曲劳动法的应有之意，笔者担心数十年后，劳资双方的矛盾是否又会回到劳动法制定之前的那个时代，这种结果是长期稳定发展所不愿意看到的。

为何劳动时间的畸形会存在？本文认为，这其中既有经济发展阶段性的原因，也有中国劳动法产生历史的缘故。从经济发展阶段讲，我国整体处在产业链的较低端。互联网行业中，关键性、进入壁垒高的行业，比如操作系统、硬件设施，我国的产业处于劣势地位；而对广大的平台企业本身进入成本低、企业边际巨大、竞争边界模糊，按照业内人士的话语为"互联网行业有种天生的不安全感"，因此企业努力降低人力资本成本。在劳动法产生历史缘故的层面，西方劳动法的产生经历了漫长的劳资斗争，而我国改革开放以来经济发展迅速的背景下，劳资矛盾虽然存在，但始终没能够形成足够巨大的影响力。劳动者缺少维权意识，地方政府为了经济效绩消极执法，加之经济形势变化，劳动力市场出现探底竞争，导致互联网行业加班时长的畸形。

3. 国家在加班习惯规范中所起的作用

尽管互联网行业的加班制度与劳动法相违背，但无论执法部门还是司法部门，都对互联网公司的加班采取了默许的态度。劳动执法机构曾高调介入调查有赞公司"996"事件，但最终的调查结论是有赞公司没有执行"996 工作制"，[1]此后执法机构再也没有介入调查的案件。司法的情况类似，在裁判文书网输入"996 工作制"三个关键字，仅能得到三个案件。三个案件分别是祝君华、蚂蚁金服（杭州）劳动争议案，郑文涛与杭州素劳动争议案和塞纳德公司与赵一娥劳动争议案。根据《关于审理劳动争议案件适用法律若干问题的解释（三）》第 9 条："劳动者主张加班费的，应当就加班事实的存在承担举证责任。但劳动者有证据证明用人单位掌握加班事实存在的证据，用人单位不提供的，由用人单位承担不利后果。"这三个案件均以劳动者诉求加班费败诉而结束，败诉的原因均在于证据难以取得。至于用人单位掌握的加班事实存在的证据，最主要的是考勤记录和加班申请记录。在跟钱某访谈时，他告诉我们他不知道自己公司还存在加班申请一说，可想而知法院查明的法律真实和客观真实会存在出入。[2]如何证明加班，如何证明不是员工出于自愿加班限制了国家对互联网加班秩序的干涉，导致"996"现象的普遍化。

国家对互联网冷淡处理不宜作为长久之计，为了整个行业的长远发展必须对该行业现状予以规制。根据既有的研究事实，本文提出三点建议：

首先，两类加班应当有所区分，一类是由于任务紧急而进行的灵活式的加班，另一类是工作制式制度化的加班制度。前者是互联网公司根据紧急任务、市场需求做出的正常反应，呈现临时性特征，不需要国家干预；而制度化的加班才会对劳动者及整个经济体系造成破坏，需要国家的介入。制度性的加班通常无法通过市场机制自

[1] "遭官媒狠批违反劳动法的有赞立案调查结果有了：没有执行'996 工作制'"，载 http://dy.163.com/v2/article/detail/EBCBA4K10518PUEJ.html，2019 年 11 月 4 日最后访问。

[2] 钱某访谈记录，2019 年 11 月 23 日。

行修正，在一个竞争充分的市场上，如果一家公司采用制度性的加班制度、降低劳动力使用成本，其他公司会竞相追随，否则就会陷入竞争劣势，市场均衡的结果通常是均采用加班制度。对于前者，当前《劳动法》第41条的规定不够灵活，无法适应快速的互联网行业；对于后者，劳动法的实施不够严格，无法有效遏制工作制式的加班风气。

其次，国家在保障员工加班待遇上可有所作为。对合理加班的情况，国家可通过立法的形式确认公司拥有保障员工安全、提供员工餐饮和车费服务的义务。对加班至凌晨深夜的情形，劳动法可以确立调休制度，合理保证员工的休息权利。

最后，劳动法如何能够有效实施。当前劳动法中关于工作时间的国家实施依靠行政执法和司法诉讼。其中，行政执法并不是有效的实施路径，员工的经济利益与互联网企业紧密捆绑，且加班制度形式灵活多样，很难找到企业实施工作制化加班的确凿证据。行政执法也受制于地方经济绩效等考虑，不敢展开拳脚进行执法。在我国工人组织不活跃的情况下，司法实施是相较行政执法更有效的方式，这类救济一般发生在劳动者离开公司之后，员工和企业的经济利益不再捆绑，而且劳动者曾在企业监督管理之下工作，更可能掌握自身加班的证据。而在救济上，《劳动法》第90条规定："用人单位违反本法规定，延长劳动者工作时间的，由劳动行政部门给予警告，责令改正，并可以处以罚款。"警告和责令改正均难以产生实效，因为劳动执法机构无法克服监督问题。行政执法中的罚款和民事诉讼、劳动仲裁中的加班费、赔偿金是最有效、最可执行的方式。

综上所述，互联网行业国家的介入确有必要，但也应注意介入的方式和介入的程度。建议未来劳动法修法或者行业劳动规范制定中，应当区分工作制化的加班和临时性的加班，落实劳动者加班保护机制，并且更加支持和鼓励劳动诉讼、增加工作制化加班的赔偿机制，实现对互联网行业的良性监管。

六、结语

作为互联网的时代产物，互联网行业广泛的加班现状有技术、社会、市场、心理等多方面的存在基础。加班原本是为了适应行业发展的需要而对固定工作时间予以调整，但是却呈现出工作制化的畸形形态，有恶性竞争的趋势，这于经济、社会的长期发展不利。

对待广泛存在的加班习惯规范，不能全盘支持也不能全盘反对。互联网行业是一个新兴行业，而《劳动法》自 1994 年制定至今，尚未经历大型修改，在工时制度上显得有些僵硬，在工时制度上应当吸取灵活工作制的经验。但另一方面，工作制性质加班、加班程序上缺少员工参与，有损劳动者权益、不利于经济长期健康发展，随着劳动者意识的觉醒和更为科学、有效的劳动法完善，这一习惯规范也将逐渐淡出历史舞台。

现代公司的员工行为规范：制度安排与实践运作
——以海尔集团为对象

瑞　溪

一、引言

公司为现代城市中适应市场经济社会化大生产的需要而形成的一种企业组织形式，包括有限责任公司和股份有限公司。公司是我国市场经济的主体，具有治理结构完善、财产权清晰、存续时间长、稳定性高、企业规模较大、管理水平较高等特点。

为了正常开展生产经营活动，公司依法制订了章程等规范制度，对公司的人、财、物等进行全面管理。其中，员工行为规范为重要的公司规范，在保护员工权益、优化管理程序、促进公司发展方面起着重要的作用。海尔集团也有全面的公司员工行为规范。

作为一家全球领先的美好生活解决方案服务商，海尔集团创立于1984年。在持续创业创新过程中，海尔集团始终坚持"人的价值第一"的发展主线。海尔集团始终以用户体验为中心，踏准时代的节拍，从资不抵债、濒临倒闭的集体小厂发展成为引领物联网时代的生态系统，成为 BrandZ 全球百强品牌中第一个且唯一一个物联网生态品牌。2018年，海尔集团全球营业额达2661亿元，同比增长10%；全球利税总额突破331亿元，同比增长10%；生态收入达151亿元，同比增长75%。海尔已成功孵化上市公司4家，独角兽企业2

家，准独角兽及瞪羚企业 12 家，在全球设立 10 个研发中心、25 个工业园、122 个制造中心，拥有海尔、卡萨帝、统帅、美国 GE Appliances、新西兰 Fisher&Paykel、日本 AQUA、意大利 Candy 等智能家电品牌；日日顺、盈康一生、卡奥斯 COSMOPlat 等服务品牌；海尔兄弟等文化创意品牌。[1]《海尔集团员工行为规范》是海尔所有员工最基本的行为准则，是员工从事各项生产经营活动的基本依据，是海尔人单合一双赢模式成功推进的必要条件，是海尔的"基本法"，是所有海尔人的"高压线"。海尔集团通过公司员工行为规范调整公司与员工的关系，规范员工在公司的行为，帮助每位员工在并联平台的生态圈中真正实现自主经营。

公司员工行为规范为非国家法意义上的习惯法，[2]是当代中国城市习惯法的组成部分。本文以海尔集团为对象，根据对网络上搜集到的材料，对公司员工行为规范进行专门探讨，分析公司员工行为规范的制度安排，讨论公司员工行为规范的实践运作，以拓展习惯法研究的领域，引起学界对此的进一步关注。

二、员工行为规范的制度安排

通常情况下，公司成立后就会制订员工行为规范，并逐渐完善制度。如 1984 年 12 月，海尔公司的前身——青岛电冰箱总厂发布的劳动纪律管理规定中，就列出了 13 条禁止行为，包括工作时间不准睡觉，不准打扑克、下棋、织毛衣、干私活等。[3]作为海尔所有员工最基本的行为准则，2011 年 6 月 1 日发布的《海尔集团员工行为规范（试行版）》规定了海尔公司"抵制"的 105 种员工行为。2013 年 7 月又通过了《海尔集团员工行为规范 V6.0》。2016 年 8 月 19 日，《海尔集团员工行为规范 V10.0》正式发布实施。

---

〔1〕 参见 https://www.haier.com/about_haier/jtjj/？spm=cn.29341_pad.header_abouthaier_20191029.1，2020 年 1 月 20 日最后访问。

〔2〕 本文所指的习惯法为非国家法意义上的习惯法，指独立于国家制定法之外，依据某种社会权威和社会组织，具有一定的强制性的行为规范的总和。参见高其才：《中国习惯法论》（第 3 版），社会科学文献出版社 2018 年版，第 3 页。

〔3〕 参见 http://finance.sina.com.cn/stock/relnews/us/2019-09-08/doc-iicezueu4268 348.shtml，2020 年 2 月 4 日最后访问。

至 2018 年，海尔集团制订的员工行为规范包括《海尔集团员工行为规范 V10.0》《海尔集团员工行为手册 V5.0》《海尔集团员工行为规范违规行为处理办法》《海尔集团反舞弊工作章程》《违规行为即时处理·遗漏流程 V2.0》等，比较全面地规范了员工在企业的行为。

《海尔集团员工行为规范》以风险规避为导向，分不同领域列示倡导的正向行为，明确各领域员工行为应当遵守的原则，对已知的违规行为进行了列示。

《海尔集团员工行为规范（试行版）》规定了海尔公司"抵制"的 105 种员工行为，其中，属于一级违规的员工行为包括代打卡或要求他人代打卡、虚报考勤，将自己的工卡/门卡借给任何其他人员，包括公司内员工和非公司内员工；属于二级违规的行为包括在工作时间打扑克、下棋、干私活，在工作时间浏览与工作无关的网站、下载与工作无关的网络内容、聊天、玩游戏等；三级违规则包括上班时间私自外出就餐，粗心大意不关电脑等办公电器，不锁抽屉、文件柜即下班离去，在墙壁、办公桌上乱涂乱画，随意踩踏桌子、椅子、不爱护办公设施，仪容仪表不符合要求，在用户中造成不良影响等。

按照《海尔集团员工行为规范（试行版）》的规定，若员工出现一级违规行为，海尔集团将毫无补偿地与其解除合同，并对其给公司造成的经济损失保留追究经济和法律责任的权力；若出现二级违规，员工需要对问题还原清楚并被降薪或降职，并且将至少一年内不能升迁，如果重复出现视为一级违规；若出现三级违规，员工需要对问题还原清楚并被警告或通报批评，如果重复出现视为二级违规。[1]

作为海尔所有员工最基本的行为准则，《海尔集团员工行为规范 V10.0》包括十九部分，具体内容为：

---

〔1〕 参见 https://max.book118.com/html/2018/0308/156393321.shtm，2020 年 2 月 4 日最后访问。

一、CEO致辞，二、目标；三、适用范围；四、人事制度：基本原则、招募、劳动管理规定、员工薪酬与福利、员工培训；五、海尔集团合同管理；六、海尔集团印鉴管理；七、业务规范：原则、订立合同、商业馈赠和招待；八、与消费者的关系：原则、处理规范、广告；九：与合作伙伴的关系：原则、与供应商进行业务、与经销商进行业务；十、与竞争对手的关系：原则、与竞争对手打交道、竞争信息、竞争、禁止性规定；十一、廉洁从业及避免利益冲突：原则廉洁自律规定、避免利益冲突；十二、保密与信息安全制度：原则、保护机密资料、使用和透露机密资料、接受机密资料、处理海尔新闻、内部人员交易、隐私和个人资料保护、档案管理、禁止性规定；十三、诉讼、法律程序及调查：原则、细则、禁止事项；十四、知识产权：原则、细则；十五、安全、健康与环保：原则、职场环境、个人行为、办公室安全、紧急应变、防卫性驾驶、出差旅行；十六、差旅费报销制度：原则、细则；十七、保护企业资产：原则、财务和会计、企业财产的正当管理和使用、禁止的事项、特别注意；十八、奖惩制度：制度说明、纪律、奖励；十九、相互尊重与沟通：原则、员工关系、汇报、举报制度。[1]

总体上看，《海尔集团员工行为规范》包括倡导的行为与抵制的行为两类，倡导的行为包括诚实可信、热忱敬业、主动负责、为用户创造价值等。其中，诚实可信包括遵纪守法、廉洁自律、信息安全、客观公正等；热忱敬业包括工作态度、办公环境、商务礼仪、个人安全等；主动负责包括公司利益、主动担当、团队协作等；最后是为用户创造价值。如廉洁自律部分有3条：①君子爱财，取之有道。美好的生活要靠您勤劳的双手创造，请尊重公司赋予职权，不要利用职务之便做出任何有损公司利益的行为。②公司希望每一个员工都能捍卫住自己的道德底线，不要因对物质的欲望而迷失了自我。③每个人都渴望被公平公正地对待，这样的氛围需要每一个人的共同努力。因此，公司坚决反对任何形式的贪污受贿及行贿行

---

〔1〕 参见http://www.doc88.com/p-4794548458403.html，2020年1月20日最后访问。

为，同时如果您发现以上行为，请及时与公司法务部联系。

而抵制的行为，则有：①诚实可信的负向行为，包括违反法律、徇私舞弊、信息安全、弄虚作假；②热忱敬业的负向行为，包括工作态度、办公环境、商务礼仪、个人安全；③主动负责的负向行为，包括损害公司利益、消极怠工、推诿扯皮、各自为战；④为用户创造价值的负向行为。如工作态度方面，共有 11 条：①在职期间，从事第二职业（兼职、开公司、参股其他业务关联公司）（一级违规）；②在办公场所及工业园内吸烟（二级违规）；③在工作时间喝酒或酒后上岗（二级违规）；④玩忽职守或擅离职守，给企业造成事故或损失（二级违规）；⑤违反工作制度和纪律，拒不服从合理的工作分配（二级违规）；⑥工作时间打扑克、下棋、睡岗、干私活（二级违规）；⑦在办公时间阅读与工作无关的报纸、书籍或办与工作无关的事（三级违规）；⑧工作时间浏览与工作无关的网站、下载与工作无关的内容、聊天、玩游戏等（三级违规）；⑨随意猜忌他人，划小圈子，恶意攻击与诋毁同事，影响他人正常工作或生活（三级违规）；⑩工作时间，擅自在公司推销非本公司产品（三级违规）；⑪上班时间私自外出就餐（三级违规）。[1]

与《海尔集团员工行为规范》配套的是《海尔集团员工行为规范违规行为处理办法》。《海尔集团员工行为规范违规行为处理办法》是为了保障《海尔集团员工行为规范》有效落地，确保行为规范公正执行，共同营造诚信和令行禁止文化。针对员工涉嫌舞弊和重大过失之外的违规行为，按照《海尔集团员工行为规范违规行为处理办法》进行处理。2016 年 3 月的《海尔集团员工行为规范违规行为处理办法》共为六章 19 条，包括第一章目的及适用范围、第二章职责与授权、第三章违规行为确认、申诉与处理流程、第四章违规事件公示流程、第五章违规行为依规处理核查、第六章附则等。这明确规定了员工违法行为规范处理的主体、程序。[2]

〔1〕 参见 https://max.book118.com/html/2018/0328/159030440.shtm，2020 年 2 月 4 日最后访问。

〔2〕 参见 https://max.book118.com/html/2018/0901/6124045112001214.shtm，2020 年 2 月 4 日最后访问。

此外，员工涉嫌舞弊和重大过失之外的违规行为，按照《海尔集团反舞弊工作章程》的规定进行立案、调查、报告和决策，对员工的处理参照《海尔集团员工行为规范》执行，依《违规人员闭环处理流程》执行人员闭环事宜，按照《海尔集团员工行为规范违规行为处理办法》执行违规事件公示。为加强海尔集团的治理，防止舞弊行为的发生，促进平台主和小微主自主承接其经营管理职责，保护集团和全体员工的合法权益，根据《公司法》《企业内部控制基本规范》，结合海尔实际情况，制定了《海尔集团反舞弊工作章程》。《海尔集团反舞弊工作章程》（2016 年版）共七章 32 条，具体内容为第一章总则、第二章适用范围及定义、第三章职责与授权、第四章舞弊案件的举报、调查和报告程序、第五章对人员的保护、第六章处罚和事后跟进、第七章附则。《海尔集团反舞弊工作章程》适用范围包括以下两种情形：①舞弊或者涉嫌舞弊行为，是指海尔集团内、外人员采用欺骗、错报、隐瞒重大信息等违法违规手段，损害或者谋取公司利益，同时可能为个人带来不正当利益的行为。②重大过失和涉嫌重大过失的行为，是指责任人在履行职责或者行使职权过程中，严重不负责任，在其能力范围内能够预见而没有预见或者已经预见却轻信事故不会发生而未采取必要合理措施，从而导致公司利益遭受重大损失的行为。[1]

同时，员工行为手册主要是为了帮助员工了解海尔集团、了解集团的政策，以助于员工有条不紊、卓有成效地工作，更好地发挥员工的才能。这是间接地对员工行为进行规范。《海尔集团员工行为手册 V5.0》的内容共为七篇 23 章，包括第一篇集团简介，具体为第一章集团简介、第二章公司大事记；第二篇员工基本行为规范，具体为第一章日常礼仪、第二章仪表言谈礼仪、第三章礼仪、第四章宴请礼仪、第五章待客礼仪、第六章敬业；第三篇安全生产，具体为第一章集团职业安全健康管理体系、第二章安全消防治安常识、第三章应急事件处理常识培训、第四章劳动防护用品使用要求；第

---

[1] 参见 https://max.book118.com/html/2018/1127/6104002225001232.shtm，2020 年 2 月 4 日最后访问。

四篇劳动管理规定，具体为第一章工作时间和休息休假、第二章员工考勤制度、第三章员工奖惩、第四章员工请假制度、第五章加班；第五篇员工薪酬与福利，具体为第一章薪酬制度、第二章员工福利待遇；第六篇劳动关系，具体为第一章劳动关系；第七篇人力资源开发制度，具体为第一章三工动态转换、第二章员工升迁、第二章员工淘汰；最后为"结束语"和"递交确认及对条款的理解声明"。[1]

《海尔集团员工行为规范》符合我国法律法规，又经过海尔集团及各法人公司职代会讨论通过。这些企业制订的员工行为规范的制度安排较为全面，既有价值理念的引导，又有具体规则的规定；既有实体规范，也有程序规范，系统、详尽地规定了员工的行为规范，为依法依规治理企业提供了依据。

三、员工行为规范的实践运作

员工入职进行培训时，海尔集团将《海尔集团员工行为规范》等作为重要内容进行学习、培训和考核，要求新员工熟悉和知晓。

在企业生产、经营的实践中，海尔集团严格执行员工行为规范的各项制度，严肃处理违反员工行为规范的行为。

如在 2019 年 8 月 27 日，四名员工午餐后未及时返回工作岗位，而是在咖啡厅睡觉，被巡查人员拍照后责令一周内离职。根据海尔集团文件的《关于中午脱岗睡觉的通报》中显示：2019 年 8 月 27 日午餐后，这 4 名员工未及时返回工作岗位，在咖啡厅内睡觉，公司决定 4 人立即散单，而且必须当周内走完离职流程，当日工资由小微主买损。[2]

2019 年 9 月 6 日下午，海尔集团官方微博@海尔发布《关于四名违规员工处理情况的说明》对此事进行回应。

---

〔1〕 参见 https://max.book118.com/html/2019/0128/5220003124002004.shtm，2020 年 2 月 3 日最后访问。

〔2〕 参见 https://www.sohu.com/a/342758113_488692，2020 年 1 月 20 日最后访问。

关于四名违规员工处理情况的说明

近日有媒体报道，海尔员工因午休被解除劳动合同。感谢大家对海尔的关注。现将实际情况说明如下：

1. 所述四名员工并非在休息时间午睡，而是于工作时间在公共接待场所睡觉。

2. 海尔有明确的公司制度和员工行为规范，对工作时做与工作无关的事情有详细规定。

3. 海尔的制度及员工行为规范既符合我国法律法规，又经过海尔集团及各法人公司职代会讨论通过。

4. 公司制度中规定，11：30-13：00之间，员工可自主安排就餐时间。从董事长到每个员工，同一标准，一视同仁。

5. 所述四名员工的行为，违反海尔员工行为规范，属一级违规，按规定应解除劳动合同。

我们欢迎各界朋友的监督。海尔将依法依规治理企业，并给每个员工展现自我价值的平台，让每个人都成为自己的 CEO。同时也希望媒体朋友能够尊重事实，不以讹传讹。

海尔集团人力资源平台
2019 年 9 月 6 日 [1]

事实上，因违反《海尔集团员工行为规范》被海尔集团处理而解除劳动合同的案例并不少见，多名被开除员工还因此将前东家告上法庭，诉求多为不服被开除事由及索要赔偿金。同时，多起案例中，被开除员工质疑，《海尔集团员工行为规范》是否具有法律效力。广东省佛山市顺德区人民法院、山东省章丘市人民法院、山东省青岛市中级人民法院均判决过多宗海尔集团旗下公司员工因代他人打卡，而被公司解除劳动合同的案例，均为海尔公司胜诉。不过，这些案例中，法院大多数时候都支持海尔集团旗下公司根据《海尔

---

〔1〕 参见 http://k.sina.com.cn/article_ 2081474535_ v7c10c7e701900gl73.html？cre = tianyi&mod = pcpager_ tech&loc = 1&r = 9&rfunc = 77&tj = none&tr = 9&from = news&subch = onews，2019 年 9 月 8 日最后访问。

集团员工行为规范》作出的开除决定。[1]

如以山东省青岛市中级人民法院于 2016 年 4 月 18 日公布的一份二审民事判决书为例，该案中，因代他人打卡，一名在海尔集团旗下公司工作 15 年之久的员工被公司开除。被开除员工王某认为该开除违法，并请求法院判令涉事的海尔电冰箱公司支付 5.6 万余元的赔偿金。判决显示，王某败诉。

法院查明，自 1999 年 3 月份起，上诉人王某在被上诉人海尔电冰箱公司工作并签订劳动合同。2013 年 12 月份，海尔冰箱平度制造中心调查发现，王某等四人存在互相代打卡的情况。

根据 2013 年 7 月通过的《海尔集团员工行为规范 V6.0》，替人代打卡或要求他人代打卡，虚报考勤属于一级违规。一级违规的后果是，海尔集团将毫无保留地与涉事员工解除合同，并要求其在最长不超过 2 个工作日内办完离职手续。据此，海尔冰箱平度制造中心宣布解除与王某等四人之间的劳动合同。

王某在一审中诉称，自 1999 年 3 月到海尔电冰箱公司工作，自己认真负责，兢兢业业，虽然期间有要求他人代打卡的行为，但自己当时仍然坚守在工作岗位上，并没有任何的旷工行为，未给海尔电冰箱公司造成任何的经济损失，因此，海尔电冰箱公司以此为由解除合同，显属违法，应根据法律规定承担责任。王某在一审中请求法院确认海尔电冰箱公司解除与自己之间的劳动合同违法，并支付赔偿金等共计 5.6 万余元。

一审败诉后，王某向青岛市中级人民法院提起上诉。青岛市中级人民法院经审理认为，该案中，被上诉人为严肃劳动纪律，根据《海尔集团员工行为规范 V6.0》的相关规定，依法作出解除与上诉人之间的劳动合同并履行正当程序，符合合同法相关规定。故此，二审法院驳回上诉，维持原判。[2]

不过，也有海尔集团按照员工行为规范进行处理而没有被法院

---

〔1〕"海尔员工'午休'被开除背后：员工规范上百条，有人代打卡被开除"，载《南方都市报》2019 年 9 月 8 日。

〔2〕"海尔员工'午休'被开除背后：员工规范上百条，有人代打卡被开除"，载《南方都市报》2019 年 9 月 8 日。

支持的情况。如山东济南市中级人民法院于 2017 年的一则判例中，则鲜有地出现海尔旗下公司败诉的情况。该案例中，涉事女员工因先兆流产等原因向公司请病假，被公司按旷工处理，随后因旷工违反《海尔集团员工行为规范》被开除。该案终审认为，涉事公司应向其支付病假工资和相关经济补偿。

法院查明，因先兆流产等原因，被上诉人卧龙电气章丘海尔电机有限公司员工，上诉人李某萍方曾于 2016 年 10 月 24 日向公司请病假两周，但未获公司批准。公司对其按旷工处理，共扣除工资 800 元。此后，公司以李某萍自 2017 年 3 月 16 日起旷工为由，与李某萍解除劳动关系。李某萍随后提起诉讼，要求公司支付拖欠的工资和经济补偿金等。

该案一审法院未支持李某萍的相关请求。一审法院认为，海尔集团员工行为规范、章丘海尔电机员工管理手册等规定，连续旷工 3 天或年内旷工 5 天视为直接离职，员工在未得到批准的情况下以生病为由擅自休息视为旷工等。

但是李某萍上诉后，二审法院则予以改判，称李某萍于 2016 年 10 月 24 日至 2016 年 10 月 31 日期间因妊娠反应确实需要病休，且其丈夫持医院诊断证明向公司提出了病假申请，卧龙公司以该申请不符合公司内部规定为由不予批准，不符合女职工保护的有关规定精神。因此，二审法院认为，李某萍于 2016 年 10 月因病假未上班，并不存在旷工情形，卧龙公司应根据相关规定支付病假工资 1240 元、经济补偿金 4.5 万余元。[1]

这表明，海尔集团执行员工行为规范、处罚违反员工行为规范的行为必须符合国家法律法规的内容，对员工违规行为的认定不能超越国家法律法规的规定。

但是在不直接违反国家法律的禁止性规范情况下，企业根据员工行为规范对违规行为进行认定和处理，这是合法、合理且有效的，应得到国家司法机关的支持。

---

〔1〕 "海尔员工'午休'被开除背后：员工规范上百条，有人代打卡被开除"，载《南方都市报》2019 年 9 月 8 日。

四、结语

作为现代企业，海尔集团为生产、经营的需要而依法制订员工行为规范，这是企业的自主建章立规行为，有其必要性和合理性，以增强员工的工作责任心、生产积极性和企业的凝聚力。

现代企业制订的员工行为规范通常内容比较全面，涉及各个方面，且约束力较强，员工需要认真遵守。

当然，现代企业制订的员工行为规范不能违反国家法律的规定，符合公序良俗，并且根据企业的情况和特点因地制宜，恰当把握好"度"，做到既符合法理精神又符合人性，在严格中体现人情味。

大型企业纠纷解决的管理制度

——以震宇公司一起管道建设纠纷为对象

章晓蓓

一、引言

企业泛指一切从事生产、流通或者服务活动，以谋取经济利益的经济组织，可分为公司和非公司企业，公司包括依照《公司法》设立的有限责任公司和股份有限公司，非公司企业包括合伙企业、个人独资企业等。据国家统计局颁布的《统计上大中小微型企业划分办法（2017）》，依据企业的从业人员、营业收入、资产总额等指标或替代指标，可将我国的企业划分为大型、中型、小型、微型等四种类型，其中工业的大型企业指从业人员 1000 人以上，营业收入 4 亿元以上的企业。

企业法律事务管理包括合同管理、纠纷解决、制度建设、普法宣传等内容，纠纷解决历来是其核心模块。外部环境方面，国家的法治化进程对市场主体提出更高的依法合规经营要求，内部管理方面，大型企业的纠纷通常涉案金额较大，或易重复发生，须妥善解决，因此，大型企业对纠纷解决的管理日益精细。探究大型企业纠纷解决管理有助于我们更生动细致地了解企业的纠纷解决管理制度，理解其解决纠纷的方式、特点，进而体会法治社会中企业如何守法、用法，以法治为经营护航。

震宇公司[1]是一家从事能源销售的大型企业，是某能源集团的全资子公司。震宇公司的地区分支机构包括大区公司、省公司与地市公司。大区公司是派出机构，执行震宇公司的经营决策和指令，主要搞好区域协调，并对区域内重要的设施及人财物实行统一管理。省公司是省内市场经营管理的决策主体，在本省范围内负责执行总部决策、反馈市场信息、组织经营业务、发展营销网络、开展竞争合作、协调企地关系等。大区公司履行区域统筹职能，但与省公司并非上下级关系。本文主要涉及震宇华东大区公司与安徽分公司，分别简称"华东公司"与"安徽公司"。

管道运输是震宇公司远距离运输产品的主要方式。华东公司负责统筹华东区域管网建设，包括作为发包方组织工程建设项目招投标等。某管道经过安徽境内，须穿越安徽楚江，该段穿越工程即楚江管道特大型定向钻工程，其在整体管道建设项目中简称 A 标。相应地，本文将楚江管道特大型定向钻工程建设纠纷简称为"A 标纠纷"。华东公司经正规招标程序，将 A 标工程以 1500 万元价格发包给河南明越建设工程有限公司（以下简称"明越公司"），并在工程施工合同中约定："未经华东公司同意，明越公司不得将工程分包给第三人。"后，明越公司将该工程违法转包给廊坊延日管道工程技术有限公司（以下简称"延日公司"），转包总价为 900 万元。穿越工程完成后，明越公司未按约定付清工程款，延日公司将华东公司与明越公司作为共同被告诉至法院，要求明越公司支付剩余工程款 429 万元，华东公司在 1500 万元限度内承担连带责任。

二、开庭前准备

（一）落实纠纷解决管理职责

大型企业中纠纷解决管理[2]职责的划分极有意思，我们可以从中观察到大型企业各公司、各部门职权交错的状态，一些科层制的

---

〔1〕 按照学术惯例，本文所涉企业名称与人名均已进行化名处理。

〔2〕 震宇公司内部制度将"纠纷解决管理"职能称为"纠纷管理"，为行文方便，两种表述均会出现。

影子。总的来说，纠纷解决由发案单位负责，若发案单位为地市分公司，且纠纷属重大纠纷，则上升一级，由省公司牵头解决。纠纷解决以法律部门为主导，业务部门辅助。

1. 发案单位与当事人

《安徽公司法律纠纷管理实施细则》（以下简称《纠纷管理实施细则》）1.3 法律纠纷实行发案单位负责制，发案单位是处理法律纠纷的责任主体，承担法律纠纷处理所产生的法律责任和费用，享有通过法律纠纷处理获得的权益。

"发案单位"指纠纷所涉业务的日常主管单位，"当事人"指法律关系中的主体。在震宇公司的组织架构中，大区公司侧重统筹，落实则通常按地域交由各省分公司负责。A 标工程开始建设后的监督等工作均已划归安徽公司，纠纷管理职责随之转移。因此，华东公司是 A 标工程的发包方、法律关系主体，但安徽公司管道部门才是工程业务主办部门、工程建设中的决策主体；华东公司是 A 标纠纷的应诉主体，但安徽公司法律部门才是纠纷归口管理部门。简言之，华东公司是 A 标纠纷当事人，安徽公司则是发案单位，案件由安徽公司负责。这种发案单位与当事人分离的情况，客观上是成员单位林立、层级复杂的大型企业管理所需，体现了法律权利义务在大型企业内部发生实际上的转移。

2. 业务部门与法律部门

视线转移至安徽公司，管道部门是工程业务主办部门，法律部门是纠纷归口管理部门，两者如何划分职责？《纠纷管理实施细则》[1]对此规定如下：

2.1 法律部门是法律纠纷的归口管理部门。

4.1 法律纠纷尚未进入法律程序的，法律部门协助相关部门，提

---

〔1〕《安徽公司法律纠纷管理实施细则》依据上位制度《震宇公司法律纠纷管理办法》制定。大型企业的制度如同国家法律一般，位阶不同则适用范围不同。"下位法服从上位法""特殊法优于普通法"等原则在大型企业制度体系中亦适用。

供法律意见或参与协商；法律纠纷进入法律程序的，由法律部门牵头处理，相关部门积极配合。

4.4.1 一般法律纠纷进入法律程序后，由法律部门负责办理。发生重大法律纠纷，应成立由省公司法律处牵头、相关单位和部门组成的专案工作组。

4.5.1 法律部门负责组织相关单位和部门收集、整理、提供证据。

由此可见，对进入法律程序的纠纷，法律部门牵头解决，管道部门承担收集证据、沟通联络等辅助工作。两者的职能划分是明晰的。

3. 省公司法律部门与地市公司法律部门

我们不妨将镜头拉远，超越 A 标纠纷多观察一些。按引言部分所述，震宇公司在一省之内有省公司与地市公司两级分支机构。如果纠纷发生在地市公司，谁是管理部门？所有案子都归口地市公司法律部门管理吗？《纠纷管理实施细则》以"谁的案件谁负责"为原则进行规定，且再次体现了大型企业的复杂性和科层化：

1.2 法律纠纷由省公司法律处与分公司法律部门实行分类分级管理。

2.2 省公司法律处职责

2.2.1 负责拟定全省系统法律纠纷管理制度，并组织实施。

2.2.2 负责处理省公司为发案单位的法律纠纷。

2.2.3 负责处理分公司为发案单位的重大法律纠纷。

2.2.4 负责全省系统法律纠纷的统计、分析、总结和建立案例库等基础管理工作。

2.2.5 负责检查、考核分公司法律纠纷管理制度贯彻落实情况和法律纠纷处理等工作。

2.3 分公司法律部门职责

2.3.1 贯彻落实法律纠纷管理制度。

2.3.2 负责处理本单位为发案单位的一般法律纠纷（包括分公

司为发案单位并以分公司为当事人的法律纠纷和分公司为发案单位但以省公司或其他相关主体为当事人的法律纠纷)。

2.3.3 负责本单位法律纠纷的统计、分析、总结、上报和建立案例库等基础管理工作。

7.3 发生和处理重大法律纠纷未向省公司法律处报告的,对有关单位和个人给予通报批评。

结合上述 2.2.2、2.2.3 与 2.3.2 条,我们可以将省级与地市级的纠纷分级分类管理概括为如下表格。需要特别说明的是,地市公司为发案单位的重大纠纷,虽然制度规定由省公司法律部门管理,但两级公司均会参与律师选聘、证据搜集、诉讼方案商讨等工作,地市公司对案情和当地情况更为了解,有助于案件办理,并且,律师费、诉讼费等费用由地市公司支付。重大纠纷的划分标准见《纠纷管理实施细则》3.1.1 条。

表 1 省、地两级法律部门的分级分类管理

	省公司为发案单位	地市公司为发案单位
重大纠纷	省公司法律部门管理	省公司法律部门管理
一般纠纷		地市公司法律部门管理

3.1.1 以下法律纠纷为重大法律纠纷:

3.1.1.1 以省公司的上级公司(即震宇公司及其所属能源集团)作为法律纠纷当事人的。

3.1.1.2 一审由高级人民法院受理的。

3.1.1.3 可能引发集体诉讼或系列纠纷的。

3.1.1.4 涉案金额超过 500 万元人民币的。

3.1.1.5 其他涉及公司重大权益的。

健全的制度是清晰划分权责的基础。《纠纷管理实施细则》为判断 A 标纠纷归口部门提供了准确的依据,A 标纠纷由安徽公司法律部门主导解决,安徽公司管道部门对所涉业务部分进行协助,华东公司对所涉司法程序部分进行协助。

（二）诉讼代理人选聘

近年来，企业法律事务管理的工作思路向管理方向转变，法律部门应当成为管理者而非包干一切的解决者。通过将诉讼委托给专职律师，法律部门可以将精力从纠纷解决转向普法宣传、合同审查等方面，从事后救济转向事前预防。在这一潮流影响下，虽然震宇公司的制度对何种纠纷必须聘用律师并无规定，法律部门将案件委托给本部门员工、公司律师[1]或社会专职律师代理均可，但是，除涉案金额小、案情简单、事实清楚且证据充分的案件，法律部门通常会将案件委托给专职律师。A 标纠纷涉案金额达上千万，理所当然需为其选聘律师。

1. 选聘

选聘律师是以法律中介机构[2]资源库（以下简称"资源库"）为基础的，震宇公司已经建立了总部资源库，各省级公司建立了省级资源库。安徽公司资源库中的法律中介机构目前类型较为单一，主要指律师事务所。在讨论 A 标纠纷的代理人选聘前，我们先通过研究《安徽公司法律中介机构管理实施细则》（以下简称《中介机构管理实施细则》）了解安徽公司法律部门对资源库入库、更新、聘用、考评[3]、出库[4]全流程的管理办法。

---

〔1〕 震宇公司的公司律师基本是从本公司法律人员中发展起来的，因此，"本部门员工"包含"公司律师"，但后者享有律师的法定权利。

〔2〕《中介机构管理实施细则》第 1.2 条规定，本细则所称法律中介机构是指提供专项法律服务及常年法律服务的律师事务所等中介机构。

〔3〕 安徽公司及其下属地市公司基本配备常年法律顾问律所，因此，考评分案件与常年法律顾问两种。

〔4〕《中介机构管理实施细则》第 5.2.2 条规定，具有下列情况的法律中介机构，从资源库中删除，3 年内不得重新加入资源库：项目（案件）考评或常年法律顾问考评不合格；在项目或案件处理中发生重大失误造成不利影响；在与震宇公司的案件中担任对方代理人给震宇公司造成不良后果的；存在其他违反本细则的行为。《中介机构管理实施细则》第 5.2.3 条规定，具有下列情况的法律中介机构，永久不得再加入资源库：违法违规、被管理部门处罚；丧失执业资质；违反保密、避免利益冲突、廉洁从业义务；因自身原因对中石化造成重大损失。

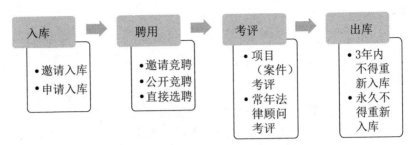

图1　安徽公司法律中介机构管理流程

资源库是跨地市的、全省律所资源共享库。省公司和地市公司法律部门可在资源库中根据案件情况，依照程序聘用律所。若地市公司欲聘用库外律所，须报省公司法律部门同意，并在本次聘用中将律所加入资源库。

聘用方式包括邀请竞聘、公开竞聘和直接选聘[1]三种。前两者类似于招投标中的邀请招标和公开招标。对前两种聘用方式的详细规定体现在安徽公司的上级单位震宇公司的《震宇公司法律中介机构管理办法》中。该制度第4.1.1条规定，邀请竞聘须向3至5家库内中介机构发出邀请。若是经常性发生的案件或项目，可通过邀请竞聘签订框架协议，单一案件发生时，直接与签订框架协议的中介机构签订服务协议。第4.1.2条规定，公开竞聘是根据案件需求，向资源库和社会所有具有相关业务资质能力的中介机构发布公告，进行竞聘。邀请竞聘和公开竞聘的评选应当成立3至5人的评审小组，其中需求部门或单位人员占一半以上，依据团队配备、方案、费用等因素量化评分，分高者聘用。直接选聘则是安徽公司结合实际情况保留的一种聘用方式，若案件涉及保密或不适宜邀请竞聘和公开竞聘的，或参与邀请竞聘和公开竞聘的中介机构数量不足的，经省公司法律处同意后可直接在资源库中选聘法律中介机构。

说到此处，有一个矛盾已经显现：正如招投标是为了保证公平竞争，使得发标方能获得低价优质的商品、服务，或将自身商品、

---

[1]　《中介机构管理实施细则》第4.2条规定，项目若涉及保密或不适宜邀请竞聘和公开竞聘的，或参与邀请竞聘和公开竞聘的中介机构数量不足的，经省公司法律处同意后可直接在资源库中选聘法律中介机构。

服务售出高价，震宇公司设置邀请竞聘与公开竞聘亦是为了规范选聘过程，保护公司利益。安徽公司保留直接选聘的方式，是否违背了上级单位的要求？我们可以从以下方面理解：①公开竞聘与邀请竞聘必须有 3 家以上律所参与方为有效，震宇公司的律师费用开价略低于市场平均水平，地市公司的一般纠纷很可能吸引不到 3 家律所参与；②部分案件或项目涉及商业秘密，不宜向多家律所透露，以免影响在当地的经营；③直接选聘带来的风险有相应制衡机制，即法律部门必须在订立法律服务合同时附上未选择竞聘方式的原因说明，该附件会随合同一道，经七道审核方可通过。仅从近两年看，保留直接选聘这一渠道的益处是大于风险的。

A 标纠纷采用的是直接选聘，原因是该纠纷虽不是"疑难杂案"（案件难度将在后文详细分析），但涉案金额大，法律部门多方打听，不相熟的律师基于涉案金额计算律师费，价格过高。安徽公司的常年法律顾问基于长久以来的合作关系，考虑到案件难度不高，报了一个远低于市场价的价格，且常年顾问律师已代理过类似案件，其服务质量已获得法律部门认可。若组织邀请竞聘或公开竞聘，结果可能是法律部门在一众高价律所中选择了一家价格与市场价相差极大的低价律所。这反而令上级领导怀疑：律师的服务质量有保证吗？贪图便宜是否带来更大风险？如果我们是上级领导，我们会要求按市场价选择律所，以免诉讼败诉时自身承担审批不严之责，但这将带来高昂的律师费。法律部门采用直接选聘方式，避免在上报审批中提及比价，仅将过往律所代理同类案件的成果以及本案难度作为选聘依据，有效避免了上述尴尬局面。

归根结底，直接选聘能实行的原因，是安徽公司在制定对应《震宇公司法律中介机构管理办法》的《安徽公司中介机构管理实施细则》时保留了直接选聘这一道小门。这正是大型企业法律事务管理中的矛盾之处：留下不公平竞争隐患的方便之门，也为获得低价优质服务打开通路。高效与严格管理间的平衡，制度如何在避免徇私舞弊的同时为可靠的长期合作伙伴提供更多机会，都是大型企业管理的必答题。

2. 委托

委托指签订与律所的委托代理合同。签订委托合同须完成两项程序：委托代理合同审批和财务预算审批。委托代理合同审批流程由法律部门在震宇公司合同管理系统中发起。一般而言，发起合同最重要的是合同依据，即选商依据或项目审批材料，表明该合同对应的业务选商过程合规，或该项目按规定经过集体决议。正如上一部分所说，A 标纠纷的委托代理合同的合同依据是一份说明。合同审批从法律部门案件经办人员发起，经合同管理专员、法律部门负责人、财务部门负责人、领导班子中分管法律的领导及分管财务的领导、安徽公司两位负责人共七人[1]同意后，审批方完成。合同管理系统审批完成后，案件经办人员还需在财务系统中发起预算申请。两项审批完成后，经办人员以审批过程为依据申请用公司印章，完成委托代理合同签订。

（三）证据准备与商讨应诉

企业应诉时证据准备通常包括三个渠道：一是诉讼所涉业务的主办部门自身留存的材料，包括合同原件、往来邮件等；二是公司留存的档案材料，包括重大决策的会议记录、上下级公司间的申请与批复、公司对外收发函件、经营场所监控视频等；三是向行政机关或其他机构申请调取资料，如工商档案、申领证照时提交的材料、银行账户流水等。在更为复杂的案件中，法律部门可能会视需求准备证人证言等其他类型的证据。

《纠纷管理实施细则》第 4.5.1 条规定："法律部门负责组织相关单位和部门收集、整理、提供证据。"证据准备由法律部门组织业务部门及律师共同完成。业务部门移交现有材料后，法律部门与律师对材料进行审查与筛选，若有缺失则要求业务部门补充，或直接申请调取。证据准备初步完成后，法律人员与律师会面商讨如何应诉。安徽公司整理的证据如下：

---

[1] 需说明的是，不同类型的合同审批程序不同。通常，审批包括本部门、财务部门、法律部门、前三个部门的分管领导、公司负责人几部分，多则需十数人审批，地市公司上达省公司的合同可能需要二十几人审批。

（1）《楚江管道特大型定向钻工程施工合同》（以下简称《施工合同》），合同主体为震宇公司华东分公司与河南明越建设工程有限公司，工程施工总价款为 1500 万元，该合同第 4.3.2 条款明确约定：未经华东公司同意，明越公司不得将工程分包给第三人。

（2）《楚江管道特大型定向钻工程结算审核报告》（以下简称《结算审核报告》），该报告由某具有工程造价咨询资质的工程管理咨询有限公司出具，上有华东公司、明越公司签章，报告出具时间为 2019 年 6 月 26 日，报告中，A 标工程审定造价为 1900 万元。

（3）华东公司 4 次向明越公司支付工程款的支付凭证。《施工合同》规定工程款支付以工程建设进度为依据。自工程开始建设，华东公司按《施工合同》的规定，分 3 次向明越公司支付工程款 1360 万元。结算审计后，工程价款由 1500 万元变更为 1900 万元，华东公司再次支付 400 万元。即，除质保金和竣工资料保证金 140 万元外，华东公司已按时支付了所有工程款。

（4）明越公司出具的《对账确认函》，确认其与华东公司的施工合同项下没有应当支付但未予支付的合同款项。

基于上述证据和法院送达的其他当事人提交的证据、起诉状、答辩状等，律师认为，首先，依据《建筑法》第 28 条，[1] 明越公司的转包合同因违反强制性规定而无效；其次，依据最高人民法院的司法解释，[2] 在工程已验收合格的前提下，明越公司对延日公司确有支付义务，但华东公司已依据《施工合同》与《结算审核报告》履行了所有工程款支付义务，对明越公司的支付义务无连带责任。总体而言，本案证据充分，于震宇公司较为有利，唯一的不足是《结算审核报告》的出具时间为 2019 年 6 月，晚于原告提起诉讼的时间 2019 年 1 月。

答辩状与证据材料准备完毕后，由于被告是华东公司而非安徽公

---

〔1〕《建筑法》第 28 条规定："禁止承包单位将其承包的全部建筑工程转包给他人，禁止承包单位将其承包的全部建筑工程肢解以后以分包的名义分别转包给他人。"

〔2〕《最高人民法院关于审理建设工程施工合同纠纷案件适用法律问题的解释》第 2 条规定："建设工程施工合同无效，但建设工程经竣工验收合格，承包人请求参照合同约定支付工程价款的，应予支持。"

司，安徽公司法律人员须联系华东公司法律人员协助出具法定代表人身份证明等开庭所需材料，并对拟好的答辩状、委托代理书、证据清单等加盖公司公章。上述材料由华东公司寄至安徽公司，安徽公司检查后寄至法院。在其他主体为震宇公司的案件中，安徽公司须通过公司行政管理系统的工作呈报功能向上提交用印申请，经层层审批方可用印。

三、开庭

案件开庭一般由律师出庭，法律人员陪同并旁听。法律人员必须参与旁听的原因，一是了解开庭情况，归纳争议焦点，发现案件准备中的疏漏之处；二是记录律师的工作情况，以便后续对其进行评价。同时，每次开庭后，律师须撰写开庭情况记录，书面反馈开庭情况。

由于开庭详情与本文主题无直接关联，本文不作详细描述。截至本文定稿时，A 标纠纷已开庭 1 次，延日公司与明越公司就其二者间的工程款支付情况产生较大争议。延日公司同时提出，震宇公司提交的《结算审核报告》出具时间大大晚于原告起诉时间，应当不予采信，要求法庭对工程重新审计。法庭同意这一要求。本案在等待重新审计及第二次开庭。

四、结案

因 A 标纠纷仍未结案，本文将结合纠纷解决管理的制度要求和通常做法对结案阶段的工作进行介绍。

（一）诉讼代理人交接与考评

案件结案后，诉讼代理人须就案件代理情况提交代理总结，同时，按照《中介机构管理实施细则》第 6.2 条规定向震宇公司移交案件完整案卷。[1]按约定，A 标纠纷判决结果不影响代理费金额，代理费已按代理合同约定在合同生效后 30 日内支付完毕。

---

〔1〕《中介机构管理实施细则》第 6.2 条规定，法律部门应要求法律中介机构在完成服务事项之日起 30 日内，提供包括项目（案件）在内的完整案卷。

除代理总结与案卷的交接外，法律部门须按照《中介机构管理实施细则》的如下规定在法律综合管理系统中对代理质量进行案件考评，考评结果直接影响中介机构资源库的机构评价。

5.1 法律中介机构考评分为项目（案件）考评和常年法律顾问考评，均在法律综合管理系统"中介机构"模块中实施。

5.1.1 项目（案件考评）

项目（案件）考评是在法律中介机构完成项目或者纠纷最终结案后一周内，由法律部门会同相关部门对法律中介机构完成项目或案件的情况进行的评价。对于历时较长，服务周期跨越年度的项目（案件），法律部门应于每年 12 月 31 日前对法律中介机构的阶段性服务情况进行评价。

（二）震宇公司内部报告与反思

1. 内部报告

在 A 标纠纷中，纠纷的法律关系当事人是华东公司，因此，安徽公司须就重要事项及时向华东公司报告，包括应诉思路、历次开庭情况、审理结果等。前文提到的律师提交的开庭情况记录与案件总结亦须及时提交给华东公司。通常，震宇公司内部各兄弟单位间按职权行事，互不干涉，华东公司不干预安徽公司对 A 标纠纷的管理。"报告"实为"报备"。若华东公司被判决须承担支付义务，只要案卷记载应对合理、司法解决手段已穷尽，华东公司亦不会再向安徽公司进行内部追责。这与震宇公司的财务制度相关，不必过多介绍。

呼应本文第二部分提到的"省公司法律部门与地市公司法律部门"之间的纠纷管理分工，此处介绍一下省公司与地市公司之间的内部报告规定。地市公司为发案单位的一般纠纷由其自身管理，但须向省公司报告。《纠纷管理实施细则》第 6.1 与 6.2 条规定了按月填报与年度总结的报告制度。省公司法律部门有权就地市公司法律部门纠纷解决管理不当之处要求其改正。

6.1 分公司应按照要求每月填报法律纠纷情况并动态更新。

6.2 分公司应每年 1 月 5 日前向省公司上报上一年度法律纠纷管

理总结。

2. 优化管理

案件的结案并非企业纠纷解决管理的终点。纠纷的出现或揭示管理漏洞，或预示市场风险，因此，纠纷解决是优化企业管理的时机。为汲取教训、总结经验，针对纠纷揭示的管理漏洞，法律部门须将之写入案件总结，呈报上级并与相关业务部门沟通，对漏洞涉及的流程或制度进行完善，对管理岗位人员进行法律培训；针对纠纷预示的市场风险，法律部门须组织业务部门对市场风险进行评估，商定应对策略，针对易重复的、重大的风险还应发布风险提示，按风险涉及范围提示震宇公司内其他公司。优化管理的工作在纠纷发生时即可开展，最迟应在结案时进行。震宇公司对 A 标纠纷的发生虽无法律过错，却有管理过错。明越公司将延日公司的员工与机器设备伪装成自身的员工与机器设备，瞒天过海，但 A 标施工时间长达一年，业务部门一直未发现工程被转包，亦是匪夷所思。评估后，法律部门就该失误对业务部门进行了口头提醒。

五、结语

通过对 A 标纠纷解决的过程的介绍，本文已较为全面地展示了以震宇公司为代表的大型企业的纠纷解决管理制度。A 标纠纷在安徽公司法律处的纠纷解决业务中属于案情简单的类别。案件本身只是介绍管理制度的线索，简单的案件更能将空间留给对制度的介绍和研究。

遗憾的是，作者由于难以获取其他大型企业的纠纷解决管理制度资料，无法开展对比研究，能成为读者了解大型企业的一个案例，本文已是完成了使命。另外，囿于作者从业经验有限，本文仍是以基于制度文件开展介绍性研究为主。国家的法治化进程要求国有企业依法合规经营，有序市场需要企业遵守规则，纠纷解决管理精细化是企业发展的必由之路。

企业法律管理制度是企业过往法律工作经验的总结，是未来法律管理工作的基石，研究企业法律管理制度，有助于我们更好地理解企业如何守法、用法，以法治促进经营。

商业银行的零售授信风险管理制度初探
——基于某商业银行某分行的调查

陆诚捷

一、引言

商业银行在国家社会经济发展中居于重要而特殊的地位，其日常经营活动受到较为严格的国家法律监管。从我国的法律角度看，商业银行不仅是一般意义上的企业法人，基于我国《商业银行法》和《银行业监督管理法》的规定，它由国家特许经营，其成立和日常运营都受到国家银行业监督管理机构的监管。这种监管在对银行内部制度体系的建构运行方面也提出明确的要求，根据我国《商业银行法》第 12 条的相关规定，商业银行设立需要"有健全的组织机构和管理制度"，第 59 条规定，"商业银行应当按照有关规定，制定本行的业务规则，建立、健全本行的风险管理和内部控制制度"。这与普通企业的设立存在一定差异，相较于公司法规定的一般法人企业，制度体系的建立、健全成为银行设立和经营管理的一项重要内容。从国际层面看，2005 年 4 月 29 日，巴塞尔银行监管委员会发布的《合规与银行合规职能指引》明确指出，"银行的活动必须与所适用的法律、监管规定、规则、自律性组织指定的有关准则，以及适用于银行自身业务活动的行为准则相一致"。这一规定不仅要求商业银行的日常经营活动要同外部的法律规则相适用，也要求商业银行的活动要同自身的行为准则相一致，其自身的行为准则即为银行的内部管理制度体系。商业银行的内部管理制度体系在微观层面指导着商业银行的日常经营活动，维持了基层银行机构和人员日常工作的有效运转，形成了商业银行内部的规则之治。

近年来，监管机构披露的各类重大处罚事件也引起了社会的强烈反响，从一定程度上讲，也归因于商业银行内部控制制度的局部失控，这种失控直接引发了实际的经济损失和不良的社会效果，甚至部分事件还影响到了商业银行自身声誉等问题。由于这些问题本身同商业银行内部的规章制度体系及其运营具有直接的联系，因此无论从其整体上的有序运行还是局部情形下的失控来看，通过对商业银行制度体系的描述和剖析，分析其内在运行逻辑对其作出评价，具有一定的研究意义。

本文的调查以国内某全国性股份制商业银行的一级分行为主要对象，该商业银行位于华东某市，管理部门20余个，下属经营机构20家，近年来员工维持在1000余人，内部管理制度健全，组织架构完整，业务经营范围齐全。由于商业银行内部规章制度庞大复杂，无法在本文中全面梳理说明，因此本文以零售授信（授信也称"贷款"）风险管理制度体系及其相关规范为重点进行写作，聚焦于这一主题的原因如下：

第一，商业银行以吸收存款、发放贷款以及开展相关中间业务为主要经营范围，而其中以发放贷款风险系数最高，也最能体现商业银行的专业经营和制度体系建设能力，与其相关的运行管理制度最为复杂和严密。从商业银行的实际经营活动来看，贷款业务的操作涉及的工作人员和部门不但广泛，而且涉及银行核心业务人员，能够突出地体现商业银行的制度建设及其运行状况。

第二，零售授信业务在授信业务体系中相对操作简单的业务，其主要涉及个人或者部分小微型企业的贷款需求，相对于公众易于理解和体会。同时，因其涉及商业银行的核心业务，虽作业模式简单，但流程全面且相关制度体系较其他金融业务而言同样健全，以此作为研究对象同样具有一般性的意义。

第三，从国内商业银行业务的情况来看，部分基层支行或分理处往往不能开展对公授信业务，零售授信业务是所有基层商业银行工作人员能够接触和开展的业务，其覆盖范围更广泛，更能从普遍意义上反映出商业银行基层的制度治理情况。

二、商业银行的零售授信风险管理制度

从商业银行的零售授信业务的作业流程看，从客户申请贷款开始至贷款收回，往往需要经过多个环节的操作，在银行的运行体系下，每个环节均对应着相应的制度，每一环节的参与主体都需要按照相应的制度所明确的规范进行业务操作，其主要涉及的流程及其作业的制度如表1所示，本文将按照此作业流程对制度进行总体性的梳理。

表1　零售授信作业流程环节及其对应的制度体系

顺序	环节	各环节涉及的零售授信风险管理制度及工作基本内容描述
1	申请受理	主要涉及零售授信产品管理制度和风险政策。基层客户经理根据零售授信产品管理办法所规定的准入内容搜集相应的材料，撰写调查报告后上报审查分行审批部门。
2	审查审批	主要涉及零售授信产品管理制度、风险政策、审查审批相关工作程序制度和授权管理的相应制度。评审人员在收到客户经理上报授信材料后，根据产品管理制度的各项标准和审查审批制度的工作流程在授权范围内进行审批作业，一般分为初审和终审两道程序，每道程序均为独立作业，复杂或大额贷款会在初审后终审前加入一个集体决策程序（简称贷审会），对于审批通过的贷款移交签约放款部门。
3	签约放款	主要涉及零售授信放款管理制度。对于审批通过移交至放款部门的授信材料，放款相关岗位会进行客户贷款签约、贷款材料合规性审查、担保手续办理、系统放款操作以及授信材料的归档等流程，最终保障放款工作的顺利完成。

顺序	环节	各环节涉及的零售授信风险管理制度及工作基本内容描述
4	贷后管理	主要涉及零售授信贷后管理制度。对于已经完成放款的授信，贷后管理岗位需要根据制度要求和操作流程对前述各项工作进行后督，如在贷款申请受理、审批、放款和放款后出现合规和风险性问题的，应要求进行整改。
5	贷款收回	主要涉及零售授信的催清收和不良资产管理制度。对于贷款顺利回收的业务终结，如贷款出现逾期或者客户无还款能力，则需要催清收岗位工作人员按照相应制度进行催清收工作，确保损失最小化。
6	问责处分	主要涉及零售贷款违规违纪管理制度。对于在零售授信业务办理过程中检查和发现的各类违规违纪行为，特别是违反上述制度的，分行问责委员会将按照制度进行问责处理，以对行为作出惩罚性评价，以保障前述制度的权威性和运行秩序。

（一）零售授信的产品管理制度

零售授信业务是商业银行的一项常规和核心业务，也是其一项标准化产品，其产品规范非常成熟，各家商业银行具有较为通行的规范。零售授信产品管理办法是基础性的管理办法，从一般意义上规定了商业银行能够从事的零售授信产品，是商业银行业务人员和审批人员需要掌握和熟悉运用的最主要的制度规范，也是商业银行零售条线的工作人员开展业务的指导性制度。

1. 零售授信产品管理制度的分类

零售贷款业务总体上分为两种类型：一类是以个人消费为需求的贷款，简称个人消费贷款；另一类是以个人经营为需求的贷款，简称个人经营性贷款，又称为小微贷款。与此相对应的零售授信产品管理制度大致被分为个人消费贷款制度体系和个人经营性贷款制度体系，这些体系又由具体的授信管理办法组成。

第一，个人消费类贷款产品管理办法制度体系。个人消费类贷款一般是指商业银行向符合条件的自然人发放的用于个人消费用途的贷款业务。按照消费用途的不同，分为个人房屋按揭贷款、个人汽车消费贷款、个人综合消费贷款（旅游、留学等）以及微型贷款。根据这些业务类型的不同，商业银行会制定相应的产品管理办法，其中以个人房屋按揭贷款的产品管理办法最具有综合性和应用的广泛性。

除此以外，商业银行根据重点目标客户的不同，在上述基础上也会制定更为细化的产品管理办法，例如针对教师的园丁贷、针对财务人员的财务贷、针对律师的律政贷、针对医生的天使贷等均会制定相应的管理办法，以利于销售人员和审批人员开展业务营销和审批工作，但就其本质而言，仍然需要符合消费贷款的基础性产品管理办法所设定的条件。

第二，个人经营性贷款产品管理制度体系。个人经营性贷款是指商业银行向符合条件的个体经营者、小微企业或者其股东、实际控制人发放的用于生产、经营活动的授信业务。一般情形下，根据担保的不同，被分为抵押类经营贷款、质押类经营贷款、担保类经营贷款和信用类经营贷款。根据上述不同的分类，商业银行制定了相应的产品管理办法。其中以抵押类经营性贷款应用最广，最具代表意义。目前也成为商业银行个人经营性贷款品类中余额占比最高的一项业务。

除此以外，在不同的经济周期或者商业银行自身战略要求下，在上述基础产品设定的标准之下会推行复杂的授信产品管理制度，例如在抵押类经营贷款基础上叠加信用或者保险的组合贷款等。

2. 零售授信产品管理制度的主要内容

上述零售授信产品管理制度体系庞大且涉及内容较多，各家商业银行在细节方面存在一定差异，本文以调查对象涉及的制度为主，同时主要分析《个人按揭贷款产品管理制度》和《个人经营性抵押贷款产品管理制度》这两项具有代表性的制度，以窥零售授信产品管理制度的基本面貌。

（1）个人房屋按揭贷款产品管理制度的主要内容。

个人房屋按揭贷款一般是指借款人向房地产开发商或者个人购买房屋时，自己先支付一定比例的首付款，在提供商业银行认可担保（一般是所购房屋抵押）的前提下，其余购房款由商业银行支付，并按照约定的方式还本付息的一种贷款业务。房屋一般既包括住房，也包括商铺、写字楼、商住两用房等。从种类上看，分为一手房按揭贷款和二手房按揭贷款。其制度内容主要涉及借款人准入规则、开发商和房屋准入规则、授信要素规则、房屋经纪机构准入和管理规则等方面的内容。

第一，借款人准入条件的规则。借款人申请贷款首先需要满足商业银行对于借款人自身的一系列条件，商业银行审批部门需要借款人提供相应材料，通过各个流程的审核以证明其符合相应条件。

准入条件大致可归为五个方面。一是借款人身份。一般商业银行要求借款人年满 18 周岁且具有完全民事行为能力，商业银行通过身份证明、户籍证明以及婚姻证明来审核确认借款人是否满足上述要求。二是借款人收入证明。商业银行要求借款人具有合法稳定的收入，以确保其具有稳定的还款来源。通常客户需要提供收入证明、企业主则提供收入流水或者企业纳税报表来进行验证。三是借款人购房资格。购房资格同当地政府的相关政策紧密相关，由于政府对于地产的宏观调控政策频繁，购房资格的准入是目前房地产调控的一项重要手段，商业银行通常会根据实时政策来要求客户提供相应证明材料，如社保、房屋套数证明等。四是需要借款人及其配偶的信用记录良好。[1]征信记录方面主要参考借款人近两年的贷款和信用卡逾期情况，同时需要核查借款人工商情况，诉讼情况、案件被执行情况以及可公开查询的其他违法违规记录。五是需要提供购房合同以及首付款证明。[2]在调查对象当地的实践中，需要提供房管局的备案合同以及首付收据或者发票等来证明。六是借款人需要同意将所购房屋抵押给商业银行，签订相应的抵押贷款合同。

---

〔1〕 信用记录查询在商业银行信贷审查体系中也被称为"三查"，即工商、法院及人民银行征信查询。

〔2〕 首付款证明的核查在审批过程中逐步成了极其重要的环节，在 2015 年下半年国内楼市价格快速上涨期间，本文所调查的商业银行也曾被当地金融监管机构查出"首付贷"的问题，即首付资金非自有资金，而是以银行贷款的渠道获得，随后该商业银行遭到了当地金融监管机构的严厉处罚。

第二，按揭楼盘和二手房屋的准入和管理规则。对按揭楼盘和二手房的准入主要是从标的方面确保楼盘本身或者二手房本身不存在巨大的风险，房屋本身作为抵押物，在授信客户出现风险时，能否处置抵押物或者抵押权是否有保障均会影响商业银行自身债权的实现。[1]

针对一手房按揭贷款，商业银行需要对与其合作的开发商及其楼盘进行准入条件的审核，商业银行普遍具有明文规定。开发商层面，一般需要符合以下基本条件[2]：一是需要为"工商行政管理部门批准成立的企业法人"；二是具有固定经营场所，经营管理规范，制度健全；三是"取得建设行政部门办法并经年检合格的《房地产企业开发资质证书》"；四是"财务和信用状况良好，具有一定资金实力，企业本身无银行拖欠贷款"；五是开发商需要具有阶段性担保能力；六是"需要符合当地监管部门对房地产开发商的监管要求，例如没有土地闲置、炒地、捂盘惜售等违规行为"。楼盘层面，在相关手续和监管要求方面需要符合以下条件：一是五证齐全，包含国有土地使用权证、建设用地规划许可证、建设工程规划许可证、建设工程施工许可证、商品房预售或者销售许可证；二是已缴纳土地出让金、土地转让费和其他配套费用；三是自有资金符合当地监管要求等。

针对二手房屋，商业银行在其产权、房龄、出租等情况方面普遍会作出明确规定。一是产权方面。需要产权明晰、具有房屋所有权证明、能够自由上市流通，同时没有租赁纠纷。二是楼龄方面。该商业银行的制度要求"住房楼龄不超过30年"，"商业用房不超过20年"。三是对于已经出租的房屋，需要承租人签署放弃优先购买权声明等。

另外，商业银行对于楼盘和房屋的准入条件方面也具有一些禁止性规定。楼盘方面，对于自有资金不足、具有历史债务、不符合

---

[1] 商业银行开展房屋抵押类贷款时，首先会考虑客户自身收入情况是否具有直接偿债能力，称之为"第一还款来源"，同时会衡量抵押物价值的稳定性和抵押物本身的流动性，抵押物由于是商业银行债权的保障，故也被称为"第二还款来源"。

[2] "基本条件"内容摘引自《某商业银行个人房屋按揭抵押贷款管理办法》。

监管规定、烂尾楼盘不得准入；对于产权式酒店、商场中的商铺、度假村、包租返利等投资性物业持审慎乃至禁止性态度；[1]对于装修价格明显过高的楼盘一般也要求不准入。二手房方面，对于面临城市拆迁、旧城改造、司法冻结、危房、非混砖结构等房屋也不得准入。

第三，房屋按揭贷款的贷款要素及其规定。贷款要素主要涵盖贷款额度（金额）、贷款期限、贷款利率、担保方式、还款方式和放款条件等内容。贷款额度一般为房屋购买价格减去首付金额，首付比例会根据地方政策发生变化。[2]房屋购买价格上，为防范"假按揭"，[3]商业银行会特别关注二手房价格，需要进行第三方（一般为评估公司）或者商业银行内部价格评估以判定其价格公允性。贷款金额的测算一般还需要满足月债务支出与借款人家庭月收入比例一般需要在50%以下。[4]贷款期限则需要根据借款人的信用状况、年龄、抵押物状况进行综合判定，同时不能超过所购房屋的土地剩余使用年限。一般银行还要求借款人年龄加贷款期限不能超过70年。具体而言，按揭贷款期限不超过30年，如为二手房一般楼龄加贷款期限不超过50年，而商用房贷款年限则需满足不超过10年。贷款利率方面，一般采用固定利率和浮动利率两种方式，同时需要符合人民银行和监管机构的相应规定，[5]对于商业用房和高档别墅，一般会要求利率较普通住房有所上浮。在利率调整方面，如遇到人民银行利率调整，一般按照次年1月1日调整的方式进行。担保方式方面，对于一手楼盘，商业银行普遍要求房产抵押外加开发商承

---

〔1〕 为使得制度具有弹性，商业银行对于此类楼盘项目一般不会一刀切持禁止态度，往往也会根据经济形势和客户情况进行判断，而使用审慎或者禁止性态度。

〔2〕 首付比例是政府调控房地产的一项重要措施，对于一般会根据政策要求核查客户是否为首套房、是否有存量贷款记录进行综合衡量。

〔3〕 二手房按揭贷款相较于一手房按揭在商业银行审批贷款过程中会更加慎重，其核心原因是二手房因为市场价格波动较大，同时存在评估问题，如借款人存在恶意借款的情形，往往会虚高评估以贷出更多的金额，此类情况在商业银行称之为"假按揭"。

〔4〕 一般商业银行要求的月收入偿债比标准在50%~55%之间。

〔5〕 利率调控是政府调控房地产的一项重要手段。

担阶段性连带责任保证〔1〕的方式。对于二手房一般为所购房屋抵押方式进行担保。还款方式方面，一般都规定按月付息，具体分为等额本息和等额本金两种还款方式。放款条件方面，一般需要办妥抵押或者开发商阶段性担保后放款。

第四，房屋经纪机构的管理内容和规则。房屋经纪机构是指从事房屋居间代理业务、为商业银行提供客户来源并协助客户办理银行贷款手续的房屋中介机构。由于目前房屋中介机构基于自身利益，存在为客户提供虚假材料或者推介瑕疵房源等问题，因此商业银行会对房屋中介机构出具相应管理规定，一般主要涉及以下内容的规范：一是资质方面，需要为工商行政管理部门批准成立的企业法人，具有明确的组织机构和固定的服务场所，同时具备有权机构审核办法的资质证明；二是资本实力方面，需要财务状况良好，有一定资金实力；三是人员方面，一般需要取得《房地产经纪人执业资格证书》并登记注册的房屋经纪从业人员；四是经营时间方面，一般需要具有一定经营年限。同时，商业银行普遍优先准入全国性或者地方性品牌连锁房屋经纪机构。

（2）个人经营性抵押贷款产品管理制度的主要内容。

个人经营性抵押贷款一般是指商业银行向个体经营者、小微企业及其股东或者实际控制人发放的、以商业银行认可的抵押物作为担保的，向商业银行申请的用于借款人经营、生产的贷款。针对这一产品的管理制度主要涉及借款人准入、担保准入、授信要素和核心风险控制方面的相关规定。

第一，个人经营性贷款的借款人准入规则。借款人主体主要分为个体经营者、小微企业和小微企业股东或者涉及控制人。因此借款主体主要涉及个人和用款企业两类，对其准入条件也分别作出了相应的规定。

---

〔1〕 开发商阶段性连带责任保证：因目前开发商经营过程中均会向银行申请开发贷款，往往相应土地和在建工程已经抵押给银行，一般进行销售时未取得分割产证，借款人在申请商业银行贷款时，开发商尚未办理产权证书，故在借款人没有办妥现房抵押前，开发商需要向银行提供针对贷款人申请金额进行连带责任担保直至现房抵押办妥后免除阶段性担保。对于部分优质楼盘，也可免除开发商阶段性担保。

个人基本条件方面。一是需要为具备完全民事行为能力的中国公民，对于港澳公民，一般规定只能采用抵押方式借款。二是年龄方面一般设有上下限，普遍要求须年满 18 周岁，且一般不超过 65 周岁。三是家庭净资产一般有不低于 50 万元至 100 万元的要求。四是家庭信用记录方面则对于近两年的征信贷款逾期和信用卡逾期具有一定次数和金额限制，但要求方面一般会低于按揭贷款的借款人要求。五是无违规违法记录、无未结案诉讼和被执行记录。六是需要具有行业从业经验，一般不低于 2 年。企业基本条件方面，一是需要成立并且持续经营 1 年以上，生产经营活动合法。二是具有本地区的固定经营场所和营业执照；三是企业信用记录良好，无违规违法记录、未结案诉讼和被执行记录。

商业银行同时会规定准入的负面清单，一般涉及以下几个方面：[1]一是"不得准入歌舞娱乐、桑拿洗浴、网吧酒吧等容易受政策影响的行业"；二是"高耗能、高污染、技术落后和产能过剩的不符合国家产业发展的行业"；三是"生产经营国家明令禁止产品的企业"等。

第二，个人经营性贷款抵押担保的管理规则。抵押贷款的核心关键是借款人资质和抵押物资质，因此商业银行对抵押担保的管理也是其制度的一项重要内容。抵押担保主要涉及三个方面的内容，分别是房产资质、抵押率以及房屋价值的认定管理。房产资质方面，一是要求抵押房屋具有完全产权，能够上市交易且变现能力较强，楼龄不超过 30 年；二是商业用房必须具有良好的商业环境，楼龄不超过 20 年；三是出租房产需要告知承租人并取得承租人声明。抵押率方面，一般都设有上限，授信额度不超过商业银行认可的住宅房产价值的 80%，但普遍要求在 70% 以内；对于商业用房，不超过商业房评估价格的 60%，但普遍要求不超过 50%；而对于部分特别优质的客户，商业银行也会对上述制度约束形成突破，甚至上调到 100%。房屋价值评估方面，一般会有第三方评估公司进行价值评估并出具相应的评估报告，对于部分价格相对稳定和优质的房产，商业银行也会自行进行评估。

---

[1] 负面清单内容引自《某银行小微授信管理办法》。

第三，个人经营性抵押贷款的主要授信要素规定。个人经营性贷款的授信要素一般包括授信种类、授信金额、授信期限、还款方式、授信定价、支付方式和授信用途等内容。授信种类方面，主要包括综合授信和单笔贷款两类。综合授信是指商业银行给予借款人一定的授信额度，在授信期间内，授信额度可以循环使用。单笔贷款是指商业银行给予客户单笔授信，在一定期间内分期还款或者一次性还款，无法循环使用。授信额度方面，商业银行综合考虑客户收入状况、资产负债状况和实际资金使用情况，结合房产抵押价值给予的授信额度，一般会根据商业银行内部数据系统的模型进行测算，同时不得超过抵押担保规定中抵押率的相关要求。授信期限方面，一般为 1 年至 5 年，实践中各家商业银行根据自身情况实行差异化的政策，部分商业银行会延长至 10 年乃至 20 年。还款方式方面，较按揭贷款更为多样化，1 年以内的贷款可以采用按月（季）付息，到期还本、分期还款等方式；1 年以上的贷款，会采用按月（季）等额本息、等额本金以及不规则还款等方式进行。授信定价方面，一般商业银行会根据自身成本情况作出相应的定价管理体系，但同时需要按照人民银行规定的政策进行执行。[1]支付方式方面，主要为借款人自主支付和委托银行受托支付两种方式。受托支付是指商业银行根据借款人的提款申请和委托，将借款人的贷款支付给符合合同约定用途的借款人交易对象。自主支付一般需要符合以下两个条件[2]：一是借款人"交易对象不具备有效使用非现金结算方式"，二是根据银监相关规定，贷款资金用于生产经营并且不超过50 万元。授信用途方面，商业银行作出严格规定，贷款资金"不得用于国家法律法规明确禁止的经营项目和用途，不得用于高风险投资"等。

第四，其他风险控制的相关管理规则。由于经营性贷款不同于

---

〔1〕 个人经营性贷款由于借款人实际用于经营，由于小企业经营本身存在较大风险，商业银行根据高风险高收益的原则，一般情形下定价普遍会高于房屋按揭贷款，但同时基于国家管理部门要求解决民营中小企业的融资贵等问题，普遍需要进行综合衡量后不定期进行价格调整。

〔2〕 摘引自《某银行小微授信管理办法》。

按揭贷款，其用途存在较高的经营风险，因此商业银行在此类贷款管理过程中往往较按揭贷款更为严格，对于客户来源、贷后抵押物的管理等方面一般也会具有相应的规定。例如，一般严格限制从中介渠道引入客户，注重调查客户的第一还款来源，重视客户的现金流调查和资金用途，同时对抵押物需要进行定期核查，对于抵押房屋出现查封和多次抵押的情形要进行预警提示，对于抵押物价值要进行定期评估等。

3. 零售授信产品管理制度的补充性内容：年度风险政策等

商业银行的年度风险政策是商业银行总行在结合年度经济形势的预判、商业银行上一年度风险政策的执行情况、内部业务情况以及战略导向等问题，在综合判断的基础上，为了更为明确地对产品管理制度的内容作出细化要求而推行的一项政策，这一政策可以看作是对商业银行产品管理办法的进一步明确化，其主要内容一般包括三个方面：一是对经济形势的分析和判定，主要是宏观经济形势和零售银行经营的分析。二是在此基础上对新一年的总体管理导向和管理目标作出明确，做好业务结构的调整，例如当年是优先发展经营性贷款还是消费性贷款，如果是发展经营性贷款，具体重点做好哪一类经营性贷款，优先选择抵押抑或优先选择信用等。三是制定具体的授信业务政策，针对上文所述的经营性贷款和消费类贷款，政策中会对于产品制度中较为宽泛或者不明确的部分作出严格和量化的要求。其中第三部分的内容与产品管理制度之间的关系最为直接和紧密。

具体而言，在按揭抵押贷款方面，会针对不同区域的分行提出更为明确的准入要求，比如地产物业类别，在经济下行时期，往往会限制甚至暂停商业用房的按揭贷款，在总行授信额度紧缺时期，会限制甚至暂停住房按揭贷款的审批和发放，在按揭贷款涉及的房屋面积、房产单价区间，准入开发商的具体名单等产品制度中未说明的内容，风险政策也会提出更为明确的要求。在小微经营性贷款方面，会针对存量贷款的管理提出要求，对于行业的准入会进一步进行清单制的明确，对于存量的贷款也会提出相应的压缩、退出等要求，对于新增贷款，会对客户的评级进行量化的要求，抵押贷款则会对抵押率、物业类别进行明确和细化的规定。风险政策作为对商业银行零售授信产品制度的补充，往往影响到商业银行当年的业务方向，相较于产品管理制度，政策更具有直接的效果。

除了风险政策以外，商业银行分行在上述制度和政策涉及的条款仍不明确之处，在分行现实业务状况出现变化之时，也会出台相关的具体指导意见和实施细则，来进一步规范客户经理和审批人员的业务行为，以确保政策制度和规则之内有序运行。

4. 零售授信产品管理制度的特点和功能

（1）零售授信产品管理制度的特点。

第一，专业性。零售授信产品管理制度与商业银行的业务具有紧密关联，其内容涉及零售授信的条件准入、贷款要素以及与其相关的风险控制要求，这些制度要求商业银行零售授信条线的工作人员必须熟知，也是银行工作人员工作准入的基础知识壁垒，上文列举的产品管理制度也仅是其制度体系中较为具有代表性的制度，在当前商业银行业务竞争日益激烈的情形下，商业银行在产品设计方面越来越重视，与此对应的产品管理制度愈加细化和复杂，其专业程度也将越来越高。

第二，法律政策性。商业银行零售授信业务与债权、物权紧密相关，其产品制度的部分条款涉及合同法、物权法、担保法的相关规定。由于零售授信从法律性质上是商业银行与借款人之间的借贷关系，因此贷款之债是合同之债，即贷款人与借款人作为平等主体之间的权利义务关系以借款合同来确定。[1]因此，商业银行在产品制度的设计过程中必须考虑法律问题和法律关系。同时，由于商业银行受到国家各级相关部门的监管，特别是在房地产领域和中小企业领域国家均较为重视其变化发展，因此也势必需要结合国家和地方政府政策进行相应调整，其产品制度所涉及的政策性因素也较为明显。

第三，基础性。商业银行零售授信产品制度在其整个零售授信风险管理制度体系中起到基础性的作用。从规范层面上，作为一般

---

〔1〕 强力：《金融法》，法律出版社 2004 年版，第 164 页。

性的规范，具有很强的法律属性而不容突破，否则会引起相应法律风险和经营风险，造成商业银行的利润损失。从执行层面上，作为产品管理制度其规定的内容在实践中属于最低要求和最低标准，需要每一个商业银行零售授信从业人员熟知并按照相应规定执行。从整个商业银行零售授信风险管理体系上看，产品制度作为后续制度执行的起点存在，任何业务的准入首先需要考量该业务是否能够符合产品管理制度的相应规范和要求。

第四，普遍性。商业银行产品管理制度在商业银行体系内部具有普遍性，这一普遍性主要体现在其具体规定的内容方面，其所涉及的准入条件、贷款要素以及风险管理控制要求为各家商业银行所普遍接受，同时也为外部相关的服务机构所熟悉，属于商业银行内部人员和与其相关的专业人员需要接受的普遍性知识。因此，熟悉掌握上述知识的人员都能够从事零售授信的相关工作。[1]

(2) 零售授信产品管理制度的功能。

零售授信产品管理制度的核心功能是通过在制度设计明确各项标准，实现零售授信业务的风险控制。具体而言，通过设定各类准入条件进行客户筛选，已确认符合标准规范的客户在借贷能力和还款能力方面能够符合商业银行的经营标准，同时通过贷款要素的规范选择设定客户的授信方案来进一步缓释商业银行的经营风险，通过以其他风险管理控制手段作为补充来推进零售授信业务的稳健运行。以上文两项代表性制度为例做如下分析：

在房屋按揭抵押贷款产品制度设计中，由于其贷款动因和用途较为明确即用于购买房屋以实现居住，因此对于贷款人的准入规范仅仅需要符合合同法参与主体的要求并且客户具有还款能力即可。商业银行会更多关注自身业务是否符合国家在房地产政策调控中的要求以及房地产企业自身经营（例如房地产公司未能按期交房、经

---

[1] 产品制度的普遍性不仅仅体现在商业银行内部，在本次调查过程中，笔者也接触到房屋经纪机构和企业零售授信业务的中介机构，这些机构的从业人员同样了解各家商业银行的产品管理制度和相关贷款要素，中介机构在接触客户的同时也会对应相关制度进行客户筛选以选择合适的银行为其提供贷款服务。

营中资金链断裂等问题）带来的批量风险，[1]因此在其制度设计中会更为明确地对房地产企业和楼盘作出准入性规定和禁止性规定。

在个人经营性抵押贷款产品制度设计中，由于借款人申请授信的主要目的是用于经营，民营中小企业和个体工商户经营生产的抗风险能力较低，投资专业度不高，容易盲目，还款风险较大，商业银行为降低自身经营风险，则会严格审核授信申请人的经营能力，因此在其制度设计和规范内容中不仅对其个人也需要对其经营主体进行各方面的审核；同时，商业银行为确保借款人在无还款能力的情形下自身仍无损失，一般会要求借款人进行相应担保，而以抵押担保最具确定性，因此其抵押担保的管理规则极为明确。

商业银行在产品管理制度的设计上，虽然侧重点不同，但就其核心功能而言是确定的，即通过规范化的要求来控制其经营中的核心风险。除了上述核心功能以外，零售授信产品管理制度的主要服务对象为商业银行的业务人员和审查审批人员，由于制度在商业银行内部被公开培训和了解，也就为这一职业群体所熟知，因此业务人员会根据上述标准进行客户筛选和客户营销，审查审批人员则根据产品管理制度进行零售授信业务审批，由此则将商业银行的贷款流程中的申请受理环节和审查审批环节有效衔接起来，确保商业银行业务流程前端两项环节的有效运行，具有规范性的指引作用。

（二）零售授信的审查审批制度

零售授信的审查审批制度主要是为了确保授信产品管理制度得到良好的运行。通过组织结构和人员岗位的设定、职责的明确和决策流程的制定实现和确保授信产品管理制度体系的总体运行，这些内容均在审查审批制度中以文本的形式被明确规定了下来。这些规定使商业银行的授信审批具有操作层面的实践意义。

---

　　〔1〕　房地产行业作为当前中国经济发展的支柱性行业，牵涉国民经济发展。各地政府基于区域的不同情况出台不同的政策，商业银行为房地产企业的运营提供了主要的资金来源，无论是企业拍地、建设还是销售均需要商业银行的参与，因此国家监管部门对于商业银行涉及的房地产金融业务管控极为严格，对于违反调控政策的行为也制定了相应的处罚措施，这就导致商业银行极为关注本领域的政策风险和经营风险，因此其制度设计中对该项内容作出了明确的规范以指导经营机构开展业务。

1. 零售授信审查审批制度的内容

（1）组织架构、岗位设置的制度要求。

零售授信业务的审批一般由分行的专门机构和人员负责，且内部分工和授权极为明确，制度设计严密，分行的机构和岗位设置必须符合商业银行审查审批制度的要求。

第一，审查审批制度的组织架构规定。贷款的审批通常由个人评审部门负责。不同的商业银行部门名称具有差异，通常的名称有零售评审部、零售风险管理部等，其核心功能是开展零售授信的审查审批及相应的管理工作。部门内则会根据职能内容的不同设立不同的管理中心，一般会有综合管理中心、消费贷款审批管理中心、小微贷款审批管理中心等。从制度层面看，商业银行均会在制度中对这一部门的设置予以明确，属于必须设立的部门之一。

第二，审查审批的岗位设置规定。岗位设置一般分为两级，为授信审查岗位（初审岗）和授信审批岗位（终审岗）。评审岗的主要职责为负责单笔零售贷款的审查和零售授信项目[1]的初审。在上述两项工作中初审岗主要负责个人贷款的审查，这构成了日常工作的最主要部分。终审岗的主要职责是负责受责任内个人授信业务的终审、负责上评审会项目或单笔贷款的复审、授信审查工作的指导和监督等。这一岗位一般由部门总经理、副总经理或者部分资深的中心经理来担任。上述职责中，终审岗最为核心的工作是零售授信业务在其授权范围内的审批，即终审。因此，审批岗在行业内一般也被称之为"终审人"。另外，分行分管风险的行长和分行行长作为银行的高级管理人员，一般也具有相应的终审权限。终审的权限对于不同终审人权限具有差异，一般在分行体系内分行行长具有最高权限。同时，商业银行一般还会设置综合岗，并不直接负责业务的审查审批，主要处理业务分配、档案材料整理等综合性工作。

第三，审查审批岗位人员的要求。对于审查审批岗位人员的要

---

[1] 个人授信项目主要是指针对某个项目或某些客户群体是否准入，并不直接涉及客户的风险问题，主要是便于开展某一客群的总体风险管理，如某个按揭楼盘的准入或者某一行业小微客户的准入。

求，按照相关制度的规定，其资格需经总行相关部门审定，以该商业银行为例，其制度明确要求具备下述资格条件[1]：

（一）经济及相关专业本科以上学历，有3年以上银行工作经验，其中授信工作年限不少于2年，必须为银行的正式员工；[2]

（二）较深入地了解个人消费市场情况、熟悉国家消费政策及个人消费贷款规定；熟练掌握个人授信业务制度和相关操作规定；有较强的个人授信业务风险识别和判别能力；

（三）具有良好的敬业精神，有较强的分析问题的能力；

（四）具有良好的沟通能力。

第四，零售授信评审委员会机构的设置。对于部分高风险或者金额较大贷款，为降低单人决策带来的风险，商业银行制度要求采用集体审议的方式进行贷款审查，设立"个人授信评审委员会"（部分商业银行称之为"零售授信评审委员会"）这一专门机构，一般在行业内简称为"评审会"或"贷审会"。评审会组成人员的资格和认定方面，评审会主要由主任委员、委员和候补委员组成。其中，主任委员一般由分行主管风险的分管行长担任，委员一般由评审部门管理人员、审查审批人员以及分行与风险相关的部门总经理担任。候补委员的资格要求同委员一样，但仅在委员不能出席情况下由候补委员依序代替。委员的资格条件同审查审批岗位的相关要求。从委员资格的认定程序上，一般需经分行评审管理部门提议，分行主管行领导审定，总行相关管理部门备案才能生效。

（2）审查审批工作程序的制度要求。

零售授信审查审批的工作程序上，一般分为两类工作方式：简约审议和贷审会审议方式。

第一，简约审议方式的相关规定。简约审议方式是指由评审岗、有权审批岗对个人授信事项进行决策的授信业务审批方式，此类贷

---

[1] 摘引自《某银行个人授信业务审查审批管理办法》。

[2] 相较于业务人员，评审人员一般具有专业的要求，业务人员的准入标准相对宽泛，一般以客户资源为其核心考量标准。

款不需要通过"贷审会"审查。同时往往具有几个特点：一是金额不大，各家银行对于金额的要求不一，经笔者调查，一般个人贷款采用简约审议方式的申请金额在 500 万元以下，部分地区性商业银行甚至更低；二是担保方式较强，一般为房产抵押，好的抵押物会降低银行贷款实际损失，风险抵御能力较强；三是业务模式简单，例如按揭贷款，作为一种标准化产品，此类贷款审批和审查较为简单明了。从工作程序上看，该商业银行的流程规定如下：[1]

①综合员对经营单位上报要审议的项目进行签收、登记、建立项目台账。②评审员独立审查项目，撰写评审报告或审查意见。③按要求将有关材料按顺序送至审批人。④审批人分别审阅授信资料、调查人员意见、审查人员意见，依据授权管理规定，做出贷款决策，出具明确的书面审批意见。⑤审批人对上级审查意见有异议的，应退回上一级，并阐明具体原因，由评审人向上报经营单位落实条件或答复。对于退回的，评审人员须填写业务反馈意见书，并随同相关材料一并返回。上报单位须在收到反馈意见后 10 个工作日内填写业务意见回复书，随相关材料上报，逾期视为自动放弃。⑥审批人审批后的个人授信项目，根据审批意见表内容，由综合员填写审批决议通知书，及时通知上报单位，同时复印留档，原件及其他材料送还报送机构。⑦对于有条件审批通过的项目，由评审员同相关贷后管理人员负责对所提条件的落实情况进行督办并将相关资料归档。⑧综合员将文件包括报送的材料、审查报告、意见书、审批决议通知书等资料专档保存，录入项目审批台账。

第二，贷审会审议方式的规定。对于贷审会工作方式，银行一般会设立专门的《评审委员会工作制度》，本文主要围绕该商业银行评审委员会的工作制度进行分析。贷审会的主要工作内容为审查审批各经营单位上报的复杂或大额的个人单笔授信贷款，也负责审议分行个人授信业务政策制度、业务发展方向、分行重大风险项目救济方案。

制度对其议事方式和规则作出了详细的规定。议事方式分为会

---

[1] 摘引自《某银行个人授信业务审查审批管理办法》。

议方式和非会议方式，原则上采用会议方式进行，除非特别紧急的情况下，经主任委员同意才可以采用非会议方式。会议一般采用每周例会形式，除非经主任委员同意，才可延后或召开临时性会议。议事规则具有较为明确的要求，需要根据申报事项填写记名书面表决票，参与投票的委员不得低于 5 名，通过的事项必须获得应到人数 80%（含）以上的委员同意，计算人数实行四舍五入，同时委员需要明确的表达意见，不设弃权票。在意见不一致的情况下原则上依据多数人的意见，最终由主任委员裁定。最终同意的项目可以报终审人签批，但同时终审人仍然享有否决权。工作程序则类似于审查审批的一般流程。首先需要综合员签收材料、登记后上报评审员，评审员独立审查后出具评审报告或者审查意见，出具业务审议表决票，然后由综合员将表决票、评审报告和相关材料提前分送至评审会委员，如采用会议方式，制度同样规定了一系列具体要求，会议由主任委员或其指定代理人主持，该商业银行的一般流程如下：[1] ①由评审员陈述项目情况并发表意见，必要时可请业务经办人员列席会议，进一步说明情况并接受质询，涉及重大投资项目或复杂贷款，可请专家列会发表意见，提供决策依据；②评审会委员进行讨论，进行投票表决，综合员应完整记录评审会讨论内容，认真填写会议记录表；③议结束后，综合员对投票情况进行统计，填写审批意见表，同时将意见汇总成为审批决议通知书，报终审人签批后生效。如果为非会议方式的，则评审会委员独立表决后由综合员统计即可，后续流程同会议方式。

第三，特殊事项的审批处理的规定。特殊事项的审批处理一般涉及复议、续议和紧急请示三个类型。复议是指经营机构认为审批不合理的可以提起重新审议或者认为否决虽然合理，但条件发生变化，进行补充、完善和解释后可以申请重新审议，称之为复议。为了保证审议的效率，一般具有如下规定：复议事项由基层申请单位提起且只能申请一次，时效不超过 3 个月。同时，复议需按照原审查审批方式进行，做出独立的技术性判断。复议也需要提供一系列材料，包括原授信审批书、复议申请表、复议报告以及相关的其他书面材料。续议是指审查审批人员和评审会委员依据现有信息不足以对授信申请事项做出同意与否的评判时做出的表决意见。如评审会委员做出续议意见时，一般需要提出明确具体的续议要求，例如补充调查和补充资料等。同时要求经营单位在 15 个工作日内补充相应材料，否则审查审批人员有权退回授信材料。紧急请示是指原授信方案获得同意，但部分条件发生修改的情形。审议方式上需要按照评审会会议和简约审议的相关规定和使用范围进行。

2. 零售授信的授权管理制度

商业银行授信审查审批工作的实现方式为授信业务被有权人终审，商业银行总行基于每年业务发展情况的变化以及分行实际风险控制能力，一般会进行年度授权工作。授权工作决定了当年分行可以自行处理和终审的贷款业务范围。授权的对象为分行审查审批人员和高级管理人员，进行年度授权后分行相关人员需严格按照授权管理办法和实施细则的规定，开展风险审批工作。

从零售授信的审批授权情况看，一般会对三类内容进行授权。第一类是总体项目的审批权。涵盖经营性贷款规划项目、住宅和商业楼盘按揭项目、担保机构和担保额度项目、综合消费贷款批量授信项目等。第二类是单个客户的审批权。主要涉及客户的授信业务类型、客户的担保方式、客户的评级情况等，商业银行通过对上述指标进行综合量化，给予分行相关人员当年审批客户、担保方式和金额的最高权限。第三类是特殊情况的审批权。例如客户如发生贷款重组情况下当年的审批权限，包括客户压降金额、展期、第三方重组要求、调整还款方式、脱保、担保方式以及客户债务减免的权限等。

3. 零售授信审查审批制度的特点和功能

（1）零售授信审查审批制度的特点。

零售授信审查审批制度可以看作是零售授信审批部门专属的一项工作制度，其约束和管理对象主要是商业银行的零售评审人员，总体上具有以下特点。

第一，程序性。零售授信审查审批制度不仅仅规定了商业银行审查审批管理部门及其人员的职责，更为重要的是这一制度明确了审查审批的工作程序，通过工作程序的说明和个人职责的明确使得商业银行审查审批工作具有规范性，从而保障了零售授信审查审批工作环节的有序运行。

第二，约束性。审查审批管理制度的核心原则是"贷审分离，分级审批"，通过程序性的制度设计来保障产品管理制度中各项规范得以在审查审批环节得到确认。信贷准入的审核不仅是业务人员办理业务时需要关注的一项工作内容，其审核的最终确认部门是授信审批部门，故审查审批部门在授信业务的办理中由于其在整个业务的权力分配中居于核心地位，因此商业银行需要通过制度设计明确岗位职责要求，通过程序性的规定来形成内部人员的相互制约，通过业务的分级审批和工作制度的合理化促使审批管理人员独立判断客户信息的真实性和风险性，以保证风险的不断过滤。

（2）零售授信审查审批制度的功能。

零售授信审查审批制度就其功能而言主要是通过岗位职责的明确、内部分权机制的确立以及相应的工作程序来保障零售授信产品管理制度的相关规范得以有效运行，从而实现零售授信风险的合理管控。

审查审批制度首先对授权进行了限制和分解，通过明确相关人员的职责使审批人员的授权得到了明确落实，同时通过初审、终审程序的分解（必要时通过贷审会工作程序）使审查审批人员的权力接受程序性的约束，通过"权力的限制"和"权力的分立"[1]保障了审批权的规范行使。另一方面，授信审查审批制度也确保授信产品管理制度获得了最终的运行，业务人员递交相关客户申请资料，通过初审和终审出具审查审批意见，对产品制度的相关准入条件进行了确认，使产品管理制度中的授信要素形成授信方案。因此，审查审批制度就其本质而言是通过对评审人员权力的规范来保障产品管理办法有效实施的一项程序性制度。

---

〔1〕 ［德］马克斯·韦伯：《经济与社会》（第2卷），阎克文译，上海人民出版社2010年版，第793页。

（三）零售授信的放款管理制度

商业银行零售授信申请获得终审后，即进入到放款流程，放款是商业银行贷款资金流出银行账户体系的最后环节，因此商业银行建立了严格的放款管理流程和操作制度。零售授信的放款管理制度包括机构和岗位的设定、授信条件的落实和审查、法律文本的签署和印鉴管理、抵押登记的办理、放款审查、授信发放以及放款后管理等规范性内容。

1. 零售授信放款管理制度的主要内容

（1）放款机构的设置和岗位职责规定。

目前商业银行一般使用集中放款的操作模式，即商业银行的放款管理集中在商业银行分行处理而非下属支行处理，这有助于统一管理控制风险，一般由运营管理部门的放款中心负责。从岗位设置上，主要由面签岗、放款监督岗、验印岗、综合岗、权证管理岗和档案管理岗等职位构成。各岗位之间职责如表 2 所示。[1]

表 2　某商业银行零售授信放款岗位及其职责设定一览

岗位	职责
面签岗	负责见证零售授信借款人合同的柜台当面签署以及合同签署过程的录音录像。
放款监督岗	对零售授信放款资料和法律文本的完整性、合规性和信息的准确性进行审查；对授信要素落实情况、贷款支付方式及用途合规性进行审查；对零售授信额度和拟分拆、移植和调整的法人授信额度进行审查。
验印岗	负责授信客户的预留印鉴的采集、印鉴的录入、验印系统的管理，负责所有合同、协议印鉴的验印，必要时参加法律文本的面签。
综合岗	负责在相关系统录入贷款业务信息，发起放款操作；对印章和资料进行管理，对放款资料进行传递；贷款完成后，登录放款台账，维护信贷系统。

---

〔1〕 表中相关内容摘引自《某商业银行零售授信放款管理办法》。

岗位	职责
权证管理岗	组织办理个人授信业务抵押登记手续、对权证的真实性和有效性进行审核,办理权证出入库手续,建立权证管理台账,监控权证办理情况等。
档案管理岗	负责零售授信业务信贷档案的接受、整理、保管、使用、移交和销毁,建立零售授信档案管理台账。

(2)授信条件的落实和审查规定。

在授信审批结束后,商业银行审批部门的评审人员会将客户的授信资料连同审批意见移交给放款综合岗。综合岗按照制度规定双签接受后移交至放款监督岗。放款监督岗需要根据评审的授信审批要求对授信条件的落实情况和资料的有效性进行审查,一般包括以下几个方面[1]:

①授信审批条件是否完全落实,手续是否完备;

②不能落实的条件是否经过有权人批准;

③授信审批时间是否超过时限要求,超过时限的需要重新审批;

④涉及小微企业的,董事会决议或股东会决议是否有效,决议是否符合公司章程、公司法有关规定;

⑤企业营业执照、贷款卡等是否经过年检;

⑥其他相关资料的有效性。

(3)法律文本的签署和印鉴管理规定。

授信审批通过后,客户需要签署相应的借款合同和担保合同,如以自然人名义借款的,仅需要签署法律文本即可(一般为借款合同和抵押担保合同),如涉及以小微企业抬头借款的,还需要办理印鉴预留手续。

第一,法律文本的签署规定。法律文本的签署具有严格的要求和规定,一般所有法律文本的签署须由商业银行业务人员双人面签,

---

[1] 摘引自《某商业银行零售授信放款管理办法》。

合同印章须业务人员双人面签盖章。面签人员保证签字、盖章过程的真实性。该商业法律文本的签署须遵守以下规定[1]：

所有法律文本须采用总行规定的格式文本并按照要求填写。对于格式合同条款的修改，必须通过总行法律合规部的核准，对于合同中双方约定的条款及格式合同之外的补充协议或合作协议的确定和修改，至少须通过分行法律合规部的核准。

面签人员需核验客户身份证件，确保当事人身份无误。如为小微企业贷款的，须审查工商登记信息，并核对工商登记信息与受信人信息是否一致。

法律文本签订完成后，面签岗人员需要签字确认，承担由于文本签署不实而造成信贷损失的有关责任。

第二，预留印鉴的规定。预留印鉴需要遵守以下规定[2]：

预留印鉴时必须核实营业执照、法人代表身份的真实性，核对签字人身份证，并复印留底；

授信预留印鉴为一枚公章，若干枚私章或签字样本，私章可以是法人印章或被授信人印章。授信合同预留印章统一盖在预留印鉴卡上。

验印岗负责预留印鉴的录入建库、验印系统的相关信息维护工作，要做到及时、准确、真实、有效。

（4）抵押手续的办理规定。

法律文本签署之后，零售抵押贷款必须办理抵押手续，一般由权证管理岗或者客户经理根据物权法和商业银行权证管理办法的规定办理抵押财产的登记和公示手续。

抵押登记和公示手续办妥后，权证办理人员将权证移交给权证管理岗，权证管理岗位办理权证入库手续，并将权证出入库的相关

---

〔1〕 摘引自《某商业银行零售授信放款管理办法》。
〔2〕 摘引自《某商业银行零售授信放款管理办法》。

凭证移交给放款监督岗；如果是一手房按揭贷款，一般在贷款发放后办妥抵押登记手续，权证办理人员办理完毕登记后将该项权证移交给权证管理岗位人员，由该人员办理入库登记手续，并将材料移交给档案管理岗人员归档处理。

（5）放款审查的相关规定。

放款审查是指放款审查岗对放款资料的完整性和合规性进行全面的审查。放款资料包含授信审批资料、法律文本及相关担保资料、授信条件落实及用途资料和各授信品种资料。根据该商业银行要求，放款审查应该重点审查以下内容：

合同、协议等法律文本的合规性，具体包括：各类合同、协议填写是否规范；合同金额、利率、罚息、保证金比例、受托支付方式及受托支付金额填写是否正确，是否与终审意见一致。

审核《借款凭证》是否内容填写完整、齐全，授信要素与授信审批意见要求是否一致，是否有涂改痕迹。

审核抵押物是否办理抵押、公证等手续，是否购买保险，保险的金额、期限、受益人是否符合要求，权证是否已经办妥并入库。

放款凭证是否完备，各审查岗位是否签字，是否经过有权人审批，审查审批意见是否明确等。

同时，放款岗还应该重点审查贷款支付方式、支付对象和支付金额是否符合审批意见和相关管理规定。[1]

（6）授信发放的相关规定。

授信相关资料审查完毕后，放款岗可办理授信发放。首先需要对授信资料的审核进行签字确认，同时进行授信系统审批流程的操作，一般包括发起和复核两个环节，商业银行将此类操作行为称之为"双人经办"。系统审批内容极为全面，主要是对系统录入的借款

---

[1] 根据商业银行监督管理机构的相关规定，小微企业授信50万元以下可以采用自主支付方式，50万元以上应当采用受托支付方式，因此贷款走款比例比重必须达到监管要求。同时，监管机构对于资金用途监管严格，其原因在于确保资金流向合理，因此要求商业银行对交易合同等用途证明材料进行严格审核。

人姓名、项目名称、贷款品种、金额、期限、利率、还款方式、担保人、抵押品信息、支付方式、支付对象和金额等要素进行正确性审核。

完成上述系统审核后，放款岗即进行授信发放，授信相关资料为移交至综合岗，进行放款操作和入账手续的办理，随即完成授信发放。

（7）放款后管理的相关规定。

放款完成后，相关资料应当移交给档案管理员进行归档管理，同时，在审批意见中要求进行贷后监测的，应该按要求传递给风险监测岗，风险监测岗需要建立风险监测贷后台账。如果授信后需要更改授信信息的，例如提前归还、还款账号调整、提前还款，一般需要经营机构提出申请，经过有权人审批同意后，由售后服务支持的相关岗位进行业务操作。

2. 零售授信放款管理制度的特点和功能

零售授信放款管理制度具有鲜明的可操作性，其涉及的各项规定和内容极为细致、规范，对于各个岗位的工作人员具有明确的指导性。在商业银行业务实践中，放款管理部门并不涉及对申请授信客户的实质风险进行判断，更加侧重操作层面的各类材料的完整性、规范性判断，其目标是必须确保各项材料的形式合规，是所有授信管理部门和人员中最具操作意识的人员，也被商业银行内部称为"最死板"的部门。由于放款环节是银行资金流出其账户体系的最终环节，因此这一环节的制度设计程序严格、岗位安排较为细致，往往是专岗操作，作为贷款前的最后一道风险防线，该制度的核心功能是防范操作风险引发的贷款损失。

（四）零售授信的贷后管理制度

零售授信的贷后管理制度也称"后督"制度，一般是指商业银行的零售风险后督管理部门对于机构和人员违反贷款授信合规规定、涉嫌团体欺诈、风险技术应用等行为进行监督和预警，对于重点客户群体进行跟踪监测，以此来促进机构开展贷款业务合规运作、对重大零售授信风险进行及时预警，以促进商业银行零售授信业务良性发展的制度体系。

1. 零售授信贷后管理制度的主要内容

零售授信贷后管理制度主要涉及贷后管理的内容、人员的设置、操作程序以及评价机制等。

（1）零售授信贷后管理的内容安排。

商业银行零售授信贷款审批放款后，贷后管理部门会对申报经营机构的合规操作、审批人员审批规范性以及客户的贷后情况进行进一步的跟踪评价。从类别上看，主要分为机构的合规风险监督和监测、评审人员的合规风险监督和监测以及客户的团体欺诈风险监督和监测。

第一，经营机构的合规贷后管理。经营机构是零售授信业务发起的源头，对其监测的内容包括以下几个方面：一是机构的产品制度和风险政策执行情况的监督；二是对机构行业分布的情况进行监督，对敏感性行业压降、退出进行监督；三是对机构授信类产品的担保组合进行监督，重点针对弱担保产品进行监督；四是对机构的授信类产品的风险溢价进行监督，敦促机构建立科学的定价机制；五是对机构的客户分层情况进行监督，敦促支行提升优质客户比例；等等。

第二，授信评审的合规贷后管理。授信评审的合规管理主要是指对于评审流程和产品制度执行情况的后督管理，一般会对关键内容和重点要素进行监督监测，主要是指：一是对信用瑕疵和工商瑕疵（包括征信瑕疵、失信瑕疵等）客户分行审批通过行为的后督管理；二是存在越权或者分拆授信客户分行审批通过行为的后督管理；三是存在行业不符合客户审批通过行为的后督管理。

第三，客户风险的贷后管理。抵押贷款由于担保物抵押权的确认，客户风险的贷后管理主要集中贷放款后的资金流向和用途方面，一般包括集中关注客户资金的归集挪用和关联交易方面。判定客户资金归集的主要标准为两项：一是归集人向多名被归集客户还本付息行为；二是一人操纵多人账户的行为。关联交易判定标准是利用工商系统对不同借款人在同一公司控股或参股的关联行为进行监测。

除此以外，部分科技化和信息化程度较高的商业银行还会利用数据技术进行后督管理，一般利用大数据系统、风险计量模型等方式进行后督管理，具体标准会纳入相关制度进行规范。

（2）零售授信贷后团队的管理安排。

由于贷后管理是一项具有高度专业化的行为，商业银行会从制度层面设立专门机构（一般称为贷后管理部或者资产监控部），同时对从事人员的任职条件作出相应要求，例如本文所研究的商业银行对贷后任职人员作出如下任职要求：

①具有良好的政治素质和职业道德、事业心强，作风正派，廉洁自律，品行操守方面无不良记录；

②具有与后督管理岗位资格相适应的计量分析、经济金融、风险管理等专业知识；

③具有统计、经济、金融、会计等相关专业本科（含）以上学历；

④熟悉数据计量与分析技术、熟练掌握授信政策、审查审批、贷后管理等相关制度、流程和操作规定，有较强的风险识别和判断能力。

（3）零售授信贷后管理的操作流程。

商业银行贷后管理的操作流程具有一般性。贷后人员在对贷后管理的相关对象进行监测后，需要形成事实描述，判定是否存在风险。对于存在风险的，需要贷后人员形成报告，报告的主要内容有问题描述、形成原因分析，同时制定相关整改措施，形成调查报告，报送贷后管理部门领导，问题严重的，一般还需要上报至分行乃至总行备案。

（4）零售授信贷后管理的评价机制。

对于后督管理的实施效果，贷后管理部门会作出相应评价。一方面会要求涉及的经营机构和个人进行整改，并在商业银行内部考评制度进行考评扣分，最为直接的影响是经营机构及个人的收入薪资。对于情节严重或者整改不到位的，甚至会启动内部问责程序。

2. 零售授信贷后管理制度的特点和功能

零售授信的贷后管理制度的内容较为明确，操作流程相对简单，但对于岗位要求比较高。贷后管理在商业银行内部属于技术性岗位，不仅要求其对于商业银行内外部政策制度较为熟悉，同时由于涉及相关的监测模型，需要对数据计量和分析工具的方法较为熟悉。因此，虽然制度内容较为简单，但涉及知识背景广泛。

贷后管理制度就其功能而言主要涉及两个方面：合规管理的要求和风险监测的要求。贷后管理制度的设计目的一方面是对银行内部前期业务申请、审查审批、放款操作工作的事后监督，另一方面是授信客户贷后款资金使用和贷款目的事实审核，能够从贷款后的情形来分析客户的偿债能力和风险情况。因此，贷后管理制度就其性质而言是通过贷后的监测开展商业银行内部管理风险和外部经营风险判断的一项评价性制度。

（五）零售授信的催清收和不良资产处置管理制度

商业银行对于出现风险的零售贷款，为了确保贷款的回收或者降低损失，一般会对催清收事项作出专门的管理规定。催清收和不良资产处置严格要求在合法合规的前提下进行，一般会对资产质量进行分层分级，对于不同级别的问题资产进行分类分措施清收，同时根据"快速处置、减少损失"[1]的原则完成问题资产的处理。该银行的催清收和不良资产处置管理制度规定了催清收的分类、实施要求、组织和主要流程。

1. 零售授信催清收管理制度的主要内容

（1）催清收和不良资产处置的机构人员。

催清收工作一般由分行专职的清收团队负责，对于情况不同的贷款，商业银行会采用不同的方式实施。对不同的客户根据其情况进行综合评定，分层分级，同时该分层分级并非固定，根据逾期天数的不同、担保方式的不同和客户实际情况的不同会进行调整。不同级别的催缴也对应着不同的要求。

催清收还涉及资产质量的考核问题，由于零售授信业务的主办人员为客户经理，而催清收工作在实践过程中较为复杂且耗费经历，为了避免客户经理将工作时间过多耗费在问题资产的收回上，各家

---

〔1〕 摘引自《某银行催清收和不良资产处置管理办法》。

商业银行一般都会采用专职专业的清收团队进行该项工作。但是对于资产质量的考核，商业银行仍然作用于客户经理，所以实践中客户经理一般需要配合清收人员进行工作。

（2）催清收和不良资产处置的措施安排。

根据客户情况的不同，方式主要分为现金清收、减免回收、以物抵债、呆账核销以及不良资产转让等。现金清收是指商业银行通过各类方式提示或者催缴借款人现金偿还商业银行授信本息。减免回收是指商业银行通过减免借款人部分债务后收回剩余本息的处置方式。以物抵债实施商业银行依法行使债权而受偿债务人的实物资产或者财产权利，一般分为协议以物抵债或者流拍后司法裁定以物抵债两类。呆账核销是商业银行对于损失款项的处理程序，对于符合呆账认定条件的商业银行停止该类资产的资产负债表核算，纳入表外资产，但仍然继续追索。不良资产转让是商业银行为了实现债权，通过公开方式以公允价格将自身的不良贷款转让给第三方的行为。

2. 零售授信催清收管理制度的特点和功能

零售授信问题资产的催清收管理制度规定了催清收的机构人员安排、措施和要求，从实践上看，一旦零售授信贷款出现风险形成问题资产，商业银行最终仍然需要通过司法程序或者公开出表转让的方式实现经济损失的挽回和降低，本制度的设立主要是为了通过专职化的业务队伍来提升催清收的效率，避免问题资产落入管理缺失的境况，实现问题资产的快速处置和商业银行经济利益的损失最小化。

（六）零售授信的处分问责管理制度

在零售授信业务办理过程中，如出现违反法律、法规以及中国人民银行、中国银保监会、中国证监会、国家外汇管理局、财政部、国家税务总局等国家行政管理机关颁布的规章、制度、办法和规范性文件以及商业银行各项规章制度的行为，商业银行制定了相关的处分办法，在处分类别、规则、机构、程序和具体违规违纪行为的处理方面都设置了明确的规范。商业银行一般均会制定《员工违规违纪行为处分管理办法》以明确各类处分规则。

1. 零售授信处分管理制度的主要内容

（1）处分行为的类别和规则。

商业银行违规违纪行为的处分一般分为三类：一是纪律处分，一般分为警告、记过、记大过、降级、撤职、留用察看和开除，纪律处分应计入处分人的人事档案中。二是经济处分，包括没收或责令退赔违规违纪行为所得、退回业务所得、扣减业绩、责令赔偿经济损失和罚款。三是其他处分，包括批评教育、诚勉谈话、暂停或取消上岗资格、通报批评等。各类处分可以独立适用，也可以合并适用。在期限方面，警告处分为 6 个月，记过处分为 12 个月，记大过处分为 18 个月，降级、撤职、留用察看处分为 24 个月。

（2）处分的机构和程序。

商业银行的分行问责委员会负责调查、认定和处理分行及下属员工的违规违纪行为。一般分为以下流程：一是问责发起。纪检监察、审计、合规、资产监控部门以及外部机关发现或者指出违规违纪行为后，一般会向分行问责委员会提出问责建议。建议为书面建议，需载明涉及的业务、违规点、责任人，认定违规违纪行为的制度依据以及处分建议。二是问责调查。在分行问责委员会收到书面建议后，需要组成调查组进行调查核实。一般调查措施包括询问笔录、调阅业务档案、调取监控录像等。同时，调查组成员也必须遵守回避制度。调查结束后需要形成调查报告，一般内容包括调查组成员组成、调查过程描述、调查认定的事实和依据、对事实是否违规的初步认定以及问责建议等。三是调查结论告知。经问责委员会认定应当问责的，应当制作违规事实告知书，有效送达被调查员工，告知书一般包括对违规事实的认定、当事人承担的责任以及当事人的申辩权利等内容。员工通过书面形式进行申辩，申辩期结束后问责委员会办公室应当将调查报告、违规事实告知书、员工申辩意见等材料递交给分行问责委员会，由分行问责委员会根据规定的程序决定。四是处分决定及送达。问责委员会经过审议，作出不处分决定的，应告知问责建议部门、员工所在部门和员工本人；作出处分决定的，应当制作书面的处分决定书。一般书面处分的决定书包括员工基本情况、违规违纪事实认定、问责结论以及员工复议和申诉权利的说明等内容。处分决定书需要发送给问责委员会成员部门、问责建议部门、调查组成员部门、被处分人所在部门、问责执行部门和被处分人本人。五是处分决定的执行。处分决定生效后，一般由相关的职能部门按照处分的内容执行，分行问责委员会负责监督。六是复议和申诉。员工对处分决定不服的，一般都设置有复议和申诉流程。

（3）违反零售授信业务规章制度的行为及处分。

零售授信的违规行为发生在贷款申请、贷款审批、放款审查、贷后管理和催清收各个环节，各个环节的违规行为均会受到相应的处分。

第一，营销管理的违规行为和处分。营销人员一般处在商业银行业务办理的一线，也是商业银行中最为熟悉客户情况的人员，对于营销人员的管理具有重大意义。一般商业银行营销人员具有以下行为的，根据情节轻重，普遍会给予不同的处分，例如[1]：

（1）授信主体不符合准入条件的；

（2）为不符合我行授信政策或国家产业政策的行业、企业提供授信支持的；

（3）为生产、经营国家明令禁止的产品或授信用于国家法律法规明确禁止的经营项目的受信人提供支持的；

（4）违规与他人开办企业并在我行获得授信的；

（5）违反授信期限、利率、贷款成数、担保条件等规定办理授信业务的；

（6）未按照银监会《个人贷款管理暂行办法》《流动资金贷款管理暂行办法》等规定和我行相关要求，对相关贷款品种和贷款资金支付进行管理和控制的；

（7）无视风险提示信息，协助客户突破行内授信政策限制性规定的。

---

[1] 摘引自《某银行员工违规违纪处分管理办法》。

第二，授信调查的违规行为和处分。授信调查是授信审批前的关键环节，对授信审批的决策具有重要影响，授信调查需要严格按照各类要求开展，一般商业银行授信调查人员具有以下行为的，根据情节轻重，普遍会给予相关责任人不同的处分，例如[1]：

未落实"双人经办、实地调查"及面签面核要求或放松调查标准的；

未充分利用行内外信息源交叉验证授信材料真实性的；

受利益驱使，暗示或帮助客户编造虚假材料、夸大还贷能力、迎合贷款审批偏好或者明知客户篡改资料仍将资料上报的。

第三，限额管理的违规行为和处分。授信额度是授信中的关键要素，直接决定了贷款金额和出现信用风险后的可能损失。在银行实践中，也发生了大量过度授信导致的商业银行损失。商业银行限额管理中出现具有以下情形的，根据情节轻重，普遍会给予相关责任人不同的处分，例如[2]：

（1）未将受信人与其配偶视为同一授信主体实行限额管理的；

（2）未将股东或实际通知人为同一人的多个企业视为同意授信主体实行限额管理的；

（3）未将个人受信人及其所在企业按合计授信额度实行限额管理的；

（4）接受受信人及其控制的企业向我行多家机构授信申请的。

第四，授信审批的违规行为和处分。授信审批是授信流程中最为关键和核心的一项环节，是授信申请人是否能够获得贷款的关键，也是授信流程中最为核心的一项权力分配。因此，对于授信审批行为的违规与否具有明确的规定。商业银行在授信审批中出现以下情形的，根据情节的轻重，普遍会给予相关责任人不同的处分，例如[3]：

---

[1] 摘引自《某银行员工违规违纪处分管理办法》。
[2] 摘引自《某银行员工违规违纪处分管理办法》。
[3] 摘引自《某银行员工违规违纪处分管理办法》。

（1）超越权限或者变相超越权限进行审批的；

（2）与客户经理串通违规进行贷款审批并收受利益的；

（3）审批发放假名、冒名授信的；

（4）违规向我行授信政策禁止类行业发放贷款并造成风险的；

（5）对不符合重组条件的授信擅自审批重组的；

（6）突破相关授信决策风险提示，审批通过多头授信、多通道授信、大额授信、分拆授信等不符合条件的贷款的。

第五，贷后管理的违规行为和处分。贷后管理是授信流程中的最后一项环节，一方面是正常贷后的监测，另一方面也包含问题贷后的处理和清收，关系到商业银行的资产质量。对于贷后管理工作，出现以下行为的，一般商业银行会根据情节轻重进行问责处理，例如[1]：

（1）未经批准擅自委托行外机构或个人进行贷后管理的；

（2）发现受信人违约将信贷资金违规进入股市、房市、购买基金、用于股本权益性投资或者资金归集使用等风险信息后，未及时采取有效措施，造成负面后果或影响的；

（3）未按规定及时有效开展清收工作或采取必要债券保全措施，导致债权超过诉讼时效或保证期间的；

（4）未按法律规定许可的范围或方式开展催清收工作的。

2. 零售授信处分问责管理制度的特点和功能

"法在任何一个社会中——原始的或文明的，真正必须具备的基本条件是由社会的权威机构合法地行使人身的强制。"[2]零售授信处分问责管理制度设立了问责委员会制度，明确了违反各类行为和制度会面临的各项处分，表现出了商业银行零售授信风险管理制度运行中的强制力。商业银行通过处分制度的实施来确保上述产品、

---

〔1〕 摘引自《某银行员工违规违纪处分管理办法》。

〔2〕 ［美］E. A. 霍贝尔：《初民的法律——法的动态比较研究》，周勇译、罗志平校，中国社会科学出版社1993年版，第27页。

审批、放款、贷后以及催清收制度的权威，以此维护商业银行日常运营秩序。另外，也由于处分问责管理制度的明确，保障了商业银行从业人员的权益，在商业银行日常管理中，管理者常以这样的方式教育具体银行从业人员，"合规经营是对员工自身最大的保障"，问责制度对商业银行从业人员具有指导和预测作用。这一制度的设立和运行是商业银行零售授信业务得以稳步开展的最终制度保障。

三、商业银行零售授信风险管理制度体系的法律视角思考

"一个特定市场可能会服从一套自发形成的规范，而规范的形成或者是基于参与者的一致同意，或者是被各种不同的群体之一——特别是政治或宗教组织——所强加。"[1]

（一）补充性：对国家银行法律体系和功能的有效补充

1. 法律对商业银行零售授信管理制度的构建和规制

商业银行就其法律性质而言为公司法人主体，在其发展过程中特别是自 20 世纪 70、80 年代以来，西方发达国家出现了新的现象及股东控制权力弱化，经营管理层的权利日益膨胀乃至失控，由此掀起欧美各国公司治理改革的浪潮。[2]金融行业特别是商业银行作为社会经济的核心行业之一，问题同样严重。在这一背景下，1974年 9 月，经国际清算银行发起，10 国集团和瑞士银行在瑞士巴塞尔召开了第一次跨国银行的国际监管大会，并于次年 2 月成立了"银行管理和监督行动委员会"（简称"巴塞尔委员会"），此后巴塞尔委员会相继制定了《有效银行监管的核心原则》《加强银行组织的法人治理》等一系列规定，各国也相应进行了针对银行法人治理的新的制度安排。其中《巴塞尔协议》中关于"银行的活动必须与所适用的法律、监管规定、规则、自律性组织指定的有关准则，以及适用于银行自身业务活动的行为准则相一致"也成了各国商业银行制定相应自身业务活动准则的一项依据。

---

〔1〕［德］马克斯·韦伯：《经济与社会》（第 1 卷），阎克文译，上海人民出版社2010 年版，第 780 页。

〔2〕 强力：《金融法》，法律出版社 2004 年版，第 69 页。

我国政府及相应监管机构也顺应国际银行业发展的政策环境，相继出台《商业银行法》《银行业监督管理法》《商业银行公司治理指引》等一系列法律法规，要求商业银行完善自身风险管理制度建设。例如，我国《商业银行法》（2015 年修订）在其第四章明确规定了贷款管理的基本规则，包含了贯彻国家产品政策规则、严格贷款审查规则、贷款担保规则、借款合同规则、执行利率政策规则、资产负债比例管理规则、关系人贷款规则、自主贷款规则等。[1]具体规定如下表：

表3 《商业银行法》具体规定

条款	内容
第 34 条	商业银行根据国民经济和社会发展的需要，在国家产业政策指导下开展贷款业务。
第 35 条	商业银行贷款，应当对借款人的借款用途、偿还能力、还款方式等情况进行严格审查。商业银行贷款，应当实行审贷分离、分级审批的制度。
第 36 条	商业银行贷款，借款人应当提供担保。商业银行应当对保证人的偿还能力，抵押物、质物的权属和价值以及实现抵押权、质权的可行性进行严格审查。经商业银行审查、评估，确认借款人资信良好，确能偿还贷款的，可以不提供担保。
第 37 条	商业银行贷款，应当与借款人订立书面合同。合同应当约定贷款种类、借款用途、金额、利率、还款期限、还款方式、违约责任和双方认为需要约定的其他事项。
第 38 条	商业银行应当按照中国人民银行规定的贷款利率的上下限，确定贷款利率。
第 39 条	商业银行贷款，应当遵守下列资产负债比例管理的规定：（一）资本充足率不得低于百分之八；（二）流动性资产余额与流动性负债余额的比例不得低于百分之二十五；（三）对同一借款人的贷款余额与商业银行资本余额的比例不得超过百分之十；（四）国务院银行业监督管理机构对资产负债比例管理的其他规定。本法施行前设立的商业银行，在本法施行后，其资产负债比例不符合前款规定的，应当在一定的期限内符合前款规定。具体办法由国务院规定。

---

〔1〕 强力：《金融法》，法律出版社 2004 年版，第 164 页。

条款	内容
第 40 条	商业银行不得向关系人发放信用贷款；向关系人发放担保贷款的条件不得优于其他借款人同类贷款的条件。前款所称关系人是指：（一）商业银行的董事、监事、管理人员、信贷业务人员及其近亲属；（二）前项所列人员投资或者担任高级管理职务的公司、企业和其他经济组织。
第 41 条	任何单位和个人不得强令商业银行发放贷款或者提供担保。商业银行有权拒绝任何单位和个人强令要求其发放贷款或者提供担保。
第 42 条	借款人应当按期归还贷款的本金和利息。借款人到期不归还担保贷款的，商业银行依法享有要求保证人归还贷款本金和利息或者就该担保物优先受偿的权利。商业银行因行使抵押权、质权而取得的不动产或者股权，应当自取得之日起二年内予以处分。借款人到期不归还信用贷款的，应当按照合同约定承担责任。

同时，2013 年中国银行业监督管理委员会发布了《商业银行公司治理指引》，其第 7 条第 4 款明确规定商业银行需要具备"有效的风险管理与内部控制"，其第 19 条第 2 款规定董事会应当重点关注"制定商业银行风险容忍度、风险管理和内部控制政策"。同时，我国《物权法》《合同法》以及《担保法》等相应法律也对商业银行的授信问题在一般意义上对债权关系、物权关系和担保关系作出了一系列规定。

"法律作为秩序和正义的综合体，一方面要求实现正义，一方面还需要致力于创造秩序。法律欲把有序关系引入私人和私人群体的交往之中并引入政府机构的运作之中的企图，没有规范就无从实现。"[1]国际规范和国内法律法规的设立从宏观层面均是为了保证金融秩序特别是商业银行运行秩序的稳定，国家通过法律的手段对商业银行的设立和运行进行严格规制，实现金融秩序的法治管理，

---

〔1〕 〔美〕E. 博登海默：《法理学：法律哲学与法律方法》，邓正来译，中国政法大学出版社 2004 年版，第 246 页。

能够为国家社会经济发展提供良好的法律基石。其根本性原因在于商业银行对于国家金融具有极其重要的作用。就零售授信业务而言，由于其涉及每一个微观个体的金融需求和金融活动，具有极为明显的基层管理意义，现实层面牵涉到具体的家庭及其成员，国家势必需要从法律层面为个体的生活和权益保障作出努力，国家实行规制就具有了正当性和合理性。

2. 商业银行零售授信管理制度对国家法律的补充

国家商业银行法律体系就其作用而言，对银行金融活动运行的具体指导和个体的保障并不是直接的，而仅仅是作出了概括性的规范，制定了基本规则。但法律的一般性规定、稳定性和普遍性决定了其不可能全面规制银行的所有活动，商业银行才是银行活动事实上的参与主体甚至是主导者，这些规范的制定权由商业银行自身来掌握具有合理性和正当性。"没有任何一个法律上的联合体能完全依靠法律规范的方式来维持它的存在；法律规范一直都需要能强化和弥补它们效力的非法律规范的协助。"〔1〕法律作用存在有限性，这就势必要求商业银行针对国家法律的一般性规定作出补充和解释，由此形成了商业银行具体的管理制度体系。

国家法律层面对商业银行运行活动的规制和构建实施上涉及两个方面。一方面，从《商业银行法》和与其相关的行政法规来看，这些规定从一般意义上设定了商业银行法的法律义务，商业银行需要建立完善的内控制度以表明其具有风险管理能力，商业银行对于制度的制定主要是基于这一义务产生的。国家并未就商业银行需要制定何种具体制度作出要求，从法律本身的作用而言，是由于"法律具有概括性，它不能在一切问题上做到天衣无缝，缜密周延，也不能处处做到个别正义"。〔2〕在这一情形下，商业银行法就需要根据自身运营过程中产生的各类问题进行具体的制度设计，零售授信风险管理制度属于整个内控制度体系中的一个重要内容，可以看作

〔1〕 ［奥］尤根·埃利希：《法律社会学的基本原理》，叶名怡、袁震译，中国社会科学出版社2009年版，第39页。

〔2〕 高其才：《法理学》，清华大学出版社2011年版，第154页。

是商业银行履行国家法律规范及其义务的一项重要体现。

另一方面，从私法的角度看，商业银行零售授信的核心法律关系是这一业务活动下的债权关系和担保物权关系，尽管"法律是稳定的、普遍的，而社会生活确实多变的、具体的"。具体到商业银行的零售授信领域，由于客户的不同，贷款需求的不同，商业银行自身情况和外部经济形势的变化，其对上述私法在商业银行内部的运用进行了具体且细节的规范。[1]从商业银行的零售授信产品管理制度上看，在涉及民事主体的借款人身份、借款人年龄等问题上较一般民事法律的普遍性规定更为严格和具体；在涉及物权方面，对于物权属性确定的抵押品，在其品质、流动性、价格等方面也作出了更为明确的规定；在抵押物权的确认过程中，在物权法规定以外进一步明确了抵押流程等。这些表现可以看作是商业银行对私法领域相关制度规范在其自身体系内进一步的确立和细化。

因此，置身于国家法律视角，商业银行零售授信风险管理制度体系虽然不属于国家制定法层面的制度，但其与国家制定的相关法律法规之间具有紧密的关联，它是在国家法律作用具有局限性情形下，对于现行法律制度在具体实施过程中的一项补充。商业银行的制度体系的确立也可以看作是国家关于商业银行相关法律法规实现的一项评价标准。正是法律在这一层面的实现，保障了商业银行法律秩序在现实社会生活中的有效运行，使其具有了规范作用和社会作用。

（二）独立性：商业银行行政和业务管理的"法律帝国"

商业银行设立完备的制度体系，形式上可以看作是国家法律的延伸和补充，但就其出现的根源而言，与其作为一个独立的银行业社会联合体之间存在重要的关系，它具有独立的形成路径。

---

〔1〕 从私法角度看，商业银行在具体实施私法的过程中在现行法律的基础上进行了适合自身的修正，例如借款主体方面，民事法律对于借贷关系的准入一般为完全民事行为人，商业银行基于风险考量在其产品管理制度中设定了 65 周岁的上限。对于身份问题，基于实践中的法律风险，一般禁止准入外籍人士的信用贷款审批等等，此类规定在商业银行相关制度中涉及范围较广。

1. 体系完备的商业银行零售授信风险管理制度

"在联合体中的每一个人际关系，不管是短暂的还是长久的，全都完全依靠行为规则来维持。"[1]商业银行作为一个银行业工作人员的联合体，产生了多样化的关系，包含了部门之间、员工之间、银行与客户之间、上下级之间等纷繁复杂的关系，每一类关系都在实践过程中确立了一定的行为规则。而与此同时，"商业机构和银行的秩序，在很大程度上比工商的规范更广，此种秩序的安排要着眼于与外部的许多交易"。[2]商业银行所需调整和应对的关系远远多于一般性的社会经济活动，这就要求商业银行通过制度的确立和实施来调整上述关系。

商业银行几乎每一项业务的开展操作流程的应用都需要制定相应的管理办法和操作流程，其制度具有广泛性和规范性。从广泛性上看，产品管理制度涉及公司产品和零售产品制度，具体分别又分为授信产品、存款产品、结算产品、金融市场产品制度等；业务职能制度分为营销管理制度、授信审批管理制度、定价审批管理制度、人员资格管理制度，操作管理制度等；行政管理职能制度分为人事管理制度、财务管理制度、考核管理制度、处分问责管理制度等；甚至对于制度本身的管理，也具有相应的发文和文件管理制度。从规范性上，商业银行的制度一般在形式上分为总则、分则和附则，并由章、节、条、款等形式表达；同时具有规范的管理流程，从文号的设置、发起部门、审查部门、流转部门到归档部门均有严格规定，并且建立了成熟的发文和检索系统。在相当程度上，各项制度的建立和实施支撑起了商业银行的日常运行。在商业银行的运营实践中，制度和文件的学习是商业银行从业人员必须掌握的一项技能。同时，商业银行每一项制度在其附则中均会明确解释部门。由于从业人员对于制度的理解存在差异，由此派生了相关部门对于制度的解释和说明，发展成为通知、操作说明、指导意见等一系列商业银

---

[1] [奥]尤根·埃利希：《法律社会学的基本原理》，叶名怡、袁震译，中国社会科学出版社 2009 年版，第 29 页。

[2] [奥]尤根·埃利希：《法律社会学的基本原理》，叶名怡、袁震译，中国社会科学出版社 2009 年版，第 32 页。

行内部的非规范性文件。

因此，商业银行从制度的设立、解释和废止方面都作出了规范性要求，其覆盖面也极其广泛，但其核心是针对专业性方面的规范性制度，零售授信管理制度作为这一体系中的重要内容存在，这一制度体系从产品、审批、放款、贷后、催清收、问责各个方面从侧面验证了商业银行制度体系的完整性，可以看作是商业银行制度体系专业化的一个缩影。在商业银行长期的运营过程中，根据自身分工的特点，在其内部形成了形式完整、内容全面的管理制度体系。

2. 商业银行零售授信风险管理制度出现的必然性

商业银行的制度建设如此完备是具有深刻根源的，这一制度可以看作是社会化分工的产物，就其经济本质而言，以风险防控和获取利润为最终目标。

商业银行内部分工的复杂性促使商业银行必须开展制度建设。国内商业银行一般以总—分—支行架构存在，其中各级经营机构又分为数十个部门，一般全国性的商业银行员工均在数万人，根据层级、业务等的不同，商业银行设定了复杂的岗位分工，分工"在人与人之间构建了一个能够永久地把人们联系起来的权利和责任体系"。同时，"分工也产生了各种规范，可以保证相互分化的各种功能进行稳定和正常的协作"。[1]从商业银行管理制度的产生来看，同样遵循"劳动分工越多，规范就会变得越多——倘若没有规范，有机团结就是不可能的，或不完善的"。[2]分工的复杂同时加大了管理者的难度，这就要求商业银行必须合理地组织银行员工进行协作，开展银行经营活动，通过明确的工作内容、工作程序、岗位要求和内部的强制力保障来实现目标的实现，而以文本方式将上述内容固定后形成制度在管理中最具有直接性和效率性。零售授信业务是商业银行业务程序复杂、岗位多样的一个缩影，通过制度设定明确了授信业务流程中各个岗位的职责、授信操作的流程等问题，保

〔1〕〔法〕埃米尔·涂尔干：《社会分工论》，渠东译，生活·读书·新知三联书店2000年版，第364页。

〔2〕〔法〕埃米尔·涂尔干：《社会分工论》，渠东译，生活·读书·新知三联书店2000年版，第365页。

障了零售授信业务秩序的稳定运行。零售授信风险管理制度可以看作是商业银行零售授信业务分工后规范化运营的产物，其产生是符合商业银行自身发展规律的，是在其内部分工不断专业化基础上独立发展起来的，由此构成了商业银行的内部秩序。

这一秩序的稳定的最终目的是实现商业银行的风险管控，由风险管控实现利润。"一个关系紧密之群体的成员为了把他们的互动管起来，他们一般会开发出一些非正式的规范，其内容是为了使该群体成员之客观福利得以最大化。"[1]商业银行作为营利性质的公司法人，其最终目标是获取利润，回报股东。商业银行以营利性、安全性和流动性为经营的基本原则，其本质是经营风险，作为一个目标明确的联合体，商业银行通过制度体系的规范来调整各类主体的关系以推进风险发生的最小化和内部整体福利的最大化。商业银行在经营过程中存在市场风险、操作风险、信用风险、法律风险、监管风险、声誉风险、管理风险以及流动性风险等各个类型的风险，这些风险发生最为本质的结果即影响银行利润，商业银行针对这些潜在风险均设立了各类制度以加强防范。具体从零售授信管理制度上看，在商业银行通过岗位设置和流程设计实现内部科学化分工提升工作效率，防范操作风险；通过内部岗位权力的制约和程序性规定实现权力的分化和制约，降低岗位权限集中所带来的管理风险；通过行业准入管理制度调控客户结构，防范经济周期带来的市场风险；通过执行国家法律法规政策完善制度实现商业银行受到处罚带来的各类监管风险，通过设置借款人准入以及相应的借款流程制度降低贷款的违约信用风险。因此，制度设立不仅仅是国家法律的要求，从另一个方面看，"决定联合体内部秩序的所有法律都是以习惯、契约和社团章程为基础的"。[2]"当一个组织成功地吸纳到了员工，并且得到了他们的信赖，能富有效率地实现其目标，能被更大的社区所结构，它就通常能在相对稳定的结构中，在一整套目标

---

〔1〕 [美]罗伯特·C. 埃里克森：《无需法律的秩序——邻人如何解决纠纷》，苏力译，中国政法大学出版社 2003 年版，第 350 页。

〔2〕 [奥]尤根·埃利希：《法律社会学的基本原理》，叶名怡、袁震译，中国社会科学出版社 2009 年版，第 27 页。

和价值观的指导下，形成有序的运作模式，简言之，它就制度化了。"[1]银行作为社会经济发展中的一个重要组织，在历史长河中逐步成长为现代商业银行，形成了独特的职业群体行为规范，这些规范都逐渐通过制度化形式实现了商业银行内部的稳定有序，保证了商业银行风险系数的降低。因此，商业银行管理制度体系的出现有其独立的演进过程。

四、结语

商业银行零售授信风险管理制度是商业银行管理制度体系的一部分，其形式规范、内容全面、调整关系多元，具有鲜明的行业特点，其产生既受到国家法律规范的影响，也基于自身的组织目标独立存在，总结商业银行零售授信风险管理者制度有助于了解其在我国银行法律体系及其治理中的地位和作用，同时也展示了商业银行零售风险管理制度作为一项行业习惯法在完善公司治理、维持银行经营秩序、保障员工权利和稳定经济发展中的积极意义。

商业银行的零售授信风险管理制度体系总体上对于商业银行具有积极作用，但与此同时也需要看到，即使在各项管理制度非常全面，内部控制较为完善的情形下，商业银行零售授信风险事件也时有发生，实践中问责处分情形在目前商业银行内部较为频繁。另外，商业银行员工道德失范，各类潜规则事件也常常成为社会网络话题，此类问题的发生仍然值得进一步研究和思考。

---

　　[1]　[美] 戴维·波普诺:《社会学》，李强等译，中国人民大学出版社 2007 年版，第 96 页。

学理探讨

城市习惯法的秩序功能
——基于医院就诊秩序的个案研究

魏小强

一、引言

以法律多元的立场来看，国家制定法和各类习惯法均属于法范畴体系，它们共同提供并维护着人们生活所需的社会秩序。[1]其中习惯法通常被认为是调整传统乡土社会的熟人关系的行为规范，而国家法则是调整现代社会的陌生人关系的行为规范。[2]在我国长期存在的城乡二元体制之下，城市社会和乡村社会的发展状况整体上有较大的区别，乡村通常被认为是熟人社会，而城市则被认为是陌生人社会。[3]于是在我国法学研究者的视野中，城市社会就几乎成了国家法作用的专门领域，乡村社会则是习惯法的天下。一个显而易见的事实是，既有有关习惯法的学术研究多把关注的重点放在乡村习惯法，而较少关注城市习惯法，尤其是当下的城市习惯法。[4]

如果基于法律社会学的视角，从事实而不是逻辑出发，就可以

---

〔1〕 参见高其才：《中国习惯法论》（第 3 版），社会科学文献出版社 2018 年版，第 3 页。

〔2〕 参见费孝通：《乡土中国》，人民出版社 2015 年版，第 7 页。

〔3〕 "从熟人社会到陌生人社会"，载《人民日报》2011 年 9 月 22 日；"陌生人社会是新的历史景观"，载《北京日报》2019 年 6 月 17 日。

〔4〕 有关这一事实情况的梳理，参见魏小强："法律多元视域中的都市习惯法——规范领域、规范类型与规范功能"，载《民间法》2016 年第 1 期。

发现不仅是乡村社会，城市社会也是习惯法的作用领域；不仅是熟人之间，陌生人之间的社会关系和社会秩序也适用习惯法的调整维护。[1]在我国当下加速推进城乡一体化发展，城镇化率日益提高，社会治理与社会发展的重心客观上由"乡土中国"向"城市中国"或"都市中国"转移的情况下，[2]人们不仅应当转变对习惯法作用领域的既有认知，而且应当把习惯法的研究更多地转向城市习惯法。[3]

基于以上判断，围绕城市习惯法这一主题，在之前有关城市社会中的熟人规范的研究中，笔者根据自身经历，并结合相关社会观察，得出的基本结论是：我国熟人社会的存在无分城乡，城市与乡村的人们共同遵守着一些约定俗成、不得违反的习惯法规则，并因而共享着大致相同的生活方式。[4]同时笔者发现，无论城乡，人们都在不同程度上身处陌生人社会之中，只是城市社会人们之间的"陌生"程度要更甚一些。那么，习惯法能否调整城市陌生人之间的社会关系并维持相应的社会秩序呢？

针对这一问题，本文以笔者（下文均用第一人称"我"表示）

---

〔1〕 魏小强："法律多元视域中的都市习惯法——规范领域、规范类型与规范功能"，载《民间法》2016 年第 1 期。

〔2〕 2013 年 11 月发布《中共中央关于全面深化改革若干重大问题的决定》提出，必须健全体制机制，形成以工促农、以城带乡、工农互惠、城乡一体的新型工农城乡关系，让广大农民平等参与现代化进程、共同分享现代化成果。最新报道显示，截止 2018 年末，我国户籍人口城镇化率已达 43.37%，常住人口城镇化率达 59.58%。参见 "2018 年我国常住人口城镇化率达 59.58%"，载《经济参考报》2019 年 8 月 16 日。

〔3〕 目前明确以当下的城市习惯法（民间法）为研究对象，或者以习惯法（民间法）视角研究当下城市社会现象的相关成果不多，既有的如陈冬春："都市民间法研究初探"，载《社科纵横》2011 年第 4 期，第 73~75 页；李亚凝、李娜、罗冬："民间法适用的当代城市基础"，载《东南司法评论》2010 年第 0 期；魏小强："法律多元视域中的都市习惯法——规范领域、规范类型与规范功能"，载《民间法》2016 年第 1 期。李瑜青、夏伟："诚信价值在上海城市的内涵与发展——基于民间法视野的考察"，载《上海文化》2016 年第 2 期，第 5~12 页。另外的一些研究则以古代或传统社会的城市习惯法为对象，如张文彬、杨梦："市民社会中的自发秩序——中世纪商事习惯法形成的文化解释"，载《民间法》2018 年第 1 期；李学兰：《中国商人团体习惯法研究》，中国社会科学出版社2010 年版；高其才：《中国习惯法论》，中国法制出版社 2008 年版等。

〔4〕 魏小强："城市社会中的熟人规范——基于生活经验的观察与思考"，载高其才主编：《当代中国的习惯法世界》，中国政法大学出版社 2018 年版，第 119~134 页。

参与观察的江城医院的就诊秩序为主要对象，运用事实描述和规范分析的方法说明习惯法如何为城市陌生人之间的社会关系和社会秩序提供规范依据。本文所描述的事实，主要基于我和妻子在该医院超声科的一次排队检查的经历。出于研究的需要，后来我又多次去该医院的超声科及其他科室做了专门观察。同时作为研究的参照，我还多次去本市的另外两家三级甲等医院江海医院和江河医院的超声科及其他科室做了观察。这些观察结果表明，我和妻子的那次就诊经历并非偶然发生的孤例，本文所描述的事实不过是这些医疗场所的日常情形。文中对所参与观察的个案事实采用第一人称的叙述方式，并依照学术惯例，对所涉及的地位、人名等做了适当的化名处理。

二、医院就诊秩序的事实观察

我所在城市的江城医院是一家三级甲等医院。该医院创建于1936 年，历经建设与发展，现已成为一所学科齐全、设备先进、技术力量雄厚、诊疗环境一流，集医疗、教学、科研、预防、保健、康复于一体的现代化医院；是（原）卫生部首批命名的三级甲等医院，以及省（原）卫计委直管医院、国际紧急救援医院等；占地面积 132 亩，建筑面积 18 万平方米，在职职工 2000 多人，开放床位1500 张，设有 39 个临床科室、16 个医技科室。[1]无论在医疗条件方面，还是人们的口碑中，该医院都是当地最好的医院之一，以致求过于供，部分科室的医疗资源紧张。由于江城医院是我工作所在大学的附属医院，对本校职工有一些优待，[2]所以这里是本人及家人看病、体检常去的地方。每次去那里，印象最深刻的都是闹市般熙熙攘攘的人群。那里的几乎每一个科室，患者就诊都需要排队。

（一）检查前的排队

那是几年前夏天的一个下午，我陪怀孕数月的妻子去医院做产

---

〔1〕 这些信息来自该医院门户网站中的介绍。

〔2〕 根据该医院提供的本校教职工专用的健康卡，本校教职工在该医院享有的优待内容包括：免费挂号、优先收费、优先检查、优先治疗、急诊绿色通道、先治疗后付费、免费医疗健康咨询、免费停车等。

前检查。因为要做的项目较多，检查的地点分散且都需要排队，我们便分头行动。妻子自己去做胎心监护，我则去超声科替她排队拿号。根据以往的经验，我们每次来检查，在超声科所花的时间都是最多的，因为做 B 超的人实在太多了。

当时离医院下午上班时间还有十几分钟，医护人员没有来，超声科还没有开门。但是门外已经等了十几个人，他们有的站着，有的则坐在地上或者躺在候诊室门口的座椅上。许多人神色疲倦，显然很早就来了，已经有些熬不住了。我注意到，虽然通往 B 超候诊室的门还关着，但是门外有一张小桌子，上面叠放着几张检查申请单。桌旁站着几个人，其中有一位身材高挑、长发披肩的女子，三十来岁，说话本地口音，形象气质都不错。他们大约就是这些单子的主人了。当我拎着妻子的 B 超检查单靠近那张桌子的时候，一旁站着的几位顿时有些紧张地看着我，而那位长发女子则以不容置疑的口吻对我说："排队，单子放最上面，正面朝下。"我没有说话，直接照着她吩咐的做了。

一听到长发女子跟我所说的话，那些或立或坐或躺的人纷纷围了过来，不停地说些或惊讶或故作惊讶的话，比如"现在就要排队啊""原来是用单子排队的呀""我来半天啦"等。他们手里都拎着单子，但有些不知道该往哪里放。不过刚才长发女子的话似乎就是规矩，那些自认为来得早的便纷纷把自己的单子放到那几张单子的下面去了。

这样一来人群中就发生了争执。原来叠放单子的主人不同意后来者把单子排到他们的前面，而这些后来者之间就谁应该排到最前面也有不同意见。在几番争执之后，众人大概弄清楚了彼此来到这里的时间先后，在那位长发女子的主持下，各人的单子按照先来后到的顺序重新摆放了。尽管有一两位对自己单子的摆放位置有不同意见，但是最终还是选择了妥协，争执也归于平息。期间长发女子还帮着一位来得最早但却错把单子排在后面的妇女调整了单子的位置。这一切都是在包括我在内的众人的目光关注下进行的。

此后那位长发女子就一直站在桌子旁，引导后来的人们如何摆单子排队，并且不时地纠正摆错了单子的人。期间偶尔有担心别人插队的人过来查看自己的单子。事实上在众人的目光之下，已经摆好了的单子，谁也不能轻易移动，这种担心是多余的。除非像前面那位妇女一样，提出自己来得最早但单子却被错放在后面了，于是在众人默许以及那位长发"执法者"的帮助下，她的单子被调整到了它原本该在的位置。

（二）排队后的检查

下午两点，上班时间到，一位身着白大褂的女护士准时开了门。她分开众人来到桌子边，熟练而老到地抓起那沓正面朝下的单子就朝门里走去，候检的众人便一哄而上，跟着往里涌去了。一会儿工夫，不大的 B 超候诊室里就挤满了人。那沓单子被翻了过来，放到分诊台电脑排号器前另一位护士的面前。这位分诊护士按照单子的排序，每拿起一张单子往排号器前一扫，便从里面出来一张分诊单，上面打有候检人的待检序号（比如拿到 602 号单子的，就是第 6 诊室的第 2 位候检人）等信息，并且特别注有"过号不候，重新排队"的字样。她呼叫每张分诊单上的人名，并把检查单和分诊单一起交给候检人，嘱咐其注意广播叫号，按号检查。

随着时间推移，人越来越多，分诊台边挤了好几层，众人生怕自己的号被别人掺了，或者被叫到名字时自己没有听见。在此期间，有几个提前在网上预约了 B 超就诊时间的人来找分诊护士，这些预约者便被预约信息安排了相应时间的分诊号。目睹这一情景，那些因预约者"插队"而被排在后面的人便有怨言，分诊护士则用不容分辩的口气回怼他们："人家是预约过的，这是规定！"

依照不断发放的分诊号及广播叫号，众人便依序进入相应的 B 超诊室做检查。一段时间后，分诊护士终于叫到了我妻子的名字。我领到单子一看是 607，而刚刚广播里已经叫到 602 了。这就意味着前面只有 4 个人了，而妻子还在别处做胎心监护。一看大厅里那拥挤的人群，看到单子上那"过号不候"的提示，我不由得紧张了起来。于是便向分诊护士说明情况，问她我们过号了怎么办？她说如果号排到了人还没来，那就等来了去检查好了。我听得似懂非懂：她的意思是虽然过号了，但只要人来了就可以插队检查，还是人来了再重新排队呢？她因为太忙顾不上细说，我也不好再问了。

在候检的间隙，我特意又过去看了候诊室门口那张刚才摆放过检查单的桌子，发现其上贴有两行字。一行是"请按先后次序将超声申请单依次排序"，另一行是"请依次排队，将申请单正面朝下"。原来这张桌子是专门给超声科上班之前的候检人排队用的，上面两行字清楚地表明了如下意思：其一，超声检查按照候检人先来后到的次序排队进行；其二，排队的工具是候检人的检测单；其三，用单子正面朝下的方式依次排队，先来者的单子排在下面，后来者的单子排在上面。回想之前的情境，当时包括那位长发女子在内的几个人应该是看到了这两行字，于是他们就用单子排了队；而那些坐着或者躺着的人则没有看到，于是就有了后面关于单子排序的争执。

看完桌子上的字后，我发现紧挨桌子的候诊室四扇玻璃门上都有文字提示，原文抄录如下："开诊时间：周一至周六，早晨 8 点开诊，中午由急诊班同志继续检查至结束""病员同志请入内登记取号，依次检查""请保持候诊室安静，勿大声喧哗。陪客同志在候诊室外等候，敬请配合""请本院职工按取号次序交费检查，共同维护好诊疗秩序，谢谢配合"。

另外，在 B 超候诊室内的墙上还有一块"温馨提示"的牌子："广大患者朋友们：本科室每日门诊量较大，接诊病人人数较多，每个病人检查等待时间相对较长，请病人与家属于前台登记领号后耐心等待叫号，按次序排队候诊。急、危、重病人适当优先，如遇病人较多时，护士会分流病人，届时请听护士安排就诊，感谢您的配合！"

看完这些桌上、墙上的文字时间不长，广播里就通知 607 号到 6 号诊室就诊，但这时我妻子还没过来。我赶紧到 6 号诊室给医生解释说 607 号还在做胎心监护，问该怎么办？那医生答得很爽快：如果她来了我们这里没人，就直接到这里来检查；如果来了这里有人，那就到分诊台去告诉护士过号了，她们会处理。言下之意就是无论何种情况，都不用重新排队取号。

在我离开 6 号诊室的同时听到了请 608 号到 6 号诊室就诊的广播通知，恰在这时我妻子过来了，赶紧带她去了 6 号诊室。因为刚跟医生沟通过，我们没有再去前台找护士说明过号的情况，他们在608 号之后就给我妻子做了检查。我们实际上是插队了，但是后面的排队者没有提出异议，或者是他们没有发现我们插队的行为吧。至此，我们在江城医院超声科的这次 B 超检查结束了。

（三）特殊的插队者

就在我帮妻子排队的期间，我注意到有一位被轮椅推来的患者和另一位被病床推来的患者没有在分诊台分诊，而是在另一位护士的引导下，先后直接到两个 B 超室里做了插队检查。对此，后面排队的众人没有人提出异议。期间我还注意到，有一位中年妇女在一位穿白大褂的医护人员的带领下进入了一个 B 超室，在前面做检查的患者离开后，这两人在其中又呆了近十分钟才离去。以致等在门外的候检人说起了粗话，并且敲打那间 B 超室的门。我和那些候检人都怀疑那位中年妇女是在穿白大褂的熟人介绍下的插队者。

（四）其他情形

我在之后几次去江城医院的专门观察中，看到的情形大同小异。在不同时间里，在超声科以及呼吸科、消化科、儿科、检验科等科室，虽然具体就诊的人数有所不同，值班的医生护士也有轮换，但是患者依照先来后到的次序排队就诊的规矩一如既往。

出于研究的需要，我在最近一年多的时间里，又利用各种机会先后对和江城医院同处一个城市的江海医院、江河医院的超声科以及呼吸科、消化科、儿科、眼科、口腔科、检验科等做了专门观察中，也发现了相似的排队情形。比如江海医院超声科的就诊患者也很多，候检过程中患者也是用检查申请单依照先来后到的次序排队，由分诊台据以登记分诊，患者凭分诊号等待电脑叫号就诊。只是江海医院的相关服务提醒和指示要比江城医院更为明确、细致一些。比如在超声科候诊区的墙上贴有三块大牌子，分别是"彩超检查须知""超声科服务流程""温馨提示"，上面详细告知患者如何在这里排队以及做检查的相关事项。其中的几项特别提示值得注意：一是"急诊患者或者特殊情况患者，视情况给予优先检查"；二是"离休干部优先、军人优先"；三是"提前 1 天预约，节省排队 1 小时"。

我在陪妻子做那次孕检 B 超的过程中，以及后来在其他医院的多次专门观察过程中，就目力所及的范围内而言，发现在江城医院、江海医院的这些"门诊量较大，接诊病人人数较多"的场所，虽然由于医疗资源相对紧张、病患之间存在激烈竞争，以致环境嘈杂甚至发生争执，还不时有情形各异的插队者，但是总体上仍然维持了稳定有序的就诊秩序。常言道，不以规矩不能成方圆。基于以上事实，结合本文的主题及所探讨的问题，接下来的追问便顺理成章，既然医院里面的医生和患者以及患者之间基本上都是陌生的，那么这些陌生人之间稳定有序的就诊秩序是靠什么"规矩"得以产生和维持的？

三、医院就诊秩序的规范分析

综观人们在江城医院超声科排队就诊的事实，可以发现那里之所以能够产生并维持稳定有序的状态，是因为人们在认可并遵守"先来后到"这一约定俗成的基本行为规范上有着高度的默契。正是基于先来后到的行为规范，医院才能制定有关排队就诊的管理规范并得以实施；同样是基于"先来后到"的行为规范，患者才能自觉排队并在发生排队争执时较为顺利地解决纠纷。患者、医院及其工作人员对先来后到这一基本行为规范的认可和遵守，是排队就诊秩序得以产生和维持的主要依据。

（一）医院就诊秩序规范的形式和内容

医院对"先来后到"这一行为规范的认可和具体化，使其变成了"书本上的法"，并成了排队就诊秩序的最主要的规范依据。医院为了让患者"有法可依"，从而知道自己在超声检查中该如何排队，便以检查须知、服务流程、温馨提示、特别告知等形式规定了"先来后到"这一排队基本行为规范明确具体的实施细则。比如江城医院写在B超候诊室玻璃门上关于开诊时间、登记取号等的文字告知；挂在候诊室内墙上的关于排队、分诊以及急、危、重病人优先的"温馨提示"；贴在候诊室门口小桌子上的关于如何排队的文字提示等。再如江海医院的超声候诊区墙上的"彩超检查须知""超声科服务流程""温馨提示"，分诊台上的"离休干部优先、军人优先"的特别告知，以及"提前1天预约，节省排队1小时"的"温馨提示"等。

这些成文规定虽然形式不一，但是其内容明确具体，主要包括三方面的内容。一是关于排队检查的一般规定，比如按序排队候诊以及排队的方法、工具，分诊取号和广播叫号，以及服从医护人员的安排引导等。二是关于排队检查的特殊规定，主要是针对特殊情况及特殊身份的患者的优先就诊的安排，包括危、重、急症等特殊情况患者优先就诊，离休干部和军人等特殊身份患者优先就诊。三是关于非传统排队方式的规定，主要是对预约检查的排队安排，其中预约分为网上预约和现场预约两种方式。这些成文规定是作为医疗服务提供者的医院制定的管理规范，以约定俗成的先来后到行为规范为基础，具有一定的强制力，实际适用效果也比较好。

（二）医院就诊秩序规范的实施

站在法律多元的立场，适用并形成医院排队就诊秩序的"先来后到"的行为规范无疑属于埃利希所说的"活法"的范畴。[1]法律的生命力在于实施，法律的权威也在于实施。形成这种法秩序的关键，在于这些既有的规范得到了有效实施。就江城医院超声科而言，从值班护士打开候诊室的门、拿走摆放在门口的那一沓排队的单子开始，前述有关排队就诊的规范的正式实施就开始了。医生和护士彼此分工，是这些排队规范的具体执行者。在笔者的观察中，两位值班护士负责就诊秩序的诊室外边的部分，其中一位负责引导患者，另一位进行分诊，包括依照检查单的先后进行分诊排号，并利用电脑叫号系统把相应诊室内的医生和候诊区的患者相联系。除了处理事先排序的单子，护士还要随时引导不断前来的患者把检查单按照先后顺序摆放于分诊台上进行排队，然后由其依次进行扫描排号。

期间会有一些患者提出能否将其排队顺序安排得靠前一些，但是只要不是危、重病患者及急诊患者，或者不是符合条件的离休干部、军人，都会被拒绝。对于患者之间因为插队等原因所产生的争执，值班护士会进行劝解，并在了解情况后据实安排其排队的顺序。

---

〔1〕 ［奥］欧根·埃利希：《法社会学原理》，舒国滢译，中国大百科全书出版社 2009 年版，第 25 页。

一般经由护士的劝解及安排后患者间的争执就会平息。比如当有现场排队的患者质疑网上预约的患者"插队"时，分诊护士便以"这是规定"回应，质疑者便不再说话了。也偶有因此而吵架甚至打架的患者及其家属，这时护士就会呼叫巡逻的保安前来解决。

医生则负责就诊秩序的诊室内的部分，包括依照叫号系统安排的顺序依次叫号并对患者进行超声检查。通常情况下，每个被叫号系统召唤的人只能到规定的诊室进行检查。除非患者在护士分诊时指定某个值班医生为其做检查，否则会被分诊护士依照先后顺序安排到该医生所在的诊室。为了保证检查顺序，也为了保护就诊患者的隐私，每个超声诊室的门口都贴有"严禁未经允许进入诊室"的告示。但是总会有患者或者其家属无视这个告示，不按照分诊叫号系统的安排直接进入诊室要求做检查的，医生则会予以拒绝而将其请出诊室，并告知其应当先去分诊台排号。

通常情况下，医护人员之间的分工负责和严格的技术安排形成了坚硬的制度壁垒，使得不按照规定排队的人不可能完成就诊。但是也有例外情况，那就是危、重症及急诊患者，以及离休干部、军人患者，他们是拥有"插队"特权的。这种特权的行使也不是随意的，而是有着严格的程序限制。即便是危、重症及急诊患者而言，他们也不能一到超声科就直接进入超声诊室，而是应当由相关科室的医护人员陪同前来，并向超声科的值班护士说明情况，由分诊护士优先安排就诊号，并在引导护士的引导下进入相应科室做检查。享有优先权的离休干部、军人患者，则需要事先向值班护士出示相关证件，得到确认后在被安排优先就诊。对于这些特殊主体的"插队"行为，除了有医院明确的"规定"做依据之外，普通患者多能表示理解。

而对于像预约、过号这样的特殊情况，则由护士以及医生的临机处置，或让其插队就诊，或者告知其重新排队，以前者居多。因为这些特殊情况的数量总体不多，而且多属情有可原者。即便他们的插队出现在其他排队者的眼皮底下，众人虽然也有不满，但是也大都予以默许。至少就笔者观察到的情况而言，很少有人对此提出抗议的。

　　此外，前文已述及，也存在医护人员公然违反排队规范而带熟人插队的情况。从诊室医生的言行以及笔者的观察经验来看，他们在不按叫号器的情况下，是完全有可能私下让某个患者不用排队而直接检查的。而那位排号护士也可以让某个患者以"事先预约了"的名义插队，毕竟其他的患者即便围观也很难发现其中的问题。这就是说，即便再细致严密的制度，也可能存在一定的漏洞，而这种漏洞或许正是生活的常态吧。当然，在众目睽睽之下这样做要冒被其他患者批评甚至投诉的风险。或许正是为了杜绝这种熟人插队的情况，江城医院超声科的告知中才会有"请本院职工按取号次序交费检查，共同维护好诊疗秩序"的内容。

　　医护人员下班时间的排队秩序的维持则是另一番情形，那是一种由患者自发形成的秩序。在医护人员不在场的情况下，医院的规定只能起到指导而非强制的作用，排队主要靠患者对"先来后到"规范的自觉遵守以及彼此的监督、妥协等方式实现。正是考虑到在上、下午的上班之前会有患者提前来等候就诊，出于患者排队的需要，医院就在候诊室门口准备了一张方便患者排队的小桌子，并在其上以文字的方式提示了排队的具体方式。在这里，单子是排队的工具，桌子是排队的场所，文字是排队的规则。此刻写在桌子上的规则没有来自院方的执行者，这些规则的遵守主要靠患者们自己。在陌生的人群当中，在人们的彼此博弈以及自发产生的临时权威的主持下，同样会产生相应的秩序。

　　在前述笔者所观察到的情况中，候诊室门口众人中的那位长发女子便是自发产生的临时权威。她知悉医院关于如何排队的文字提示，并且身体力行。更重要的是，在众人当中她愿意并且主动出来承担规则临时解释者和执行者的义务。在这群普通而彼此陌生的候诊者之中，长发女子的担当以及其言语间透露出来的本地口音，就是她作为临时领袖的权威的来源。毕竟"强龙压不住地头蛇"，基于生活经验，谁都知道"本地人"意味着什么。正因为如此，有她站在桌子旁边，医院所提示的用检查单排队的秩序便得以落实；而在她的调解下，众人关于谁先谁后的几番争执也能很快得以平息。

（三）医院就诊秩序规范的效力保障

超声科所发生的情形，只算是医院这个大环境里的小环境。各类人员尽管各自的目的不同，但是有一个良好的秩序确实是众人的共同希望。如何让检查工作有序进行，院方及其工作人员之间、患者及患者之间都存在着一定的博弈和合作的关系。总体来看，相关人员的行为与规范之间的关系是和谐有致的。

具体而言，超声科的就诊顺序得益于这几个因素的保障，即患者对排队及"先来后到"行为规范的认可；医院关于排队方法的具体规定及实施；医护人员和临时权威的秩序维持以及患者的监督等。人们对排队及"先来后到"行为规范的认可是那里的秩序得以形成和维持的基础。医院的排队规定及所提供的实施条件给人们指明了如何排队的具体方法。医护人员及临时领袖则是基本排队规范及其细则的执行者和据以形成的排队秩序的维护者。患者对医护人员的监督及彼此的监督则保证了这种为众人所认可的合法秩序不受破坏。

如果没有"先来后到"的习惯法，患者们将会按照各种有利于自己的方式争取优先检查的机会，比如争抢、拥挤、贿赂院方工作人员等，这样将按照（地位、资源意义上的）强者优先的自然法则形成就诊秩序。同样，院方也可能会按照有利于他们管理而不是方便患者的原则确定患者检查的顺序，他们所制定的有关就诊秩序的行为规范可能就不是目前这样的。

如果没有院方规定的明确具体的排队规则，并提供相关实施条件，即便患者遵循"先来后到"的习惯法，也会因为缺乏明确的行为依据而不知所措，至少会因此而付出比较大的成本。比如倘若院方不提供帮助让患者用检查单排队，而是任由他们采用身体排队的原始办法，那患者就会相当辛苦，而不是像本文所描述的那样相对轻松。医院作为专业医疗机构的权威使得它基于人们公认的习惯法所颁布的排队规则具有强制执行的效力。违反这些规则的人会因为各类制度壁垒的阻隔而无法就诊，尤其对普通的患者而言。

如果没有医护人员及临时领袖对排队规定的维护，没有患者的监督，则即便有前述的规则，排队的秩序也可能因为部分人的插队、捣乱而无法维持。事实上这样的插队者不在少数，只要有机会，他们就会伺机插队。所以，患者之间彼此的监督以及患者对医护人员的监督是确保排队制度得以维持的重要因素。正因为如此，那些利用熟人关系插队的规则破坏者，就会受到其他人的当面谴责。而对于那些合法的插队者，比如因为情况紧急或者身份特殊而被安排优先检查的人，也因为患者的监督而必须遵循严格的程序。

四、从医院就诊秩序看城市习惯法的秩序功能

医院超声科的排队秩序是医院就诊秩序的组成部分，而医院的就诊秩序是社会秩序的一个缩影。美国法学家埃里克森说："世界偏僻角落发生的事件可以说明有关社会生活组织的中心问题。"[1] 通过观察医院这个并不偏僻的城市区域的内部秩序，我们发现医院就诊秩序是一种基于习惯法规范的秩序，这种秩序的形成和维持说明习惯法在城市陌生人关系的调整中起到了重要作用。

（一）医院就诊规范的习惯法基础

通过个案观察，我们看到了在相关医院有序运作的事实中，"先来后到"这一约定俗成的基本行为规范在就诊秩序的形成和维系中起到了决定性的作用。医院所有有关排队就诊的各种规定都基于这一为人们所公认的习惯法规范。换言之，没有这一基本习惯法规定，就没有排队，也就没有排队秩序的形成。排队的习惯形成于何时已不可考，但是这一习惯成为习惯法，成为国家法律制度的组成部分，则是确定无疑的事情。比如民法中的先占取得制度，就是"先来后到"这一习惯法的法律化。[2] 不光就医，在很多其他的场合，情形也是如此。在任何一个资源有限的场合，平等主体之间的资源分配

---

〔1〕［美］罗伯特·C·埃里克森：《无需法律的秩序——相邻者如何解决纠纷》，苏力译，中国政法大学出版社2016年版，译者序。

〔2〕比如《物权法》第107条规定："所有权人或者其他权利人有权追回遗失物。该遗失物通过转让被他人占有的，权利人有权向无处分权人请求损害赔偿，或者自知道或者应当知道受让人之日起二年内向受让人请求返还原物。但受让人通过拍卖或者向具有经营资格的经营者购得该遗失物的，权利人请求返还原物时应当支付受让人所付的费用。权利人向受让人支付所付费用后，有权向无处分权人追偿。"再如《民事诉讼法》第103条规定："财产保全采取查封、扣押、冻结或者法律规定的其他方法。人民法院保全财产后，应当立即通知被保全财产的人。财产已被查封、冻结的，不得重复查封、冻结。"

都是按照"先来后到"的顺序进行的。

人们在医院诊室的墙上看到的是其有关如何排队就诊的要求、提示、提醒等，但是包括医院相关规定的制定者、医护人员以及作为其医疗服务对象的患者在内，众人都很清楚所有这些规定的内容都是基于"先来后到"这一为众人所公认的习惯。没有这一基本的行为规范，即便制定了这些管理规定，人们也不会遵守；有了这一行为规范，即便没有医院的这些规定或者医院的管理规定不起作用了，人们之间仍然能够产生合理的秩序，只是秩序成本会高一些而已。同时，违反这一基本行为规范的行为，通常会因为认可这一规范的人们的抵制、否定而致使该行为不能执行或不能有效执行。比如没有正当事由的插队行为会遭到拒绝和批评；即便是依据"规定"的预约行为，也可能遭遇不理解的患者的直接抵制等。而在医护人员下班的时间里，候诊室门口的人们却能自发地形成排队秩序，就是因为人们依照众人所认可的"先来后到"的习惯法调整彼此行为的结果。

概言之，"先来后到"的习惯法给相关主体的行为提供了基本的规范依据，成了形成有关排队秩序的法基础。而医院只不过是根据其实际需要，把这一基本行为规范予以具体化而已。在医院各科室等具体医疗场所，医院的工作人员和患者是这些习惯法规范的具体实施者。他们的身份不同，在实施这些规范的过程中的权利义务不一样，在管理和服从、管理者和服从者彼此配合的过程中，便形成了基于这一习惯法的就诊秩序。人是规范的动物，没有规范依据，人们的行为便无从着手。有了规范依据，只要规范的共识基础足够坚实，规范的实施条件足够充分，其就能起到产生和维持社会秩序的作用，无论这些秩序的参与者之间熟悉与否。

（二）医院就诊秩序的习惯法属性

站在法律多元的立场，凡是为了维护社会秩序，进行社会管理，而依据某种社会权威和社会组织，具有一定强制性的行为规范，均属于法范畴体系之列，包括国家制定法和各种习惯法两类。[1]其中

---

〔1〕 高其才：《中国习惯法论》，中国法制出版社 2008 年版，第 3 页。

依据国家法产生并由国家力量所维持的秩序属于法律秩序，依据习惯法所产生和维持的秩序属于习惯法秩序。这是两类在内容上有交叉，但却各自独立存在和运行的社会秩序。

医院排队就诊的秩序是基于"先来后到"的习惯法产生和维持的，那么这样的秩序当然属于习惯法秩序。法律对于医院的主体资格、医生的执业资格、医疗行为、医患关系等都有相关规定，并因而形成了相应的医疗秩序的基本的、主要的框架。但是对于医院在运转过程中应当依据何种规范安排患者就诊，法律则没有规定，而是把它作为自治事项交付给了医院。或许有人会因为看到了医院的规定，看到了医院和医护人员基于各自角色和职责所具有的主导地位，便断定这种排队就诊的秩序是基于正式制度的秩序。则只能说明其只看到了问题的一个方面，而没有看到这些正式制度背后的非正式制度为其所提供的规范基础。

既然就诊秩序是法律放任调整的领域，亦即国家强制力不介入的领域，那就只能由国家法之外的社会规范亦即习惯来调整了。前已述及，在任何领域的任何平等主体之间，排队都是资源配置的约定俗成的行为规范，那么依据这样的习惯法安排医院的就诊秩序便是自然而然的事情了。有了这样的规范依据，人们便有了稳定的行为预期。在持续的实践中，不光在医院，人们在其他社会领域也能据以形成相对稳定的社会秩序。这些秩序都可以统称为习惯法秩序。在现实社会中，大量的社会秩序都属于这样的习惯法秩序，本文所述医院的就诊秩序只是这些习惯法秩序中比较明确具体的一类而已。

（三）城市习惯法在形成和维持社会秩序中的功能

"先来后到"的行为规范不仅适用于医院，我们无法想象，车站、码头、超市、饭店、图书馆、游乐场等场所在没有这一习惯法基础的情况下能产生稳定的排队秩序。因此可以说，城市社会的秩序形成很大程度上依赖于类似的习惯法。尽管在城市社会的各个领域，人们直接感受到的、行为所直接依据的，是各种各样的具体而明确的成文规范，但是支撑这些成文规范的基本原则和价值内核则通常是习惯法。即便是在陌生人之间，人们也会分享和认同一些价值观念、道德规范和行为习惯。其中的行为习惯部分，就是习惯法的内容所在。在特定的社会领域，在陌生人之间建立和维持社会秩序的关键，就是要寻找和识别这类具有共识的、难能可贵的习惯法规范。

古人说，徒法不能以自行。再好的法律也需要由人来执行。由于习惯法的形成通常是自生自发的，所以实施这些规范的人也就是相关事项的当事人自己、相关行业的具体从业者。如果当事人对习惯法的认同度越高，那么其实施便成本越低、效果越好。反之，如果当事人对习惯法的认同度越低，其实施便成本越高、效果越差。与国家法的实施主要靠国家强制力不一样，习惯法秩序的实施保障则要"柔软"得多，即主要靠当事人之间的监督和制约来实现。比如一旦插队者不遵守排队规范，守规矩的排队者对其的提醒乃至批评就变得理所当然。

有人的地方就有秩序，无分熟人还是陌生人。我们看到城市社会的各个角落里都充满了陌生人，但是几乎没有什么地方是没有秩序的。这些角落里未必有政府人员的身影，未必是适合法律调整的地方。但是不妨碍习惯法的适用，在大范围内形不成统一秩序的，在较小的范围内就可以，比如一家医院、一家公司、一所学校、一个社会组织内部等。每一个社会组织、社会主体的内部秩序都构成了整个社会秩序的有机部分。这些主体内部的人们以及这些主体之间的人们之间多是陌生人，他们无须也很大程度上不可能成为熟人，但是这不影响在他们之间产生基于习惯法的社会关系和社会秩序。

五、结论

针对本文的问题，通过医院就诊秩序的个案观察，发现在城市特定区域的陌生人之间可以形成基于具体习惯法的社会秩序。这类据以形成和维持社会秩序的习惯法通常是人们所公认并遵守的基本行为规范。在没有相关社会组织或者个人将其成文化、具体化的情况下，人们对这些基本行为规范的实施是自发而散乱的。但是一旦相关主体或个人以此为基础，结合自身的需要将其具体化为系统的行为规则，就能在相应的区域范围内产生并维持为人们所希望的社会秩序。这便在一定程度上印证了本文的命题，即共同认可和遵守的习惯法规范，是城市社会的陌生人之间形成和维持相对稳定的社会秩序的重要依据。这种基于习惯法的社会秩序可以称之为"习惯法秩序"。当然，限于本文观察视野的局限，上述研究结论尚需要更多的事实予以验证。至于陌生人之间何以对诸如"先来后到"之类的排队习惯法具有共识并自觉遵守，以及这类习惯法的作用边界、效力机制等，也是在城市习惯法这一主题下需要进一步研究的问题。

习惯法视野下的微信群群主踢人权

——以山东省莱西市人民法院柳某某诉刘某某名誉权纠纷案为对象

高其才

一、引言

微信是腾讯公司于 2011 年 1 月 21 日推出的一个为智能终端提供即时通讯服务的免费应用程序，具有即时通信、发送数据、共享咨询、社交应用等功能。按照官方网站的介绍，微信是一种生活方式；超过十亿人使用的手机应用；支持发送语音短信、视频、图片和文字；可以群聊，仅耗少量流量，适合大部分智能手机。[1] 截止到 2016 年第二季度，微信已经覆盖中国 94% 以上的智能手机，月活跃用户达到 8.06 亿，用户覆盖 200 多个国家、超过 20 种语言。此外，各品牌的微信公众账号总数已经超过 800 万个，移动应用对接数量超过 85 000 个，广告收入增至 36.79 亿人民币，微信支付用户则达到了 4 亿左右。微信提供公众平台、朋友圈、消息推送等功能，用户可以通过"摇一摇""搜索号码""附近的人"、扫二维码方式添加好友和关注公众平台，同时可以将微信内容分享给好友以及将用户看到的精彩内容分享到微信朋友圈。[2] 微信已经成为许多人日

---

〔1〕 参见 https://weixin. qq. com/，2020 年 1 月 6 日最后访问。

〔2〕 参见 https://baike. baidu. com/item/%E5%BE%AE%E4%BF%A1/3905974? fr = aladdin，2020 年 1 月 6 日最后访问。

常交流、联络的主要方式。不少人通过建立、加入微信群等方式进行互联网群聊，[1]交流各种信息，发表各自看法。

微信群由群组建立者、管理者、成员等组成，群组建立者即群主对微信群的正常运行起着关键的作用。微信群是随着互联网、通信技术等的发展而出现的、存在于网络空间的一个特殊的社会群体，在不断运行的过程中逐渐形成和完善了微信群规范。这些自发产生的规范调整微信群群主与群员之间的相互关系，维持微信群的正常秩序。这些微信群规范为非国家法意义上的习惯法，[2]是当代中国城市习惯法的组成部分。

随着移动互联网的快速发展，微信群等互联网群组在方便了城市市民的工作生活、密切了民众相互之间情感交流的同时，也产生了越来越多地涉及微信群规范的纠纷，有的甚至对簿公堂。2019 年7 月，山东省莱西市人民法院就审理了柳某某诉刘某某名誉权纠纷案即"将成员移出群聊群主成被告"一案，引起了社会各界对微信群群主将成员移出群聊即俗称的踢人权的讨论。本文以山东省莱西市人民法院柳某某诉刘某某名誉权纠纷案为对象，从习惯法视野下就微信群群主踢人权的依据、行使等进行初步讨论，以深化对当代中国城市习惯法的认识。

二、习惯法视野下的微信群群主踢人权的依据

自 2011 年 1 月开始出现微信以后，就逐渐出现了微信群。微信群是自发性形成的网络空间上的群体。为了群员交流的方便，组织建群的人即微信群的群主往往会提出几点微信群的规矩，要求微信群成员遵守；如有违反者，微信群群主就将该成员移出群聊即踢出群。微信群群主有将成员移出群聊权即俗称的"踢人权"。

---

〔1〕 按照《互联网群组信息服务管理规定》第 2 条第 2 款的规定，互联网群组，是指互联网用户通过互联网站、移动互联网应用程序等建立的，用于群体在线交流信息的网络空间。而互联网群组信息服务提供者，是指提供互联网群组信息服务的平台。本规定所称互联网群组信息服务使用者，包括群组建立者、管理者和成员。

〔2〕 本文所指的习惯法为非国家法意义上的习惯法，指独立于国家制定法之外，依据某种社会权威和社会组织，具有一定的强制性的行为规范的总和。参见高其才：《中国习惯法论》（第 3 版），社会科学文献出版社 2018 年版，第 3 页。

如 2018 年 5 月 31 日，山东省平度市人民法院立案庭法官于某某建立微信群，平度市律师、法律工作者通过相互邀请的方式可以加入该群。柳某某由其他律师邀请入群。2018 年 6 月 7 日，刘某某成为群主。6 月 9 日，刘某某在群内发布《群公告》，并@所有人，主要内容为：请大家实名入群；群宗旨主要交流与诉讼立案有关的问题；群内不准发红包；群内言论要发扬正能量，维护司法权威；违者，一次警告，二次踢群。该群成立后，群员之间一直在交流、讨论有关诉讼立案、诉讼退费等，并分享各自经验，刘某某、于某某等立案庭人员亦与群员之间互动交流。2019 年 1 月 21 日，柳某某先后在群内发布与诉讼立案无关的视频及评论，微信群群主刘某某就上述内容提醒柳某某注意言行。但柳某某未予理睬，并与群员何某在群内发生争执。经刘某某提醒后，柳某某仍继续发布相关言论。当晚 21 时许，微信群群主刘某某将柳某某移出该群。[1]

柳某某对微信群群主刘某某将自己移出该群表示异议，遂诉至平度法院。该案经青岛市中级人民法院指定管辖至莱西市人民法院审理。这就涉及微信群群主将成员移出群聊权即俗称群主踢人权的依据问题。

我国的国家法律法规规章如：《网络安全法》（全国人民代表大会常务委员会于 2016 年 11 月 7 日发布，自 2017 年 6 月 1 日起实施）、《互联网群组信息服务管理规定》（国家互联网信息办公室于 2017 年 9 月 7 日颁布，自 2017 年 10 月 8 日起实施）等没有明确对

---

〔1〕 柳某某诉称，其在平度法院为方便向律师、法律工作者提供诉讼服务而建立的"诉讼服务群"内正常聊天发言时，被群主刘某某以莫须有的理由无端移出群聊，并在其他律师拉柳某某重新入群时，予以拒绝，无法进入该微信群。柳某某认为，刘某某的行为严重损害了柳某某的声誉。请求："1. 要求刘某某重新邀请柳某某进入该群；2. 要求刘某某连续 3 天在该群内向柳某某公开赔礼道歉；3. 要求刘某某赔偿精神损害抚慰金 1 万元。诉讼过程中，柳某某撤回诉讼请求第 1 项；变更诉讼请求第 2 项为：要求刘某某通过书面形式或视频形式赔礼道歉；变更诉讼请求第 3 项为：要求刘某某赔偿精神损害抚慰金 2 万元。"法院认为，本案中，刘某某并未对柳某某名誉、荣誉等进行负面评价，柳某某提出的赔礼道歉、赔偿损失的主张，系基于其被刘某某移出群组行为而提起，不构成可以提起本案侵权民事诉讼的法定事由，不属于人民法院受理民事诉讼的范围。法院据此作出上述裁定。参见"山东'群主将成员踢出群成被告案'落槌"，载《人民法院报》2019 年 7 月 30 日。

微信群群主踢人权予以规定。相关的规范仅有《互联网群组信息服务管理规定》第9条第1款规定了互联网群组建立者、管理者应当履行群组管理责任，有责任规范群组网络行为和信息发布，构建文明有序的网络群体空间；第9条第3款要求互联网群组信息服务提供者应该为群组建立者、管理者提供必要的功能权限。这更多的是强调微信群群主等互联网群组建立者、管理者的微信群管理责任、义务。但可从权利与义务相一致的原则出发，大致理解微信群群主具有一定的权利。

因此，微信群群主踢人权的依据需要从习惯法的视野进行探讨。

微信群为网络空间的一个特殊的社会群体，是一个自治性的社会群体，群主等群的核心成员根据群的性质和目的而建群，并议定作为习惯法的群规进行日常管理。微信群作为网络空间的自治群体具有自我管理的特质，微信群群主具有习惯法意义上的自治群体管理权，其踢人权为自治群体管理权的组成部分，微信群群主的踢人权依赖于其自治群体管理权。

通常情况下，微信群是由个人建立的，如山东省莱西市人民法院柳某某诉刘某某名誉权纠纷案中，平度市人民法院立案庭法官于某某建立微信群，目的是供不特定的律师和法律工作者相互交流、讨论诉讼和立案方面的有关问题。这一微信群既是"虚拟中的现实，也是现实中的虚拟"，遵循"谁建群谁负责""谁管理谁负责"的自治规则。入群者需要按照契约遵守群规，承认和尊重群主的自治群体管理权。

在这一名誉权纠纷案中，作为群主的刘某某将发表不当言论的柳某某移出群聊是群主对本群进行管理的自治行为，符合群规，是有习惯法依据的。微信群群主的踢人权实为一种习惯法权利。

三、习惯法视野下的微信群群主踢人权的行使

在实践中，习惯法视野下的微信群群主踢人权的具体行使，需要遵循意思自治、公序良俗等原则，按照一定的程序进行。

微信群的建立是一个网络空间自治群体形成的过程，建立者通过相互邀请的方式入群，被邀请者根据自己的意愿决定是否入群或

者中途退群。

同时，微信群的群主、群员需要遵守法律法规和《腾讯微信软件许可及服务协议》进行交流，不能出现有违公序良俗的行为。按照《微信个人账号使用规范》第4.3条的规定，在微信群中实施违反此类行为的，一经发现，腾讯将根据情节对该微信群及该微信群的建立者、管理者和违规行为的实施者进行删除或屏蔽违规信息、警告、限制或禁止使用部分或全部功能直至永久封号的处理，并有权公告处理结果。

基于此，微信群群主有责任维护微信群的正常活动，群主应规范群聊行为，维护群聊内容的非违法性。对违反群规的行为进行批评、警告甚至行使踢人权。在莱西市人民法院柳某某诉刘某某名誉权纠纷案中，2018年6月9日，群主刘某某在群内发布《群公告》，强调请大家实名入群；群宗旨主要交流与诉讼立案有关的问题；群内不准发红包；群内言论要发扬正能量，维护司法权威；违者，一次警告，二次踢群。这就明确了群主踢人权的行使条件和程序。

微信群群主行使踢人权的条件为群员严重违反国家法律法规和群规。如违反群规发表与群宗旨无关的内容、在群内发广告等。在莱西市人民法院柳某某诉刘某某名誉权纠纷案中，2019年1月21日，柳某某先后在群内发布与诉讼立案等与群宗旨无关的视频及评论，这就违反了群规。当天，群主刘某某就提醒柳某某注意言行。但柳某某未予理睬，并与群员何某在群内发生争执。经刘某某提醒后，柳某某仍继续发布相关言论。这就严重违反了群规，使群主具备了行使踢人权的条件。微信群群主对是否具备行使踢人权条件的判断，主要看群员行为的情节、影响如是否引起群其他成员的公愤、认错的态度等。[1]

---

[1] 如一个"云际众筹股东群"的群规"四、T（踢）人规则"也有类似的规定："1. 对任何违反上述群规的行为，由管理员进行处理；2. 本群的违规处理步骤：（1）管理员提出口头警告；（一次机会）（2）管理员提出警告，并要求当场道歉（拒绝道歉者将被请出本群）；3. 引起公愤型，直接被请出本群；4. 对有违反群规行为严重者的成员，直接除名。"参见 https://buluo.qq.com/p/detail.html? bid=152884&pid=2-152884-3，2020年1月14日最后访问。

微信群群主行使踢人权的程序一般为先警告再踢人。在莱西市人民法院柳某某诉刘某某名誉权纠纷案中，2019年1月21日晚21时许，在提醒、警告无效后，群主刘某某行使踢人权将柳某某移出该群。此后在其他律师拉柳某某重新入群时，群主刘某某同样行使踢人权予以拒绝，将柳某某永远踢出这一微信群，使柳某某永久无法进入该微信群。

在这一案件中，微信群群主行使踢人权的结果是群员永久被踢出微信群。实践中，有的微信群群主行使踢人权仅为有时限的将有关群员踢出，经过一定时间，被踢出的群员承认自己违反群规行为的错误，表示改正并承诺不再违反群规，微信群群主便允许其重新入群。

当然，微信群群主在行使踢人权时也需要自我克制，秉承正当原则，符合法治要求，摒弃私人观念，恪尽应有职守，维护微信群的秩序。特别是，微信群群主需要尊重群员的依法自由表达思想、交流看法，不能妨碍群员正常的言论表达，影响其言论自由权的正常行使。微信群群主行使踢人权仅仅是基于违反国家法律法规和有违群宗旨，不能扩大化的运用。

值得注意的是，微信群群主行使踢人权引起的纠纷有增多的趋势，有的如莱西市人民法院柳某某诉刘某某名誉权纠纷案般进入法院要求通过司法进行解决。这就需要完善微信群群主行使踢人权的纠纷解决制度，建立系统的有针对性的调解制度、诉讼制度。

四、结语

在当代中国的城市生活中，微信群为一种网络空间的自治群体。从习惯法视野下认识微信群群主踢人权为一种习惯权利，具有习惯法依据，为微信群群主作为微信群管理者所具有的自治群体管理权的组成部分。

微信群群主具体行使踢人权须基于维护微信群秩序的正当目的，需要遵循一定的条件，按照一定的程序进行，不能主观任性、随意进行。

微信群群主行使踢人权需要建立在尊重群员的言论自由的基础上，符合法治原则，按照习惯法的原则与规范合理地行使。

自我卫护：习惯法视野下非常时期的城市社区管控规范*

——以2020年初防控新冠肺炎疫情为对象

高其才

一、引言

2019 年 12 月以来，我国湖北省武汉市部分医院陆续发现了多例有华南海鲜市场暴露史的不明原因肺炎病例，现已被证实为一种新型冠状病毒感染引起的急性呼吸道传染病，即新型冠状病毒感染导致的肺炎。[1]2020 年 1 月 20 日，国家卫生健康委员会发布 1 号公

---

* 按照学术惯例，部分人名进行了化名处理，特此说明。

[1] 在 2020 年 2 月 8 日举行的国务院联防联控机制发布会上，新闻发言人介绍新型冠状病毒感染的肺炎统一称谓为"新型冠状病毒肺炎"，简称"新冠肺炎"，英文简称"NCP"。在本文写作时，截至 2020 年 2 月 4 日 24 时，国家卫生健康委收到31 个省（自治区、直辖市）和新疆生产建设兵团累计报告确诊病例 24 324 例，现有重症病例 3219 例，累计死亡病例 490 例，累计治愈出院病例 892 例，现有疑似病例 23 260 例。累计收到港澳台地区通报确诊病例 39 例：香港特别行政区 18 例（死亡 1 例），澳门特别行政区 10 例，台湾地区 11 例。参见 https://news.sina.com.cn/c/2020-02-05/doc-iimxyqvz0354853.shtml，2020 年 2 月 5 日最后访问。截至 2 月 9 日 24 时，据 31 个省（自治区、直辖市）和新疆生产建设兵团报告，现有确诊病例 35 982 例（其中重症病例 6484 例），累计治愈出院病例 3281 例，累计死亡病例 908 例，累计报告确诊病例 40 171 例（湖北核减 87 例，江西、甘肃各核减 1 例），现有疑似病例 23 589 例。累计追踪到密切接触者 399 487 人，尚在医学观察的密切接触者 187 518 人。累计收到港澳台地区通报确诊病例 64 例：香港特别行政区 36 例（死亡 1 例），澳门特别行政区 10 例（治愈出院 1 例），台湾地区 18 例（治愈出院 1 例）。参见 http://www.nhc.gov.cn/xcs/yqfkdt/202002/167a0e01b2d24274b03b2ca961107929.shtml，2020 年 2 月 10 日最后访问。

告：报国务院批准同意，国家卫生健康委员会决定将新型冠状病毒感染的肺炎纳入法定传染病乙类管理，采取甲类传染病的预防、控制措施；同时将其纳入检疫传染病管理。从 1 月 23 日起，我国多个省市区启动突发公共卫生事件一级响应机制，[1]我国进入了防控肺炎疫情的非常时期。[2]

为切断传染源、阻断传播途径、防控肺炎疫情的输入和扩散，我国各城市提出了条块结合、条块联动的要求，按照属地防控、联防联控、群防群控的任务，强调将小区管住、社区管好。为此，非常时期的许多城市社区制订了有关疫情管控的规范，以遏制疫情蔓延势头，保障人民生命安全和身体健康，维护我国经济社会大局的稳定。

从习惯法视野认识，这些城市社区疫情管控规范为非国家法意义上的习惯法。[3]对之进行探讨，有助于具体认识非常时期城市社区管控规范的实际功能，全面理解非常时期城市社区的秩序维持，深入思考我国城市社区的基层自治，不断推进我国城市的社区治理，并拓展我国习惯法的研究领域，提升城市习惯法研究的水准。

本文以 2020 年防控新冠肺炎疫情为对象，运用网络上的材料，辅以作者的实际观察，探讨非常时期城市社区管控规范的制订依据，总结非常时期城市社区管控规范的制订主体，讨论非常时期城市社区管控规范的具体内容，分析非常时期城市社区管控规范的实际运行，对非常时期城市社区管控规范进行法理思考，以引起学界对此

---

〔1〕 2020 年 1 月 22 日 2：40，湖北省人民政府决定启动突发公共卫生事件二级应急响应。1 月 23 日，浙江省、广东省、湖南省启动重大公共突发卫生事件一级响应；1 月 24 日湖北省新型冠状病毒感染的肺炎疫情防控指挥部决定，启动湖北省重大突发公共卫生事件I级响应。截至 1 月 25 日晚 8 点，除了西藏自治区、香港特别行政区、澳门特别行政区、台湾地区以外，全国共有 30 个省（区、市）启动一级响应。参见 https://baijiahao.baidu.com/s？id=1656709437944988792&wfr=spider&for=pc，2020 年 2 月 10 日最后访问。

〔2〕 本文所指的非常时期，为《传染病防治法》所指的"传染病暴发、流行时"、"发生传染病疫情时"，即防控新型冠状病毒感染导致的肺炎疫情的特殊时期，具体时间为启动和实施突发公共卫生事件一级和二级响应期间。

〔3〕 本文所指的习惯法为非国家法意义上的习惯法，指独立于国家制定法之外，依据某种社会权威和社会组织，具有一定的强制性的行为规范的总和。参见高其才：《中国习惯法论》（第 3 版），社会科学文献出版社 2018 年版，第 3 页。

的关注和进一步讨论。

二、非常时期城市社区管控规范的制订依据

为防控疫情、维持秩序，非常时期城市社区制订管控规范的依据大体上可分为两类，即国家的法律法规规章和非国家的习惯法。

在国家的法律法规规章方面，《宪法》《传染病防治法》《基本医疗卫生与健康促进法》《突发事件应对法》《突发公共卫生事件应急条例》等对非常时期城市社区制订管控规范进行了直接或间接的规定。

我国《宪法》第111条对城市中的居民委员会等基层群众性自治组织的性质、职责进行了规定："城市和农村按居民居住地区设立的居民委员会或者村民委员会是基层群众性自治组织。居民委员会、村民委员会的主任、副主任和委员由居民选举。居民委员会、村民委员会同基层政权的相互关系由法律规定。居民委员会、村民委员会设人民调解、治安保卫、公共卫生等委员会，办理本居住地区的公共事务和公益事业，调解民间纠纷，协助维护社会治安，并且向人民政府反映群众的意见、要求和提出建议。"《居民委员会组织法》则对居民委员会这一城市主要的社区组织予以了具体的规范。

而疫情管控当属本居住地区的公共事务和公益事业。因此，《传染病防治法》[1]第9条规定："国家支持和鼓励单位和个人参与传染病防治工作。各级人民政府应当完善有关制度，方便单位和个人参与防治传染病的宣传教育、疫情报告、志愿服务和捐赠活动。居民委员会、村民委员会应当组织居民、村民参与社区、农村的传染病预防与控制活动。"这就明确了居民委员会这一城市中的基层群众性自治组织在非常时期传染病预防与控制活动中有组织居民防控疫情的地位和责任。

与非常时期城市社区制订管控规范相关的法律还有2019年12

---

[1]《传染病防治法》于1989年2月21日由第七届全国人民代表大会常务委员会第六次会议通过，2004年8月28日第十届全国人民代表大会常务委员会第十一次会议修订，并根据2013年6月29日第十二届全国人民代表大会常务委员会第三次会议《关于修改〈中华人民共和国文物保护法〉等十二部法律的决定》修正。

月28日第十三届全国人民代表大会常务委员会第十五次会议通过、于2020年6月1日起施行的《基本医疗卫生与健康促进法》。《基本医疗卫生与健康促进法》第20条第1款规定："国家建立传染病防控制度，制定传染病防治规划并组织实施，加强传染病监测预警，坚持预防为主、防治结合，联防联控、群防群控、源头防控、综合治理，阻断传播途径，保护易感人群，降低传染病的危害。"该法强调了"联防联控""群防群控""综合治理"，这在一定程度上为非常时期城市社区制订管控规范提供了依据。

而《突发事件应对法》（2007年8月30日通过，自2007年11月1日起施行）则要求居民委员会进行有关突发事件应急知识的宣传普及活动。《突发事件应对法》第29条第2款规定："居民委员会、村民委员会、企业事业单位应当根据所在地人民政府的要求，结合各自的实际情况，开展有关突发事件应急知识的宣传普及活动和必要的应急演练。"〔1〕

作为突发公共卫生事件应急方面的行政法规，《突发公共卫生事件应急条例》第40条对居民委员会等的职责进行了明确的规定："传染病暴发、流行时，街道、乡镇以及居民委员会、村民委员会应当组织力量，团结协作，群防群治，协助卫生行政主管部门和其他有关部门、医疗卫生机构做好疫情信息的收集和报告、人员的分散隔离、公共卫生措施的落实工作，向居民、村民宣传传染病防治的相关知识。"〔2〕

这表明，我国宪法、法律、行政法规等赋予居民委员会等城市社区在疫情等突发事件、突发公共卫生事件发生后包括制订管控规范在内的职责和权限。

同时，非常时期城市社区制订管控规范的依据也包括非国家的

---

〔1〕《突发事件应对法》第3条第1款规定："本法所称突发事件，是指突然发生，造成或者可能造成严重社会危害，需要采取应急处置措施予以应对的自然灾害、事故灾难、公共卫生事件和社会安全事件。"

〔2〕《突发公共卫生事件应急条例》第2条规定："本条例所称突发公共卫生事件（以下简称突发事件），是指突然发生，造成或者可能造成社会公众健康严重损害的重大传染病疫情、群体性不明原因疾病、重大食物和职业中毒以及其他严重影响公众健康的事件。"

习惯法依据。习惯法依据由城市社区的自治性质所决定。作为非国家的社会组织，居民委员会等城市社区组织制订的规范为非国家法意义上的习惯法。

作为居民自我管理、自我教育、自我服务的基层群众性自治组织，居民委员会有权根据《居民委员会组织法》第 15 条组织召开居民会议讨论制定居民公约，依法通过规约办理居民自己的事情；居民应当遵守居民会议的决议和居民公约。在防控疫情的非常时期，居民委员会等城市社区制订的管控规范实属特殊类型的专门性的居规民约、团体规约，对社区成员具有约束力。这是基于社会自治由社区成员基于非常时期的疫情而合意形成的管控规范，目的在于维护社区的整体利益，保障社区成员的生命安全和身体健康。

城市社区制订管控规范的习惯法依据重在体现城市社区成员的民主基础上的合意和共识。这种合意来源于疫情的特殊风险、成员自身的利益保障、各级政府的要求等。不过，在非常时期城市社区成员可能没有运用全体成员或者成员代表的会议形式，而是根据实际情况多运用微信群等网络、线上方式表达意愿，进行广泛讨论和形成共识，并根据政府的指导性意见制订具体的管控规范。

三、非常时期城市社区管控规范的制订主体

根据国家法律规定和具体实践观察，非常时期城市社区管控规范的制订主体主要为作为基层群众性自治组织的居民委员会，也包括社区党组织、业主委员会、物业公司等组织。

我国《宪法》规定居民委员会设治安保卫、公共卫生等委员会，办理本居住地区的公共事务和公益事业，并协助维护社会治安。《居民委员会组织法》则对此进行了具体规定，明确规定居民委员会可以组织居民制定居民公约。据此，非常时期城市社区管控规范大多由居民委员会制订。

这是由新冠肺炎疫情所决定的。新型冠状病毒是新发现的病原，新冠肺炎是以呼吸道传播为主的传染病。新型冠状病毒感染正处于流行的非常时期，人们对新型冠状病毒的来源、传染性、感染的传播途径和诊疗方法等，尚处于逐渐发现和不断认识的阶段。因此，

切断传染源、阻断传播途径、防控新冠肺炎疫情的输入和扩散，是防控疫情的重点和关键。采取病人隔离治疗、密切接触者隔离医学观察等甲类传染病预防控制措施，有利于迅速有效控制疫情。这次新冠肺炎疫情发生在我国春节假期期间，由于人员流动性大，导致防控难度极大。据此，必须按照"联防联控""群防群控"的原则，以城市社区等基层区域为防控的核心，抓住城市社区这一关键环节，从面上将城市社区管住。为实现这一目标，居民委员会等城市社区组织根据防控疫情非常时期的特点需要制订相应的管控规范。

同时，城市社区出台非常时期的管控规范也是各级政府的要求。在防控新型冠状病毒感染导致的肺炎疫情过程中，党和国家领导人、各级党委和政府十分重视城市社区等基层区域的重要性，强调充分发挥社会力量的积极作用。[1]如 2020 年 1 月 26 日，中央应对新型冠状病毒感染肺炎疫情工作领导小组会议要求"压实属地责任""充分发挥基层组织作用""强化群防群控"。[2]2020 年 2 月 2 日，中央应对新型冠状病毒感染肺炎疫情工作领导小组会议要求"推动防控力量下沉"。[3]国家卫生健康委员会于 2020 年 1 月 24 日发布《应对新型冠状病毒感染的肺炎疫情联防联控工作机制关于加强新型冠状病毒感染的肺炎疫情社区防控工作的通知》中强调"充分发挥社区动员能力，实施网格化、地毯式管理，群防群控，稳防稳控，有效落实综合性防控措施"。[4]

地方各级党委、政府认真落实国务院的要求，提出城市社区发

---

〔1〕 如国家主席习近平就此多次作出重要指示。如 2020 年 1 月 20 日习近平作出重要指示："组织各方力量开展防控，采取切实有效措施，坚决遏制疫情蔓延势头。" 1 月 25 日，习近平指出，加强社会力量组织动员，维护社会大局稳定。中共中央政治局常务委员会 2 月 3 日召开会议。会议强调，各地区要压实地方党委和政府责任，强化社区防控网格化管理，采取更加周密精准、更加管用有效的措施，防止疫情蔓延。分别参见《人民日报》2020 年 1 月 21 日、《人民日报》2020 年 1 月 26 日、《人民日报》2020 年 2 月 4 日。

〔2〕 参见 http://www.gov.cn/premier/2020-01-26/content_ 5472302. html，2020 年 2 月 6 日最后访问。

〔3〕 参见 http://www.gov.cn/premier/2020-02-02/content_ 5473987. html，2020 年 2 月 6 日最后访问。

〔4〕 参见 http://www.gaoqing.gov.cn/art/2020/1/26/art_ 4596_ 1878786. html，2020 年 2 月 6 日最后访问。

挥积极作用，确保"人要管住"目标的实现。如2020年1月24日，《北京市人民政府关于进一步明确责任加强新型冠状病毒感染的肺炎预防控制工作的通知》要求落实属地责任，健全辖区管理。居（村）民委员会应当按照要求积极做好对社区人员的防病宣传教育和健康提示；组织社区人员参与传染病防控活动；收集、报送相关信息；配合相关部门为居家观察的人员做好服务保障。2020年1月28日，《中共北京市委办公厅、北京市人民政府办公厅关于进一步做好新型冠状病毒感染肺炎疫情防控工作的通知》的第三部分为"推动重心下移，紧紧抓住社区（村）防控这个关键环节"。这一通知强调要"细化社区（村）防控措施""加强社区（村）力量，为社区（村）提供指导和帮助""要制定简便、易操作的社区防控实施办法""社区要组织开展爱国卫生运动，及时开展消毒、及时清运垃圾，营造卫生健康的居住环境"。之后，北京市下发了《北京市新型冠状病毒感染的肺炎疫情社区（村）防控工作方案（试行）》。2020年2月9日，《北京市新型冠状病毒感染肺炎疫情防控工作领导小组办公室关于进一步加强社区（村）疫情防控工作的通告》，要求严格居住小区（村）封闭式管理。又如湖北省江陵县新型冠状病毒感染肺炎疫情防控指挥部于2020年1月30日发布的第9号通告要求加强小区出入人员管理，对外来车辆、人员要开展体温检测，劝导佩戴口罩，并严格落实登记上报制度，发现有发热等疑似症状人员时第一时间向所在辖区社区报告。[1]再如浙江省丽水市新型冠状病毒感染导致的肺炎疫情防控指挥部于2020年2月1日下发了《加强小区（城中村）疫情防控管理工作要求》，就加强小区（城中村）规范管理工作提出实行分类管控：规范管理的小区由小区物业企业负责；各机关、企事业单位内部小区由各单位负责；其他小区由所在村（社区）负责；小区业主委员会要主动发挥作用，加强小区的监督和管理。[2]还如2020年2月4日安徽省宣城市宣州区新型冠状病毒感染肺炎疫情防控应急指挥部发出的《关于新型冠状病毒感染

---

〔1〕 参见 http：//www.sohu.com/a/369681969_120207620，2020年2月6日最后访问。
〔2〕 参见 http：//www.sohu.com/a/370115273_100188381，2020年2月6日最后访问。

肺炎疫情城区防控工作"十个一律"的通告（第 5 号）》中要求宣州区从外返回人员一律在 1 小时内主动向居住地社区报告；社区要在第一时间掌握返回人员信息，并做好防控工作安排。[1]湖北省武汉市新冠肺炎防控指挥部于 2020 年 2 月 11 日发布第 12 号通告，自即日起在全市范围内所有住宅小区实行封闭管理。[2]为落实各级党委、政府的要求，实现网格化管理防控疫情，保障社区成员的生命安全和身体健康，居民委员会等城市社区组织需要根据社区特点制订管控规范，维护非常时期的社区秩序，保护社区成员的利益。

在具体实践中，非常时期城市社区管控规范的制订既有居民委员会单独制订的，如北京昌平冠华苑小区居民委员会于 2020 年 1 月 29 日制订了防控疫情的管控规范；[3]也有居民委员会联合业主委员会、物业公司等共同制订的，如北京市海淀区上地南路社区居委会、上地佳园业委会、上地佳园项目部（物业公司）于 2020 年 1 月 27 日联合制订了防控疫情的管控规范。[4]还有居民委员会联合社区党组织、业主委员会、物业公司等共同制订的，如北京市海淀区上地西里党总支、上地西里居委会、上地西里业委会、上地西里项目部（物业公司）于 2020 年 1 月 27 日联合制订了防控疫情的管控规范。[5]还有社区党组织与物业公司共同制订的，如北京市海淀区上地东里第一社区党委、第二社区党总支、上地东里住宅物业部于 2020 年 1 月 28 日联合制订了防控疫情的管控规范。[6]另外有居民委员会联合社区党组织、共同制订的，如北京市海淀区上地南路党委、上地南路社区居委会于 2020 年 1 月 31 日联合制订了防控疫情的管控规

---

[1] 参见 http://www.xuanzhou.gov.cn/News/show/1091848.html，2020 年 2 月 6 日最后访问。

[2] 参见 https://news.sina.com.cn/c/2020-02-11-doc-iimxxstf0398559.shtml，2020 年 2 月 11 日最后访问。

[3] 参见 https://news.sina.com.cn/s/2020-02-02/doc-iimxyqvy9573160.shtml，2020 年 2 月 2 日最后访问。

[4] 2020 年 1 月 28 日实地观察所见。

[5] 2020 年 2 月 6 日实地观察所见。

[6] 2020 年 2 月 6 日实地观察所见。

范。[1]

有的城市还有以业主委员会名义制订管控规范的。如2020年1月29日，面对日益严峻的防疫形势，浙江省桐庐县城南街道上杭社区山水圣邸小区业主委员会主任通过微信群召开了小区自治防疫工作会议。会上讨论确定了"一名党员一栋楼、自己小区自己管"的工作方案。具体内容包括每个党员包干自己所住的楼道、组建业主志愿服务队进行群防群控、每天由业主委员会成员带队协助物业保安做好小区入口岗亭的防控值守、发动业主邻里互助等。业主委员会防控疫情自治方案在业主群公布后，得到了业主们的积极响应。[2]

由于在非常时期，城市社区组织在制订管控规范时，并不一定采用面对面的现场会议形式，大多根据实际情况采用微信群、电话等形式提出制订意向，讨论具体内容并表决通过、实施。居民委员会组织制订管控规范的居民会议或居民代表会议时的具体程序也会有相应的变化，一般做了一定的简化和缩略。

居民委员会等城市社区组织制订的管控规范通常以"通知""紧急通知""公示""工作方案""出入管理规定"等形式出现，表现方式多样。制订的时间多在2020年1月27日至2月2日之间。城市社区一般都强调管控规范为临时的管控规范，非永久的管控规范。

四、非常时期城市社区管控规范的具体内容

为切断传染源、阻断传播途径、防控新型冠状病毒感染导致的肺炎疫情的输入和扩散，有效防控疫情，非常时期的城市社区围绕此而制订管控规范。如下例：

---

〔1〕 2020年2月6日实地观察所见。

〔2〕 张丽："一名党员一栋楼，自己小区自己管"，载 https://mp. weixin. qq. com/s? src=11&timestamp=1580654054&ver=2134&signature=pBsTHAjKhxRvrM*qC8AT5SPToZaPn 60aGgBUb1a067MG1J7yxOmbQzkRT86YGL759DWM7HGhoXGys04K23XHGlVPPz－cgqvv0* NQUnPUgg43OdsRK3aR6EaM3ZPCqEG&new=1，2020年2月2日最后访问。

紧急通知

尊敬的上地佳园全体业主：

根据海淀区区政府和上地街道的统一部署，为了应对日益严峻的新型冠状病毒肺炎疫情，维护全体业主的健康和安全，上地南路社区居委会、上地佳园业委会、上地佳园项目部决定自 2020 年 1 月 28 日 12 时开始对小区采取临时管控措施，具体管控措施如下：

一、临时封闭小区东门及东南门，所有人员从小区西门出入；

二、业主凭门禁卡进入小区，无卡人员禁止进入对要来家中探访的亲朋好友，请您提前劝阻，以免耽误您的行程；

三、地下车库人口严禁无证车辆进入，同时对湖北牌照车辆进行临时管控；

四、严禁快递、快餐车辆及快递人员进入小区，所有快递须业主到西门自取，确需帮助的物业会提供协助；

五、消防车、救护车、警车等特殊车辆从西门进入小区。

临时管控措施可能会影响业主的出行及日常生活，项目部会安排专人提供最大的支持及帮助。鉴于目前的疫情，望广大业主对临时管控措施的支持和理解。

上地南路社区居委会

上地佳园业委会

上地佳园项目部（章）

2020 年 1 月 27 日

由此基本可知，非常时期城市社区管控规范的具体内容主要包括与疫情防控相关的通行管控规范、人员管控规范、车辆管控规范、防控措施管控规范等。

（1）通行管控规范。城市社区制订规范实行小区封闭式管理，进行通行管控，一般仅从一个大门进出。一般情况下，对于建筑面积 30 万平方米以下的小区，只能开放一个大门进出（30 万平方米以上的大型小区，最多开放两个大门进出）。如北京市海淀区上地东里第一社区党委、第二社区党总支、上地东里住宅物业部于 2020 年 1

月 28 日的《紧急通知》第 2 条规定："本社区车辆一律从西大门进入，出口为东、西大门。"但 1 月 30 日后社区又加强了管控，封闭了东大门，车辆都只能从西大门进出了。[1]北京市海淀区上地西里党总支、上地西里居委会、上地西里业委会、上地西里项目部（物业公司）的《紧急通知》规定："封闭北门的行人通道，禁止行人从小区北门进出小区；所有本小区居民从小区东门进出。"[2]北京市海淀区上地东里第一社区党委、第二社区党总支、上地东里住宅物业部的《紧急通知》第 1 条为："所有本小区居民从小区西大门进出，便于工作人员对进出人员进行体温测量及来访人员登记排查。"[3]

（2）人员管控规范。城市社区制订规范实行人员管控，严控外来人员。如北京市海淀区上地西里党总支、上地西里居委会、上地西里业委会、上地西里项目部（物业公司）的《紧急通知》要求"西里居民凭西里单元门的门禁卡或手机 APP 的单元门信息，进出小区东门；如果没有门禁卡或手机 APP，小区保安在出东门前发放一次性出门凭条，入门时，凭出门条进入小区""来访人员必须登记身份，由小区居民确认后，通过体温检测正常方可进入小区""其余人员（包括快递和送餐人员）不能进入小区，本小区居民在东门取快递和外买"。[4]自 2 月 1 日起，广东省惠州市东江学府二期不允许快递员进入小区，所有快递都只能放在驿站或是通知业主自行领取。2 月 2 日起，所有外卖人员也不允许进入小区。[5]安徽省铜陵市铜官区官塘社区党委要求物业发挥主体责任，新苑 1-3 区的物业管理人员负责巡查、劝阻小区内人员聚集聊天、打牌情况。[6]

（3）车辆管控规范。城市社区制订规范实行车辆管控，除了垃圾清运车、救护车、消防车、警车等特殊车辆外，严控其他外来车

---

〔1〕 2020 年 2 月 6 日实地观察所见。

〔2〕 2020 年 2 月 6 日实地观察所见。

〔3〕 2020 年 2 月 6 日实地观察所见。

〔4〕 2020 年 2 月 6 日实地观察所见。

〔5〕 "惠州多小区加强疫情防控措施 但部分小区防控存盲点"，载 http://huizhou. loupan. com/html/news/202002/4225310. html，2020 年 2 月 6 日最后访问。

〔6〕 魏琪："铜陵市铜官区官塘社区加强准物业老旧小区疫情防控"，载 http://ah. ifeng. com/a/20200206/8175537_ 0. shtml，2020 年 2 月 6 日最后访问。

辆。如北京市海淀区上地东里的《紧急通知》规定外部车辆禁止进入小区。[1]广东省惠州市江北海伦堡小区从 1 月 26 日起，非本小区业主（住户）人员、车辆一律不得进入小区。[2]

（4）防控措施管控规范。城市社区制订规范实行外来人员居家隔离、进入人员佩戴口罩、进入人员体温检测、公共场所日常消毒、特殊垃圾进行专门处理等。如北京市海淀区上地东里第一社区党委、第二社区党总支于 2020 年 1 月 28 日张贴《通知》："为保护居民安全，避免交叉感染，请居住在上地东里小区内的近期进京居民扫一扫下面的二维码，在家自行填写登记信息。"[3]北京市海淀区上地东里第一社区居委会于 2020 年 2 月 2 日发出《通知》，要求"乘坐交通工具刚进京的居民需居家隔离 7 天以后，再来居委会办理小区出入证"。[4]

许多城市小区出台进入人员佩戴口罩、体温检测的规范。如北京市海淀区上地南路党委、上地南路社区居委会于 2020 年 1 月 31日作出的《上地南路社区出入管理规定》第 4 条要求"进入小区人员请自觉佩戴口罩做好自身防护措施"。[5]2 月 5 日开始，广东省惠州市江北海伦堡小区要求保安对小区进出人员测量体温。[6]

在做好日常保洁工作的基础上，城市社区大多物业服务企业每天对电梯（内外按钮）、楼道、单元大厅、健身器材等公共区域消毒2 次，加强通风，做好消毒记录。如作为物业公司的北京市海淀区上地佳园项目部按照居委会的要求，每天对电梯等进行消毒；还在一楼电梯按钮和电梯内按钮旁提供用于按电梯的纸巾，减少接触，阻断传播途径。[7]

---

〔1〕 2020 年 2 月 6 日实地观察所见。
〔2〕 "惠州多小区加强疫情防控措施 但部分小区防控存盲点"，载 http：//huizhou. loupan. com/html/news/202002/4225310. html，2020 年 2 月 6 日最后访问。
〔3〕 2020 年 2 月 2 日实地观察所见。
〔4〕 2020 年 2 月 6 日实地观察所见。
〔5〕 2020 年 2 月 6 日实地观察所见。
〔6〕 "惠州多小区加强疫情防控措施 但部分小区防控存盲点"，载 http：//huizhou. loupan. com/html/news/202002/4225310. html，2020 年 2 月 6 日最后访问。
〔7〕 2020 年 2 月 6 日实地观察所见。

城市社区制订规范对废弃口罩等特殊垃圾进行专门处理。如安徽省铜陵市铜官区官塘社区党委要求在新苑1-3区的垃圾分类点统一设置废弃口罩专用桶，由保洁人员集中收集和处理废弃口罩。[1]

就实践来看，城市社区在非常时期制订的管控规范基本上没有责任规范，仅要求居民理解、配合和支持。个别的如河北省石家庄市尚乘源小区规定"由此产生的防控费用及责任由当事业主本人无条件承担"等内容。[2]

非常时期城市社区制订的这些管控规范内容集中，重点突出，权利义务明确，文字表述简洁清晰，为具体实施奠定了良好的基础。

五、非常时期城市社区管控规范的实际运行

非常时期城市社区制订管控规范后经过一定时间的宣传后予以实施，充分发挥了城市社区的动员能力，实施网格化、地毯式管理，群防群控，稳防稳控，并由各级政府、居民等各方力量进行监督，有力地防控了新型冠状病毒感染肺炎疫情的扩散和蔓延。

城市社区在非常时期管控规范的实际运行情况，从下例北京市海淀区上地佳园物业公司于2020年2月7日20时49分发布的《疾控日报》中可见一斑，这一《疾控日报》有文字和24张图片。

实创物业上地佳园项目部2020年2月7日疾控日报（摘要）

1. 对小区公共区域、员工宿舍、电梯、办公区区域等进行消杀。

2. 今日物业、社区居委会、派出所32人，参与小区外来人员管控值守。

3. 海淀区区委副书记、常务副区长孟景伟同志在2月6日晚慰问视察了小区值守情况，对小区物业、社区居委会、社区民警、志愿者等在疫情防治工作中做出的贡献表示感谢，并要求继续做好防治工作，坚决打赢疫情阻击战。

4. 2020年2月6日17点至2020年2月7日17点外地返京人员

---

[1] "铜陵市铜官区官塘社区加强准物业老旧小区疫情防控"，载 http://ah.ifeng.com/a/20200206/8175537_ 0. shtml，2020年2月6日最后访问。

[2] 倪某翔访谈录，2020年2月7日。

共5人（其中0人经地库入口进入小区），江苏镇江1人，内蒙古包头1人，江苏徐州2人，四川成都1人。上述人员都无发热身体不适现象，已要求其居家隔离14日。

另今日有1名给业主家中维修设备管道的维修工在小区西门进行了测温并询问有无出京记录后，无身体不适现象，允许其进入小区。

4. 今日共使用一次性口罩67个，一次性手套5双，消毒液10L。

5. 目前小区已暂停外来人员进入小区，如您有特殊情况可与物业服务中心联系。

防控已进入关键时期，请您出入做好防护措施，外出戴口罩；返京的业主，无论您从何地回京，为了您和他人的健康，都建议您自行隔离14天。

由此例，可以发现非常时期城市社区管控规范的实际运行包括管控规范的宣传、管控规范的执行、管控规范实施的监督等方面。

（1）管控规范的宣传。城市各社区在制订管控规范后在小区大门和门栋楼道等处张贴、在业主微信群等网络上公布、重点人员电话告知、个别当面说明、发放书面材料等方式宣传社区的管控规范，务使社区居民家喻户晓、个个了解、人人知悉，以得到广大居民的支持和配合，共同遵守，做好社区的自我防控。如新疆生产建设兵团第九师各小区由小区和各师直单位志愿者共同参与宣传疫情防控等各项措施、规定，得到了广大居民的理解和支持，为小区居民在疫情防控第一线做到了有效保障。[1]

（2）管控规范的执行。管控规范的生命力和意义在于及时达到严格的实施，这在防控传染性疾病疫情的非常时期尤为重要。城市各社区制订管控规范后，组织各方力量，运用多种形式，采取各种措施，及时、严格地执行管控规范。

---

〔1〕 "打好小区疫情防控保卫战"，载 http://www.btzx.com.cn/web/2020/2/1/ARTI1580551305447779.html，2020年2月7日最后访问。

在规范执行人员方面，一般由社区居民委员会组织社区党支部、物业公司等组织，落实社区干部、物业员工、志愿者等力量实施管控规范。有的社区还运用聘请临时工作人员等方式补充执行力量的不足。如北京市通州区中仓社区按楼栋组建 50 余个 "防控群"，覆盖辖区 4 个独立小区。每天起床，34 岁的社区党支部书记、居委会主任张娜要做的第一件事就是打开手机，在工作群里安排社区网格长、楼栋长、单元长对各自负责的区域进行摸排。5 日一早，张娜又带着社区干部和志愿者到小区出入口换班，查看登记表。随后，张娜和社区工作人员挨家挨户走访，排查从外地返京人员，监测重点人员体温，登记造册。[1]

需要指出的是，物业公司在社区管控规范的执行方面起着十分重要的作用。如从 2020 年 1 月 20 号开始，武汉华大家园小区仅保留一个出入口，严格禁止外来人员和车辆进入小区，物业服务中心工作人员每天对小区住户进行体温测量。为保障小区居民生活物资，物业服务中心积极联系社区志愿者，每天定点给小区居民送爱心菜。武汉华大家园小区共有 1766 位住户，经过社区、物业和业主共同努力，截至 2 月 9 号无一例感染，无一例疑似。[2]

同时，党员等热心居民作为志愿者也积极参与管控规范的执行。如河南省郑州市建新南街社区 68 号院暂无业委会，也没有物业管理，属于 "无主管楼院"。作为退役军人的社区党支部书记陈伟，在退役军人志愿服务队微信群一问，不少人 "请战"。怕人多易交叉感染，陈伟将志愿者分成 4 班，4 人一班，24 小时坚守卡点，配合入户巡查、测量体温。[3]

---

〔1〕 "令人动容的照片背后"，载《人民日报》2020 年 2 月 7 日。

〔2〕 2020 年 2 月 9 日微信公号 "湖北经视"，载 http://news.sina.com.cn/c/2020-02-10/doc-iimxxstf0176418.shtml，2020 年 2 月 10 日最后访问。

〔3〕 在城市社区执行管控规范时，需要耐心劝说。如 "我就必须进！" 正月初三，有人到建新南街社区 68 号院串门，被 "守门人" 陈伟劝阻，不由吼了起来。"你就不能进。" 陈伟态度坚决，却赔着笑。"你有啥权力？" "我没权力。可万一携带病毒造成传染，后果严重。" 对方不听，竟想动手。陈伟仍旧赔笑，"打架？你要负法律责任。" 苦口婆心劝半天，来人终于消了气，没进门。参见 " '召必来' 的老兵志愿服务队"，载《人民日报》2020 年 2 月 7 日。

在规范执行方式方面，城市社区主要为严格管控与热心服务两类。一方面城市社区按照社区管控规范进行非常时期的严格管控。如 8628 居民中有流动人口 5627 人的浙江杭州市余杭区亭趾社区，所属的 4 个小区都只留一个门进出，值守人员 24 小时在岗，共有 50 多个值守人员，防控工作有条不紊。[1]另一方面，各社区想方设法为居民提供各种服务。如上地南路社区党委与新发地百舸湾公司协商，由该公司为社区的 5 个院落居民每周一次送菜上门，居民把提前预订好的蔬菜用微信支付给商家，商家把蔬菜直接送到家门口。[2]

对因疫情居家隔离的居民，社区更是提供各种帮助。如江苏省南京市建邺区奥体社区网格管理员唐莹雅在 1 月 26 日，正月初二晚上敲响了跟从武汉出发的父母一起到国外旅游刚刚回家的田某家的门。唐莹雅送上居家医学观察告知书，然后测量体温、消杀楼道用品和药物。此后她为居家医学观察期的田某一家送了用品和药物，提供周到服务，做好保障工作。[3]

有的社区居委会还协助居民解决疫情防控用品的问题。如上海市浦东新区花木街道牡丹第三居委会就与附近的药店联系后通过发放"预约购买凭证"形式有序满足居民购买口罩的需要。"预约购买凭证"上载明购买的药店名称、去购买的时间，还特别强调"请按本凭证规定的购买日期内前往药店购买。逾期失效。待下一次重新预约；本凭证遗失不补，购买后交药店收回"。[4]

在规范执行措施方面，城市社区通常采用摸排调查制、检查登记制、出入管理制、居家隔离制等措施，保障管控规范的具体实施。

各社区运用摸排调查制。如上海市金山区山阳镇金豪居委会通过 99 名楼组长、36 名网格长、网格员逐一排摸，对于楼组长暂时联系不上的居民，居委会按照楼组包干块区责任制，每位块长自己联

---

〔1〕 "群策群力筑防线"，载《人民日报》2020 年 2 月 7 日。

〔2〕 王晶晶访谈录，2020 年 2 月 3 日。

〔3〕 "'90 后'网格员的防疫镜头"，载《人民日报》2020 年 2 月 7 日。

〔4〕 黄某提供，2020 年 2 月 2 日。

系，确保 2568 户居民全覆盖、不遗漏。[1]再如北京市海淀区上地佳园小区的居民张东明在 2020 年 1 月 28 日上午 10 点接到小区居委会工作人员打来的电话，询问是否离京过、家里现在住着哪些人等。[2]又如无物业管理小区的湖南省长沙市湖畔社区白杨现代城党员刘锋就组织小区内的其他业主一起组建起了小区的微信群，并在群里号召其他党员站出来。有 5 名党员站出来成立了业主自治小分队，积极配合社区开展进小区挨家挨户地进行摸排调查等各项防疫工作。[3]

各社区落实检查登记制。如北京市海淀区清河文苑小区按照管控规范要求外地回小区的居民登记的信息包括从哪里来、回来的火车车次或飞机航班对、沿途戴口罩情况、身体情况等，并需要将火车票、飞机行程单等拍照上传。[4]又如安徽省宿松县孚玉镇龙井社区严格执行小区进出登记，对外来人员需详细登记个人信息、有无武汉出行史，并进行身份核查和体温测量，做到严防严控，有序管理。[5]

各社区实施出入管理制。不少社区制作了出入证。如北京市通州区中仓社区居委会为本小区居民制作出入证，方便日常进出，也便于更好地管控外来和返京人员。[6]安徽省宿松县孚玉镇龙井社区为方便小区常住居民进出、有效排查外来人口，于 2020 年 2 月 5 日，紧急制作了 3500 张小区人员出入证发放到小区居民手中，一户一卡，一户一编码，小区住户出示该卡片、测量体温正常即可进出小区。[7]因出门证的使用加大了病毒传染风险，河北省石家庄市尚乘源小区疫控办要求小区业主从 2 月 6 日起出入均需要提供动态口

〔1〕 参见 https://cj. sina. com. cn/articles/view/5044281310/12ca99fde02001644p？cre＝tianyi&mod＝pcpager_ society&loc＝4&r＝9&rfunc＝18&tj＝none&tr＝9，2020 年 1 月 31 日最后访问。

〔2〕 张东明访谈录，2020 年 2 月 3 日。

〔3〕 "加强小区自治，强化疫情防控"，载 https://baijiahao. baidu. com/s？id＝1657689132342016317&wfr＝spider&for＝pc，2020 年 2 月 6 日最后访问。

〔4〕 麦修齐访谈录，2020 年 2 月 3 日。

〔5〕 "龙井社区：疫情防控时期发放小区出入证"，载 http://www. ahssnews. com/system/2020/02/06/011686829. shtml，2020 年 2 月 7 日最后访问。

〔6〕 "令人动容的照片背后"，载《人民日报》2020 年 2 月 7 日。

〔7〕 "龙井社区：疫情防控时期发放小区出入证"，载 http://www. ahssnews. com/system/2020/02/06/011686829. shtml，2020 年 2 月 7 日最后访问。

令，并请业主不外传。[1]

各社区采用居家隔离制。对从武汉市等疫情严重的地区返家居民，各社区大多按照管控规范采用居家隔离制。如北京市海淀区从疫情发生地区回京的人员，要切实按照要求居家观察 14 日，每日向居民委员会报告健康状况，配合做好相关部门对自我健康状况的随访或者电话询问。[2]广东省惠州市东江学府二期对小区内的湖北籍业主，要求隔离 7 天以上才能出门。[3]

在管控规范的执行过程中，对耐心劝说后仍不遵守规定的居民，社区一般通过报警等方式由国家执法部门等依法处理。如 2020 年 1 月 28 日上午 8 时许，湖北省十堰市茅箭区春华佳苑小区根据《十堰市新型冠状病毒感染的肺炎防控指挥部通告（第 14 号）》规定，将小区隔离，对出入小区的群众进行劝返和测量体温。该小区群众吴明欲外出，不听劝阻，情绪非常激动，强行将其所居住的小区出入口道闸杆损毁后驾车离去，破坏了疫情防控规定。接警后，附近执勤民警快速反应，迅速将吴明控制。民警介绍，吴明已构成"不遵守疫情防控公告规定故意损毁公私财物"的违法行为，因其认错态度良好，在主动赔偿了小区道闸杆的损失费用 300 元、得到谅解后，经茅箭区公安分局批准，吴明被处以行政拘留 3 日的处罚。[4]由此通过国家力量进一步保障了城市社区管控规范的效力。

（3）管控规范实施的监督。城市各社区在制订管控规范后由社区内居民和社区外面力量监督具体的执行情况。由于事关自身的切身利益，不少热心的社区居民关心社区的疫情防控情况，主动关注

---

〔1〕 2020 年 2 月 6 日的口令为：问："朱自清《春》第二段第一句"；答："一切都像刚睡醒的样子"。口令每日更新。倪仲翔访谈录，2020 年 2 月 7 日。浙江省宁波镇海招宝山街道鼓韵花苑小区、湖南省长沙天心区通用时代小区等社区也如此。载 https://new. qq. com/rain/a/20200213A06I6300，2020 年 2 月 13 日最后访问。

〔2〕 常玉访谈录，2020 年 2 月 2 日。

〔3〕 "惠州多小区加强疫情防控措施 但部分小区防控存盲点"，载 http://huizhou. loupan. com/html/news/202002/4225310. html，2020 年 2 月 6 日最后访问。

〔4〕 十堰市公安局茅箭分局："不遵守疫情防控公告 男子损毁道闸杆强行出小区被行拘"，载 http://www. shiyan. gov. cn/2020ztzl/zzcc/qfqz/202001/t20200128_2004657. shtml，2020 年 2 月 7 日最后访问。

防控规范的执行。如北京市海淀区清河文苑小区居民麦修齐在 2020 年 2 月 1 日晚上 9 点听说本小区有从武汉返家的居民后，通过微信马上联系居民代表、物业人员等，要求他们立即去该居民家，按照小区防控疫情的规范采取居家隔离。[1]

为接受居民监督，许多社区通过微信群等方式向居民进行疫情防控日报。如为了让居民及时掌握小区疫情防控动态，安徽省合肥市高新区蜀麓中心从 2020 年 1 月 30 日起在辖区 12 个商业住宅小区全面实行疫情防控日报制度。由小区物业公司每天对小区进行详细排查，并与社区居委会摸排信息进行比对，确定疫情防控信息，每天定时在小区业主群发布"小区疫情防控信息日报"，内容不仅包括小区疫情动态、邻居行程动态、物业人员身体健康状况，小区疫情防控信息日报里还通报小区清洁消毒等疫情防护动态、小区废弃口罩专用桶分布情况、小区存在问题和困难以及物业协助电话等业主关心的内容，请居民监督防控规范的执行情况。[2]

各级党政领导、工作人员和新闻媒体等则通过检查、慰问等形式从外部监督社区管控规范实施情况。如 2020 年 2 月 5 日，浙江省省长、省新型冠状病毒感染肺炎疫情防控工作领导小组组长袁家军来到杭州市拱墅区杭钢北苑社区。在社区入口处，临时设立的值守点有 5 名工作人员，正在为进出居民测量体温并登记信息。在工作人员说明来意后，街道人大工委主任徐长荣和社区书记施建挺介绍，截至目前社区共排摸发现 30 名密切接触者，目前正实行严格的"居家隔离硬管控"。袁家军走进其中的一户察看隔离措施落实情况，发现贴封条、24 小时监控等措施都严格执行到位。[3]这种社区外部的监督

〔1〕 麦修齐访谈录，2020 年 2 月 1 日。

〔2〕 项磊："合肥高新区蜀麓中心实行疫情防控信息住宅小区日报制度"，载 https://baijiahao.baidu.com/s？id=1657434430074227546&wfr=spider&for=pc，2020 年 2 月 7 日最后访问。

〔3〕 袁家军充分肯定社区干部工作到位，叮嘱他们在非常时期要有非常之担当，发动群众、组织群众、依靠群众，坚持不懈群防群控，共同战胜这场疫情；要进一步把群众工作做细，既要"硬隔离"，更要"软服务"。参见"袁家军主持召开省防控领导小组例会并在杭检查暗访：依靠管用的机制打赢疫情防控阻击战"，载 http://www.zj.gov.cn/art/2020/2/5/art_1554467_41880522.html，2020 年 2 月 6 日最后访问。

往往与对居委会干部的责任追究联系在一起，监督力度极大。[1]

不过，由于有的城市社区制订的管控规范存在明显违反国家法律、严重限制居民自由的情况，因此在管控规范的实际执行中就产生了社区规范制订者与部分居民的矛盾甚至冲突，引起了一定的社会问题。如 2020 年 2 月 1 日，河南省南阳市南石医院的护士下班回租住的小区遭阻拦，阻拦者认为南石医院是新型肺炎定点医院，害怕她们携带病毒回家感染人。[2]北京市海淀区图景嘉园小区居委会于 2020 年 1 月 28 日规定外地回京人员须自己在外面隔离 14 天才能进小区，并电话通知了部分在京外的小区租户。在受到部分受影响居民的强烈反对并在政府有关部门的干预后，1 月 30 日晚上才修改规定，允许外地回京人员自 1 月 31 日 8 时 30 分开始在图景嘉园小区北门门口办理登记后进入小区，但需要签保证书，同意定期上门测体温、几天内不能出去。[3]广东省深圳市宝安区沙井街道东塘社区党委规定对湖北籍的居民朋友们暂停用水，请凡是湖北籍或与湖北籍有过接触及来往的居民朋友们，在返深后第一时间到社区工作站进行登记，配合社区"三位一体"防控小组做好健康监测，并同时恢复用水功能。[4]这种规范的实际运行情况影响了居委会等非常时

〔1〕 至今为止，已经有一些城市社区的工作人员因防控疫情不力被追责问责。如湖南省湘潭市经开区和平街道杉山社区党总支书记张学文因履职不力于 2020 年 2 月 4 日被免职、雨湖区昭潭街道宝庆路社区居委会委员陈敏因履职不力于 2020 年 2 月 4 日被诫勉谈话。参见"湘潭：疫情防控期间，26 人被追责问责"，载 http://www.hnmsw.com/show_article_ 120086.html，2020 年 2 月 7 日最后访问。

〔2〕 医院领导过来该小区也没有能够解决。之后医院汇报后，南阳市防控指挥部发布通知解决医护人员出行问题，制作临时工作证作为进出小区的通行证。小区值勤人员见此必须放行。载 http://news.163.com/20/0205/01/F4J9NU280001875P.html，2020 年 2 月 8 日最后访问。

〔3〕 "返京者深夜有家难回"，载 https://baijiahao.baidu.com/s? id=16571652340773 54982&wfr=spider&for=pc，2020 年 1 月 31 日最后访问。还有其他比较简单化、极端化的城市社区管控规范。郭少利访谈录，2020 年 2 月 4 日。

〔4〕 一位社区的工作人员在电话中告诉记者："主要是有部分湖北或者途经湖北的人员返深后不主动报告，我们社区网格员难以追踪到个人的信息。如果给大家带来了不便，我们感到抱歉。只要扫描门上张贴的二维码并填写登记表，我们会立刻开通。"参见 https://baijiahao.baidu.com/s? id=1657584066704463221&wfr=spider&for=pc，2020 年 2 月 10 日最后访问。

期城市社区管控规范制订者、执行者的权威，影响了非常时期城市社区管控规范的实际效力。

需要看到，由于城市社区具有不同的类型，封闭型社区、单位型社区执行管控规范就比较到位，而半开放型社区、开放型社区可能就稍差一些；业主委员会权威性强、物业管理规范、人员责任心强的社区，执行管控规范就认真、严格，反之就效果不太理想。

实践中，非常时期城市社区管控规范的执行也存在一定程度的先严后宽、时紧时松、前后不一、昼夜有别的现象。如根据笔者的观察，北京市海淀区上地东里社区规定对进出人员进行体温测量，但是实际并没有完全执行到位。有的城市社区在执行每天进行公共场所消毒规范方面也存在某种死角。

不过，由于事关小区居民生命安全和身体健康的切身利益，加之非常时期的社会氛围，城市社区在非常时期制订的管控规范总体上能够得到严格的执行，实际运行效果较好，达到了社区制订管控规范的预想目的。

六、非常时期城市社区管控规范的法理思考

虽然本文初稿完成时非常时期还没有结束，[1]不过探讨非常时期城市社区管控规范的法律性质，总结非常时期城市社区管控规范的社会作用，分析非常时期城市社区管控规范的进一步完善，对非常时期城市社区管控规范进行法理思考，这既有必要也极有价值。

非常时期城市社区管控规范为非常时期应对新冠肺炎疫情这一突发公共卫生事件而制订的具有自我卫护特定目的的临时规范。发生新冠肺炎疫情后，我国全国人大常委会或国务院没有决定进入紧急状态而由各省市区各地启动突发公共卫生事件一级响应机制，我国城乡进入了事实上为紧急状态的非常时期。这一时期具有突发性、紧迫性、危险性、不确定性等特点，需要有针对性的制订管控规范。城市社区制订并实施管控规范极有必要。城市社区在非常时期能

---

〔1〕 本文初稿的完成时间为 2020 年 2 月 10 日。

够根据不同社区情况因地制宜地制订管控规范，具有快捷性、针对性，并更能为社区居民所遵守而具有有效性。这种自治性的管控规范体现了城市治理中强大的社会力量，弥补了非常时期政府力量、资源的有限和不足。非常时期的管控规范也显现出城市社区居民在特殊困难期间团结互助、邻里守望的优良美德和道义价值。运用微信群等现代技术手段，社区管控规范的制订并实施更为高效和透明。

由于疫情防控事关城市居民切身利益，事关城市社区和谐稳定，非常时期城市社区管控规范体现了我国疫情防控的全民动员、全面部署、全力支持的特点，通过社区管控规范实现了疫情防控的人人参与、人人尽力、人人共享。城市社区为应对疫情防控而在非常时期制订的管控规范，通过合意形式在特定阶段改变和约束了社区居民的正常行为，限制了居民的某些人身自由，加重了居民的社会义务，使社区居民为了公共安全与秩序而牺牲了个人的法律权利和自由。这是对城市居民在非常时期的特别要求，呈现了居民的社会责任和社会担当。这是我国《基本医疗卫生与健康促进法》《传染病防治法》等规定的"联防联控""群防群控""综合治理"的要求，体现了国家法律的原则和精神。同时，这也是我国举国体制下动员所有力量办大事的某种表现，城市社区管控规范所体现的这种行政指导下的社区组织能力、社区动员能力在防控新冠肺炎疫情非常时期尤有意义。

从 2020 年防控新冠肺炎疫情社区管控规范制订和执行实践观察，非常时期城市社区管控规范是一种政府指导下的自治规范，为一种非国家法意义上的习惯法。城市社区管控规范是根据法律和各级政府的规范性文件的精神和具体要求，由主要作为基层群众性自治组织的居民委员会组织居民制订并实施。这是城市社区居民为自我卫护而根据《宪法》《居民委员会组织法》办理本居住地区公共事务和公益事业、由居民依法办理自己事情的具体体现，是城市社区居民在非常时期为防控新冠肺炎疫情进行自我管理、自我教育、自我服务的一种形式。不过，在管控规范的制订和实施过程中，社区的自主性、自治性、内生性还有待提升。城市社区在非常时期制订并实施针对疫情防控的管控规范是社区的一种自我治理方式，体现了社区居民的共识和对社区事务的关注和参与，体现了居民参与社区治理的积极性，反映了社区居民的凝聚力和城市社区内部的活力。[1]当然，也应该看到有些城市社区在非常时期制订并实施管控规范反映了某种本位主义、画地为牢的观念，体现了一定的排他性意识，有的社区甚至出现极端化的规范，这与理性的自治精神有一定的距离，反映出我国城市社区自治的初级性。

客观上看，非常时期城市社区管控规范这种自治规范在疫情防控方面发挥了重要的作用。2014 年 10 月 23 日，中国共产党第十八届中央委员会第四次全体会议通过的《中共中央关于全面推进依法治国若干重大问题的决定》提出 "推进多层次多领域依法治理"，要求 "发挥市民公约、乡规民约、行业规章、团体章程等社会规范在社会治理中的积极作用"。2017 年 6 月 12 日印发并实施的《中共中央、国务院关于加强和完善城乡社区治理的意见》强调必须注重发挥基层群众性自治组织基础作用，充分发挥自治章程、村规民约、居民公约在城乡社区治理中的积极作用。2020 年这一非常时期的城市社区管控规范，正是市民公约、居民公约在非常时期的具体表现形式，在非常时期疫情防控的城市社区治理中发挥了积极的作用，有力地遏制了新冠肺炎疫情传播扩散蔓延的势头，为疫情防控奠定了坚实的基础，保障了居民的生命安全和身体健康，维持了非常时期城市社区的社会秩序。

当然，总结 2020 年初防控新冠肺炎疫情城市社区管控规范制订和执行的实践，应当遵循法治原则、民主原则、合理性原则，避免出现群体性事件等疫情防控的次生事件，坚持以人民为中心理念，进一步完善非常时期的城市社区管控规范，进一步完善城市社区治理规范，推进法治社会建设。

1999 年 3 月，我国《宪法》第 5 条增加一款："中华人民共和国

---

[1] 当然，事实表明，我国许多城市社区的自治能力还比较低。如根据访谈，湖北省武汉市有的社区在 2020 年 2 月 5 日时还没有制订管控规范，实施封闭管理。钱克平访谈录，2020 年 2 月 6 日。

实行依法治国，建设社会主义法治国家。"这就要求即使在非常时期也要依法办事，坚持运用法治思维和法治方式开展疫情防控工作，[1]城市社区管控规范的制订和执行不能背离法治原则。[2]特别是非常时期为了疫情防控的公共利益而对居民权利进行限制，这既必要也合理。[3]但是，城市社区管控规范对居民权利的限制不能超过必要的限度，更不能突破人权保护的最低标准。[4]对行为自由的限制应当按照比例原则，衡量收益与付出的关系，提高社区治理的精细化水

---

〔1〕 2020年2月5日，中共中央总书记、国家主席、中央军委主席、中央全面依法治国委员会主任习近平主持召开中央全面依法治国委员会第三次会议并发表重要讲话。他强调，要在党中央集中统一领导下，始终把人民群众生命安全和身体健康放在第一位，从立法、执法、司法、守法各环节发力，全面提高依法防控、依法治理能力，为疫情防控工作提供有力法治保障。习近平指出，当前，疫情防控正处于关键时期，依法科学有序防控至关重要。疫情防控越是到最吃劲的时候，越要坚持依法防控，在法治轨道上统筹推进各项防控工作，保障疫情防控工作顺利开展。会议还通过了《中央全面依法治国委员会关于依法防控新型冠状病毒感染肺炎疫情、切实保障人民群众生命健康安全的意见》。参见《全面提高依法防控依法治理能力为疫情防控提供有力法治保障》，载《人民日报》2020年2月6日。

〔2〕 上海市、浙江省、北京市等地的人大常委会都在2020年2月7日召开特别会议作出决定，为疫情防控紧急立法。如《浙江省人民代表大会常务委员会关于依法全力做好当前新型冠状病毒感染肺炎疫情防控工作的决定》由浙江省第十三届人民代表大会常务委员会第十八次会议于2020年2月7日通过并施行。该决定规定"居民委员会、村民委员会应当发挥自治作用，协助相关部门做好社区疫情防控宣传教育和健康提示，落实相关防控措施，及时收集、登记、核实、报送相关信息。业主委员会、物业服务企业应当配合做好疫情防控工作"。参见《浙江省人民代表大会常务委员会关于依法全力做好当前新型冠状病毒感染肺炎疫情防控工作的决定》，载《浙江日报》2020年2月8日。

〔3〕 针对紧急状态，张帆提出了设置一种动态的限制公民权利原则的看法。参见张帆："论紧急状态下限权原则的建构思路与价值基础——以我国《突发事件应对法》为分析对象"，载《政治与法律》2020年第1期。

〔4〕 联合国《公民权利及政治权利国际公约》第4条规定，国家在紧急状态下有权采取措施克减公民的权利，但克减的程度以紧急情势所严格需要者为限。一些最重要和最基本的公民权利不能被克减和限制，包括生存权、不受虐待或者酷刑的权利、不受奴役或者苦役的权利、受到公正刑事审判的权利、法律面前人人平等的权利等。在针对当地社区时，2016年世界卫生组织发布的《传染病暴发中伦理问题的管理指南》（Guidance For Managing Ethical Issues In Infectious Disease Outbreaks）首先提出的是"包容性、脆弱性、开放性、透明性、问责制"。对于疫情期间的大众自由，《传染病暴发中伦理问题的管理指南》强调的是"合理限制和最低限制原则"。参见"疫情应对中的社会治理机制"，载《社会工作》杂志微信公众号，2020年2月6日最后访问。

准。社区管控规范要尊重社区确诊人员、疑似人员及其家庭人员等的姓名权等人格权，保护其隐私；[1] 坚决防止对疫情严重地区人员、医护人员等与疫情防控相关人员的歧视、污名化、暴力等不公正对待。[2] 需要通过法治保障城市社区的自治建设、引导城市社区的自治发展、完善城市社区的自治体系。需要完善《居民委员会组织法》，进一步明确居民委员会的职责范围和权限；需要立法明确和完善业主委员会在社区治理中的法律地位和法律权利；需要立法赋予物业企业一定的参与社区治理的权利及其责任。

作为一种自治行为，城市社区制订和执行管控规范需要坚持民主原则。居民委员会等社区自治组织和其他社区组织要尊重社区居民的主人翁地位，通过微信群等多种方式召开居民会议或者居民代表大会征求社区居民的意见和建议，认真倾听社区居民的呼声，尊重少数人的要求，广泛动员社区居民的参与，调动社区居民关心非常时期的社区安宁和维护社区秩序的积极性，在社区居民个人利益与公共利益之间达致平衡。居民委员会等城市基层组织要将社区管控规范的制订和执行情况向全体居民进行报告，接受社区居民的监督。虽然为非常时期可以适当灵活安排，但必要的规范审议、表决程序方面的规定还是应该遵守，以增强管控规范的民意基础和合法性基础。城市社区需要形成多元治理格局，充分发挥居民委员会、物业公司、互助等专业性民间组织、志愿者等的积极性，培育公民社会的成熟。

同时，在制订特别是执行非常时期城市社区管控规范时要秉承善意，遵循合理性原则。居民委员会等社区组织在制订管控规范时

---

〔1〕 在传染病防治的过程中不但需要保障患者个人基本权利，还要兼顾社会利益，通过隐私公开、强制隔离等手段对患者个人权利进行限制。贺鑫探讨了传染病患者需要被保障和被限制的权利。参见贺鑫："传染病防治中个人权利的伦理学思考"，载《中国医学人文》2015 年第 9 期。

〔2〕 2020 年 2 月 9 日中午，网传河南省郑州市市一小区业主群里物业人员让小区业主举手表决不让医务人员进入小区。针对网传信息，郑州市防控办高度重视，立即进行全市排查，最终核实网传小区为经开区第二大街 46 号院，并责令辖区办事处现场调查核实，坚决纠正这一错误行为。载 http://www.jcrb.com/ajpd/ajmtpa/202002/t20200210_2109463.html，2020 年 2 月 10 日最后访问。王晨光提出如果对所有来自某一地区的人员进行无差别的隔离，就会造成对非病毒携带者自由权的违法限制。参见 "疫情防控工作不能简单粗暴"，载《法制日报》2020 年 2 月 5 日。

需要考虑各种情况，选择最优化方案，并根据执行的情况进行适当修改、调整。管控规范需要准备相应的配套措施，系统、总体的统筹安排。执行管控规范的登记、检测、隔离等制度时，尽可能进行人性化安排，事先广泛告知，措施合适可行，避免不文明措施，尽量提高效率、减少不便。居委会等组织的工作人员在执行管控规范时，应当理解社区个别居民在疫情防控非常时期的具体困难和特殊要求，尽可能创造条件予以解决和满足。

城市社区管控规范是非常时期对我国法治建设实际进展情况的一次检验，从中既有值得肯定的经验，也有需要改进、引以为戒的措施，还不乏不少深刻的教训，需要全面地从法的规范、法的理念方面进行认真的总结和反思。[1]

七、结语

为防止疫情扩散蔓延，保护社区居民的生命安全和身体健康，实现自我卫护，城市社区在 2020 年初防控新冠肺炎疫情的非常时期有必要制订管控规范。这既有国家法律法规的根据，也有非国家范畴的习惯法的依据。

非常时期城市社区制订的这些管控规范是在政府指导下的自治规范，属于社区居民委员会办理本居住地区的公共事务和公益事业事项范围内的行为，体现了居民委员会等城市社区组织自我管理、

---

〔1〕 可供参考的是，世界卫生组织发布的《传染病暴发中伦理问题的管理指南》要求疫情防控工作需要遵守 7 大伦理原则：①正义原则，包括公平分配医疗资源，避免出现歧视以及程序正义等方面；②福利原则，指为他人的利益而开展行动，在公共卫生背景下，仁慈原则是社会有义务满足个人和社区的基本需求，特别是诸如营养，住房，良好健康和安全之类的人道主义需求，以减轻痛苦；③效用原则，行动在促进个人或社区福祉的范围内是正确的，为了最大限度地发挥效用，需要考虑在一项行动中的潜在利益与任何损害风险之间取得平衡，并且以最低的成本实现最大的收益；④尊重自主原则，尊重个人的尊严、权利，如自由、隐私、知情同意权等；⑤自由，自由的许多方面都作为基本人权受到保护；⑥互惠原则，为人们做出的贡献提供"适当的回报"，鼓励互惠可以纠正流行病应对工作的收益和负担分配中的不公平差距。⑦团结，团结原则证明了面对共同威胁时采取集体行动是合理的，它还支持为克服破坏福利的不平等现象所作的努力以及遭受歧视的少数民族和群体。参见"泄露疫区返乡者的隐私涉嫌违法且破坏信任和团结"，载 http:// news. sina. com. cn/s/2020-01-27/doc-iihnzhha4984769. shtml，2020 年 2 月 6 日最后访问。

自我教育、自我服务的基层群众性自治组织的特质，为非常时期城市社区的自我治理形式。

城市社区是城市社会治理的基本单元。我们需要认真总结 2002 年初城市社区为防控新冠肺炎疫情制订和实施管控规范的实践，以此非常时期的疫情防控为契机，针对城市社区管控规范的得失承正纠错补强，坚持以人民为中心理念，进一步加强城市社区基层组织建设，推进城市社区的多元治理，进一步发挥城市社区居民参与社区事务的积极性，制订全面而良善的城市社区自治规范，更好地增强城市社区组织的活力和凝聚力，进一步提升城市社区的自治能力和治理水平，促进城市社区治理体系和治理能力的现代化，深入推进我国的法治社会、法治国家建设。

习惯法视角下突发公共卫生事件
应急指挥机构的组织和运行规范
——以新冠肺炎疫情防控工作领导小组和指挥部为对象

张　华、高其才

一、引言

为有效处置突发公共卫生事件，各级党政机关习惯于成立临时性的领导小组和指挥部，作为突发公共卫生事件的应急指挥机构，负责突发公共事件的应急管理工作。2020 年初，新冠肺炎疫情大规模暴发。为有效应对危机，全国各地纷纷组建了新冠肺炎疫情防控工作领导小组和指挥部（以下简称"领导小组和指挥部"），负责疫情期间的应急指挥工作。

通常而言，常态下的行政机关都有专门的机构组织法和编制法，规定其组织结构，规范其日常运转。而新冠肺炎疫情等突发公共卫生事件具有偶然性、紧急性、突发性、扩散性、不确定性、多变性等特征，于此情形下经由法定程序制定专门的组织法和编制法存在一定的困难，因而处于正式序列之外的领导小组和指挥部在实践中并没有多少国家法可以依照。在常态社会中，法律的作用尚有不足，"如果假定政治组织社会和它用来对个人施加压力的法律，对完成目前复杂社会里的社会控制的任务来说已经绰绰有余，那是错误的"。[1]而在紧急状态下，连法律在场都成了一个基本问题。"不以规矩，不成方圆"，在国家法缺位和不足的场域中，作为临时性应急指挥机构的领导小组和指挥部的设立和运行不可避免地更多依靠非正式的习惯法。[2]实践中，政治习惯、行政惯例、纪律规范、道德规范、职业规范以及危机处理惯例等都是领导小组和指挥部设立和运转的重要规范来源，它们为领导小组的设置和运行提供了正当化依据和规范化基础。舍此则领导小组的组织和运转将进入无序状态。也正是基于这样的原因，本文对领导小组和指挥部的组织和运行规范的考察主要从习惯法角度出发。

尽管习惯法意义上的组织和运行规范对作为应急指挥机构的领导小组和指挥部的设立和运行起着极为关键的作用，但目前学界尚未对这类组织和运行规范展开相应的学术研究。具体而言，一方面，尽管学界对同样以"领导小组"和"指挥部"为名的常规议事协调机构进行了不少研究，研究的范畴集中于机构的设立逻辑、组织形态、运作模式、历史演进和功能优化等，[3]但这些研究的出发点大多为常规状态，与新冠肺炎疫情等突发公共卫生事件下的危机状态并无太多关涉；[4]另一方面，尽管部分研究者对危机状态下的突发公共卫生事件应急指挥机构进行了一定的研究，但关注点主要在于机构的存在形式、功能角色、治理逻辑、治理手段和运行现状等，

---

[1] [美] 罗斯科·庞德：《通过法律的社会控制》，沈宗灵译，商务印书馆 2009 年版，第 14~15 页。

[2] 本文所指的习惯法为非国家法意义上的习惯法，指独立于国家制定法之外，依据某种社会权威和社会组织，具有一定的强制性的行为规范的总和。参见：高其才：《中国习惯法论》（第 3 版），社会科学文献出版社 2018 年版，第 3 页。

[3] 常见的议事协调机构的名称包括"领导小组""指挥部""工作小组""协调小组""委员会""联席会议"等。

[4] 参见周望：《中国"小组机制"研究》，天津人民出版社 2010 年版；周望：《理解中国治理》，天津人民出版社 2019 年版；李洪君、张晓莉："行政管理过程中的'小组'现象"，载《党政干部学刊》2005 年第 6 期；谢延会、陈瑞莲："中国地方政府议事协调机构设立和运作逻辑研究"，载《学术研究》2014 年第 10 期；朱春奎、毛万磊："议事协调机构、部际联席会议和部门协议：中国政府部门横向协调机制研究"，载《行政论坛》2015 年第 6 期。

与机构的组织和运行规范并无直接关联；[1]此外，盖伊·彼得斯、布莱恩·里德等域外研究者对突发公共卫生事件应对系统（ICS 等）的组织体系和运行机制进行了研究，但这些研究的关注点侧重于正式系统的体系机制而非临时机构的制度规范，且其出发点与落脚点与中国特色和举国体制鲜有关联。[2]概言之，新冠肺炎疫情下全国各地的应急指挥机构的组织和运行规范具体是怎样的，其包含哪些原则、包括哪些内容、具有何种特征等，在目前均是未竟之题。

本文的主要目的在于通过对新冠肺炎疫情防控工作领导小组和指挥部进行考察，展现危机状态下的应急指挥机构的组织和运行规范，呈现其原则、映现其内容、发现其特征，从而填补学术研究的空白，为将来的研究提供实证材料的支持。

二、领导小组和指挥部的组织和运行规范的基本原则

从具体实践来看，新冠肺炎疫情防控工作领导小组和指挥部的组织和运行规范的基本原则包括统一指挥、秩序为重、集中力量、效力优先、依靠群众、及时高效等方面。这些基本原则体现了指挥机构的组织和运行规范的特征、内容与价值取向，无形中约束着领导小组和指挥部的设立和运作。

第一，统一指挥。在卡里斯玛型权威的作用下，与疫情防控相关的权力与资源均向领导小组和指挥部集中，由领导小组和指挥部统一指挥、统一协调。从横向上看，一定区域内的领导小组和指挥

---

〔1〕 参见赵曜等："关于中国公共卫生应急体系若干问题的思考"，载《中国公共卫生管理》2020 年第 1 期；刘新萍、王海峰、王洋洋："议事协调机构和临时机构的变迁概况及原因分析——基于 1993～2008 年间的数据"，载《中国行政管理》2010 年第 9 期；刘鹏程等："我国突发公共卫生事件应急处置关键问题确认"，载《中国卫生政策研究》2014 年第 7 期。

〔2〕 参见 ［美］B. 盖伊·彼得斯：《政府未来的治理模式》，吴爱明、夏宏图译，中国人民大学出版社 2017 年版，第 75～92 页；Blaine Reeder, Anne M. Turner："Scenario-Based Design：A Method for Connecting Information System Design With Public Health Operations and Emergency Management"，*Journal of Biomedical Informatics*，2011，44（6）：978～988；Bochenek R, Grant M, Schwartz B："Enhancing the Relevance of Incident Management Systems in Public Health Emergency Preparedness：A Novel Conceptual Framework"，*Disaster Medicine & Public Health Preparedness*，2015，9（4）：415～422.

部统一指挥本辖区内的突发公共卫生事件应急处置工作,包括统一防控目标、统一调度分配资源、统一实施各项防控措施、统一开展医疗救助、公布统一的信息等。以武汉市新冠肺炎疫情防控指挥部发布的《武汉市新型冠状病毒感染的肺炎疫情防控暂行办法》(以下简称《暂行办法》)为例,该《暂行办法》第4条要求各指挥机构"按照属地管理原则,统一负责本区域内新型冠状病毒感染的肺炎疫情防控工作"。[1]从纵向上看,领导小组和指挥部统一指导下级指挥机构和有关部门开展疫情防控工作,所有与疫情防控相关的单位和个人均应无条件接受领导小组和指挥部的统一管理、统一调度、统一安排、统一部署,进行统一的活动、开展统一的工作。例如,济源市疫情防控指挥部要求下级各单位"无条件服从疫情防控指挥部的统一指挥",[2]确保指挥部的高效运转。而潜江市疫情防控指挥部则在原通告发布几小时后就取消了该通告,缘由是该通告不符合上级指挥部的"分区分级差异化防控策略",在纵向上有违统一指挥原则。[3]

第二,秩序为重。中国的新冠肺炎疫情防控工作之所以效果显著,在很大程度上源于对秩序的重视与强调。秩序为重的原则主要表现为两个方面。其一是对疫情防控秩序的强调。在整个应急响应期间,相对于其他秩序,疫情防控秩序具有更高的权威和效力,各方均应尊重并遵从之。一个较为普遍的现象是,领导小组和指挥部发布的"三个一律""四个一律""五个一律"乃至"十二个一律"等看似缺乏法律依据或看似有悖法律保留、法律优先原则的指令,[4]

〔1〕《武汉市新型冠状病毒感染的肺炎疫情防控暂行办法》,2020年1月29日发布。

〔2〕《济源新型冠状病毒感染的肺炎疫情防控工作指挥部公告》(5号),2020年1月28日发布。

〔3〕相关内容可参见潜江市新型冠状病毒肺炎疫情防控指挥部2020年3月11日发布的第27号通告以及湖北省新型冠状病毒感染肺炎疫情防控指挥部2020年3月11日发布的《湖北省新型冠状病毒感染肺炎疫情防控指挥部通告》。

〔4〕例如,领导小组和指挥部有关对未经许可上路行驶的人员一律处以行政拘留、罚款的指令有悖《行政处罚法》第9条关于"限制人身自由的处罚,只能由法律来设定"和第14条关于"其他规范性文件不得设定行政处罚"等规定,有悖法律保留和法律优先原则。

均得到了严格而全面的遵从、贯彻和实施。特别是在疫情较为严重的地区，自由必须服从秩序，与防控秩序无关的各项活动均被禁止，喧嚣的城市按下了暂停键。其二是对社会运转基础秩序的重视。在疫情防控工作正式开始后，各地领导小组和指挥部通常都会设立专业的工作组（办事机构），负责打击非法经营、哄抬物价、破坏交通等扰乱社会秩序的行为，确保经济秩序、生产秩序、正常的诊疗秩序等原有基础秩序的平稳运行，保障社会大局的稳定。在领导小组和指挥部的强力管控下，各类主体与各项活动均须服从于基本秩序，不服从秩序者将面临必要的惩罚。例如，对囤积居奇者施以惩处是疫情防控期间的一种常规操作。在秩序为重原则的强力支撑下，各项防控工作得以有序开展、有力推进。

第三，集中力量。"我们最大的优势是我国社会主义制度能够集中力量办大事。"[1]在本次新型冠状病毒肺炎疫情防控工作中，集中力量的原则亦充分展现与释放了其价值与潜能。例如，湖南等地实行集中专家、集中资源、集中救治等措施，保障了患者的及时救治。[2]纵观全国，在本次新冠肺炎疫情防控工作中，各地领导小组和指挥部按照集中力量的原则，通过集中权力、集中精力、集中人力、集中财力、集中时间的方式，集中一切可集中的力量、调度一切可调度的资源，有效保障了重点地区感染人员的及时救治，阻断了疫情的大范围传播，创造了疫情防控的"中国奇迹"。"万夫一力，天下无敌"，集中力量办大事是举国体制的特点和优势所在。通过集中力量我们往往能够在紧急事件应对、重大工程开发和重点领域建设中取得惊人的成绩，新冠肺炎疫情防控自然也不例外。

第四，依靠群众。依靠群众既是一种方法，也是一种原则。依靠群众的原则和方法体现于领导小组和指挥部组织和运行规范的各个方面。在组织规范方面，遵照着"打赢疫情防控这场人民战争，必

---

〔1〕 习近平："为建设世界科技强国而奋斗——在全国科技创新大会、两院院士大会、中国科协第九次全国代表大会上的讲话"，载《中国应急管理》2016 年第 6 期。

〔2〕 "坚持统一领导统一指挥统一行动　确保疫情防控工作有力有序有效"，载《湖南日报》2020 年 2 月 4 日。

须紧紧依靠人民群众"[1]的基本思路，领导小组和指挥部积极吸纳群众自治组织、社区工作者成为领导小组和指挥部的终端执行机构和执行人员，为其提供必要的工作条件和工作保障，由其负责防控措施的基层下沉。[2]同时在指挥机构之下设置群众联系平台与社区工作组，负责统筹社区、小区疫情防控工作，组织、引导、动员群众参与疫情防控工作中来，将群众路线贯彻到底。在运行规范方面，本着从群众中来，到群众中去的思想，领导小组和指挥部通过宣传引导、精神鼓励、物质嘉奖等政治动员的方式，调动普通群众的积极性，促进防控措施的落实。例如，湖北省房山县、江苏省泰州市高港区等地对主动就诊者、第一举报人奖励 1000 元。发放奖励金的做法看似投入了更多的资源和成本，实则发动了群众力量，降低了防控成本，提升了防控效果。

第五，及时高效。及时高效原则贯穿于领导小组和指挥部的整个存在过程。在组织方面，领导小组和指挥部通常仅通过临时"发通知"或通过一次小规模的会议即可组建完成并立即投入到前线指挥工作。[3]而且指挥机构设立之后，其组织架构和组成人员还将根据具体情形的变化及时调整。例如，湖北省根据疫情发展先后多次调整指挥部的组织架构、组成人员和职责分工，增设了综合专家组等。再如在新型冠状病毒肺炎疫情初始阶段，吉林、黑龙江等省成立了由行政副职担任组长的领导小组。但随着疫情的加重，则改由党政正职担任组长。[4]在运作方面，快速反应、高效处置、及时调整是组织运转的基本要求。以前述《武汉市新型冠状病毒感染的肺炎疫情防控暂行办法》为例，该《暂行办法》对"及时"的强调次

---

〔1〕 习近平："在统筹推进新冠肺炎疫情防控和经济社会发展工作部署会议上的讲话"，载《前进》2020 年第 3 期。

〔2〕 有关城乡社区工作者的工作保障措施，可参见《中央应对新型冠状病毒感染肺炎疫情工作领导小组关于全面落实疫情防控一线城乡社区工作者关心关爱措施的通知》（国发明电〔2020〕8 号），2020 年 3 月 3 日发布。

〔3〕 虽然相较于"机构法定"的方式，"机构文定"的方式不一定有法律依据，缺乏机构设立的必要性和科学性论证，但该种方式更为迅捷高效。

〔4〕 有关内容可参见《吉林省人民政府办公厅关于成立吉林省新型冠状病毒感染的肺炎疫情防控工作领导小组的通知》（吉政办函〔2020〕18 号），2020 年 1 月 23 日发布。

数高达 7 次。具体内容包括及时报告、及时调查、及时统计、及时就诊、及时处理、及时公布等。而且，为拉近沟通空间、缩短沟通时间，领导小组和指挥部的各成员单位通常会集中办公，从而更为高效地汇总信息、研判形势、作出决策、发出指令。而在疫情走势发生变化之后，领导小组和指挥部则应按照比例原则，及时调整防控措施。[1]

三、领导小组和指挥部的组织规范

（一）领导小组和指挥部设立的依据

领导小组和指挥部的设立既要依靠国家法的引导，亦要依靠习惯法的推进和实施。《传染病防治法》《国家突发公共事件总体应急预案》《突发公共卫生事件应急条例》等国家法对领导小组和指挥部的设立条件、主要职责进行了粗略规定，构成了领导小组和指挥部设立的国家法依据。于此之外，实践中的政治习惯、行政惯例等习惯法则框定了领导小组和指挥部的组成部分、基本结构、组织定位、具体职权等，构成了领导小组和指挥部设立的习惯法依据。这些习惯法规范是民众意志与政治共识不断凝结与汇聚的体现。

对领导小组和指挥部的设置而言，国家法规范与习惯法规范均不可或缺。基础性的国家法规范与内容丰富的习惯法规范共同构成了错落有致的金字塔状规范体系，奠定了领导小组和指挥部的设立基础，发挥着指引、评价、预测的作用。当然，本文的着眼点主要在于习惯法，下文也主要是从习惯法的角度对领导小组和指挥部的组织规范进行观测，仅略论及国家法。

（二）组织规范的主要内容

（1）组织成立规范。各级政府的应急预案通常对突发公共卫生

---

〔1〕 例如，广西壮族自治区新冠肺炎疫情防控工作领导小组指挥部在该区各县（市、区）均成为低风险地区之后制定了《全区企事业单位复工复产疫情防控措施指南》，要求各单位按照国家和自治区疫情防控有关最新要求，及时调整防控措施，有序恢复生产生活秩序。参见《广西壮族自治区新型冠状病毒感染的肺炎疫情防控工作领导小组指挥部关于印发全区企事业单位复工复产疫情防控措施指南的通知》，2020 年 4 月 9 日发布。

事件应急指挥机构的设立条件、成员单位、机构人员等进行了简略规定。[1]于此之外，领导小组和指挥部的成立还遵循着实定法之外的其他规范。这些规范的内容包括：第一，领导小组和指挥部的设立有赖于政治权威与行政力量的强力推动，舍此难以成立起来。但这种强力推动具有临时性，在危机化解后自动消除，领导小组和指挥部随之解散。第二，重大突发事件应急指挥机构的总负责人一般由党的干部兼任。统计发现，在 31 个省级指挥机构中，共有 30 个机构由党委书记领衔（包括党政联合领衔）。[2]由党的干部兼任领导小组和指挥部的负责人并非实定法使然，而是长期的政治惯例和行政惯例使然。第三，危机的严重程度决定指挥机构负责人的行政级别。一般情形下，指挥机构的负责人由行政副职担任。但是在严重的危机中，指挥机构的负责人则改由党政正职担任，以高位推动应对高危态势。第四，指挥机构的组成人员应迅速调整。不同于常态权力部门与常规议事协调机构，重大突发公共事件应急指挥机构的组成人员需要经常调整，以适应激变的形势。新冠肺炎疫情防控过程中一个比较典型的现象是，不少指挥机构的总负责人和普通成员被频频调整。例如，湖北在不到一个月的时间内免除了多位卫健委官员的职务，被免职者一般都在领导小组和指挥部担任要职。[3]而人员调整的主要依据是抗疫成果、舆论动向、疫情走向、形势变化。

---

〔1〕 典型者可参见《湖北省突发公共卫生事件应急预案》第 2.1 条、第 2.2 条、第 2.3 条，《广东省突发公共卫生事件应急预案》第 2.1 条、第 2.2 条，《浙江省突发公共卫生事件应急预案》第 2.1 条。

〔2〕 统计数据来源：31 个省（自治区、直辖市）党委和政府发布的机构成立文件与通告、指挥机构负责人参加活动的相关新闻媒体报道等。统计截止时间：2020 年 3 月 1 日。

〔3〕 "严肃查处失职渎职"，载《羊城晚报》2020 年 2 月 26 日。

表1 31个省级疫情防控指挥机构的负责人统计

单位：个

	指挥机构的总负责人		
	党委正职	行政正职	党政联合领衔
地区数量	5	1	25
地区占比	16.13%	3.23%	80.65%

（2）组织命名规范。在指挥机构的命名问题上，高级别的指挥机构多以"领导小组"为名，低级别的指挥机构多以"指挥部"为名。表2是对31个省（自治区、直辖市）、333个地市级（地区、自治州、盟）以及部分县区指挥机构的名称统计结果。[1]数据表明，省级及省级以上的指挥机构习惯于命名为领导小组或名称中带有领导小组字样，省级以下的指挥机构习惯于命名为指挥部或者名称中带有指挥部字样。只需简单窥视下表即可发现，省级层面分别有54.84%、12.9%、32.26%地区的指挥机构名称为领导小组、指挥部、领导小组和指挥部，机构名称中带有"领导小组"和"指挥部"字样的地区有分别占比65.85%、34.15%，而地市层面的相关比例则分别21.62%、29.43%、48.95%和47.38%、52.62%，县区层面的比例分别为14.77%、75.84%、9.4%和22.09%、77.91%。无论是按二分法还是三分法进行统计，指挥部的占比都随着级别的降低而提升。[2]此外，省级指挥机构的命名具有较强的示范效应。若省级为领导小组，则下级指挥机构的名称中更可能带有领导小组字样；若省级为指挥部，则下级指挥机构的名称中更有可能会带有指挥部字样。

---

〔1〕 统计数据来源：各地领导小组和指挥部发布的文件与通告、中央和地方新闻媒体对各地领导小组和指挥部的相关报道。统计截止时间：2020年2月25日。

〔2〕 在绝大多数地区，领导小组和指挥部的级别大体相同，但也有个别指挥部属于领导小组的下设机构之一。例如，德宏州领导小组下设指挥部，由州政府副州长担任指挥长。此种情形下，指挥部不属于单独的统计项。参见《中共德宏州委办公室、德宏州人民政府办公室关于调整充实德宏州新型冠状病毒感染的肺炎疫情防控工作领导小组的通知》，2020年1月25日发布。

表2 疫情防控指挥机构的名称统计

单位：个（%）

类型＼名称	指挥机构的名称				
	三分法（实际名称）			二分法（带有字样）	
	领导小组	指挥部	领导小组和指挥部	领导小组	指挥部
中央层面	1（100）	0（0）	0（0）	1（100）	0（0）
省级层面	17（54.84）	4（12.9）	10（32.26）	27（65.85）	14（34.15）
地市层面	72（21.62）	98（29.43）	163（48.95）	235（47.38）	261（52.62）
县区层面	44（14.77）	226（75.84）	28（9.4）	72（22.09）	254（77.91）

（3）组织架构规范。突发公共卫生事件的种类、严重程度较为多样，虽然针对不同的任务和目标，指挥机构的组织架构略有不同，但按惯例指挥机构一般下设办公室（综合组）、医疗救治组、宣传组、物质保障组、市场监管组、社会稳定组等几个基本工作组（办事机构），分别负责沟通协调、医疗救助、舆论宣传、物质保障、社会稳定和秩序维护等。例如，北京市新型冠状病毒感染肺炎疫情防控工作领导小组下设医疗保障、交通保障、商品供应、重大活动服务保障、舆情应对、社会稳定、高校工作等七个小组。[1]与前述指挥机构的组成人员调整相类似，领导小组和指挥部的组织架构调整亦需经常调整。例如，武汉市疫情防控指挥部在总负责人变动之后，组织结构也发生重大变化。[2]湖北省疫情防控指挥部调整前分别设置物资保障组、交通保障组、社会捐赠组和科技攻关组，调整后分别设置办公室和综合组、医疗救治与疾控组、

---

〔1〕 "北京市委市政府成立新型冠状病毒感染肺炎疫情防控工作领导小组"，载 http://life.gmw.cn/2020-01/22/content_33504273.htm.，2020年4月3日最后访问。

〔2〕 "王忠林履新三天后，武汉市防控指挥部现重大调整"，载 http://news.sina.com.cn/c/2020-02-19/doc-iimxyqvz4155199.shtml，2020年2月19日最后访问。

物资与市场保障组、宣传组、社会稳定组。[1]而在国内外疫情形势发生变化之后，全国多地则增设了涉外疫情防控工作组。通过及时调整，指挥机构的功能和价值能够在更大程度上和更大范围内得到实现。

（4）组织定位规范。作为突发公共事件的应急指挥机构，领导小组和指挥部在性质定位上通常属于一种决策性工作机构。通常而言，常规议事协调机构是一种协调性的"工作机制"，而突发事件特别是突发公共卫生事件的指挥机构则是一种决策性的"工作机构"。[2]不同于常态下的习惯于借力领导人员和成员单位的领导权威和决策权威的常规议事协调机构，危机状态下的领导小组和指挥部更为独立，其可以突破理性官僚制的限制，直接发布命令、直接决定实施各项其认为必要的举措。[3]总的来说，相比于常规议事协调机构，危机状态下诞生的突发公共卫生事件的应急指挥机构具有更少的联合特征、协调特征、讨论特征、机制特征、借力特征和虚体特征，具有更多的独体特征、决策特征、命令特征、机构特征、自立特征和实体特征。这样的特征有利于协商成本的降低和条块联动能力的提升。另外，相对于国家层面的指挥机构，地方指挥机构尤其是较低级别的指挥机构具有更少的协调性和更多的决策性，更加习惯于直接发布具体指令。

（5）组织权责规范。在疫情防控工作中，处于再组织化科层制顶端的领导小组和指挥部的职权范围相当广泛。通常认为，启动应急响应、接受捐赠、分配资源、强制检查、强制隔离、禁止聚集、实施宵禁、管制交通、封锁城市、宣布战时状态、宣布疫情结束等，均属于领导小组和指挥部有权采取的举措，均未超出特事特

---

〔1〕 "新任省委书记应勇上任几天，湖北的打法变了"，载 http://news.ifeng. com/c/ 7u8beuxtzZr，2020 年 4 月 4 日最后访问。

〔2〕 需要说明的是，突发公共卫生事件中也存在协调性的"工作机制"，例如国务院建立了由卫健委牵头的多部委协调的工作机制"国务院应对新型冠状病毒肺炎疫情联防联控机制"，但这种情况在目前仍然只是个例。

〔3〕 常态下的议事协调机构偏重于"协调"和"议事"，较少发布具体指令。

办的权力范围。[1]同时，领导小组和指挥部的义务范围亦相当宽泛，只要是为了实现组织成立宗旨而应为的行为，均属于其义务范围。及时发布信息、提供医疗救治、帮扶困难群体、拨付财政资金、保障基本生活、维持社会稳定、调查危险源头、组织科技攻关、提供指导意见、恢复正常秩序等，均在领导小组和指挥部的义务范围之内。在领导小组和指挥部的前述各项职权中，不少职权并无国家法依据。例如，温州市鹿城区禁止夜间出行涉及的"宵禁"权，湖北张湾、大悟、云梦等地宣布进入战时状态所涉及的战时状态宣布权，均无国家依据。[2]这些权力主要来源于政治习惯和政治传统，是一种习惯法上的权力，且具有极高的社会公信力与社会认可度，能获得社会心理的自觉认可与社会公众的自发支持。[3]

（三）组织规范的实践效果

总体而言，由国家法和习惯法共同组成的领导小组和指挥部的组织规范和运行规范为领导小组和指挥部的设立提供了较为明晰的依据和标准，使得突破常规科层制框架、超越正式组织边界的领导小组和指挥部能够及时、高效、有序、完整地组建起来，消除了权威碎片化的问题，实践效果显著。但与此同时，权责规范的内容过于原则、成文规范与不成文规范时常相互抵牾等问题也在一定程度上影响着组织规范的实施效果，使得行政资源重组的操作程序并不总是清晰明了。当然，瑕不掩瑜，领导小组和指挥部的组织规范为机构的设立提供了正当化依据，奠定了机构存在的规范基础，总体上是值得肯定的。

---

〔1〕 需要强调的是，这里的权力范围并不是指国家法意义上的权力范围。例如对于封城的权力，《传染病防治法》第43条第2款规定，封锁大中城市由国务院决定，而地方的封城决定实际上与国务院并无关联。该种权力主要是习惯法意义上的权力，有着社会公众的强烈拥护和支持。

〔2〕 有观点认为这里的"战时"是一种政策性表达，将防疫工作视为一场"战役"，而不是法律术语。如张湾区副区长所言，使用"战时"这一字眼的目的在于引起群众的注意、重视和自觉。参见"湖北十堰张湾区为何发布战时管制令？副区长回应"，载 https://baijiahao.baidu.com/s? id=1658424092838453197&wfr=spider&for=pc，2020年3月16日最后访问。

〔3〕 例如，某官媒有关宵禁的一篇报道中点赞量最多的评论是"非常时期，非常支持"。

或许是由于领导小组和指挥部的组织规范具有较高的可复制性和可操作性，领导小组和指挥部还广泛设置于其他机构之中。具言之，领导小组和指挥部不仅存在于党政机关，各类企事业单位亦习惯于设置"领导小组"和"指挥部"。一个比较典型的现象是，国内的许多高等院校在新冠肺炎疫情暴发后都积极地组建了校级的领导小组和指挥部，以对接上级部门、领导本校疫情防控工作。在各类企事业单位中设立"领导小组"和"指挥部"的意义在于，党政机关的指挥机构的权威能够更好地被树立起来，其指令与意志能更好地下沉到基层，取得更好的政令效果。

四、领导小组和指挥部的运行规范

（一）运行规范的内容

相较于组织规范，运行规范的成分几乎均为习惯法，国家法踪迹难觅。在新冠肺炎疫情等突发公共卫生事件的应急响应期间，领导小组和指挥部的实际活动包括采集信息、作出决策、输出指令、引导舆论等。这些活动分别遵循着各自的规则。

（1）信息采集规范。信息真实有效、完整全面、公开透明是作出正确决策、获取社会信任之基础。为了有效获取信息、减少或消除信息采集中的问题，领导小组和指挥部为其自身，同时也给其他主体，设定了严格的信息输入规范，以确保数据收集、数据分析和疫情研判的准确性与科学性。对于自身，领导小组和指挥部通过接收下级报送、开展调查研究、组织专家座谈、建立网络直报系统等多元方式确保信息来源的科学性和全面性。对于其他主体，领导小组和指挥部通过打击瞒报、惩处谎报、排查漏报、奖励举报等多种方式确保信息上报的真实性和完整性。例如，黑龙江省应对新型冠状病毒感染肺炎疫情指挥部通过政法手段强力打击瞒报行为，河北省唐山市疫情防控领导小组则明确规定入境谎报病情者治疗费用需自理，确保信息输入的真实性和完整性。[1]

---

〔1〕 相关内容可参见《黑龙江省应对新型冠状病毒感染肺炎疫情指挥部第 10 号公告》，2020 年 2 月 7 日发布；《唐山市新冠肺炎疫情防控工作领导小组办公室关于进一步

（2）决策程序规范。在海量的信息汇集到指挥机构之后，领导小组和指挥部需要高效处理这些信息并形成决策。通常而言，决策形成要经过例会讨论和领导同意两道程序。一方面，领导小组和指挥部通常会定期举行工作例会，研判形势、研究措施，对防控工作作出安排。[1]例如，云南省疫情工作领导小组指挥部"每日召开例会，准确分析疫情形势，研究防控救治措施"。[2]另一方面，为了确保决策的科学性和合理性，领导小组和指挥部的负责人会对拟定的决策做最后把关。譬如武汉市新冠肺炎疫情防控指挥部下设的交通防控组发布了"部分人员可出城"的通告，而指挥部本身则随后宣告该通告无效，原因在于交通防控组发布的通告"未经指挥部研究和主要领导同志同意"。[3]需要注意的是，有权作出决策的主体并不限于领导小组和指挥部本身，其下设工作组亦可在其权限范围内作出决策，并要求实施机构予以实施。在不少地区，领导小组和指挥部下设的综合协调组（办公室）、宣传组、社区工作组等工作组作出的决策数量比指挥机构本身作出的决策数量还要多。只是从效力上来看，领导小组和指挥部本身作出的决策效力高于其下设工作组的决策效力。

（3）决策内容规范。领导小组和指挥部通常会将以下几项原则贯彻到拟订决策的内容中，以确保决策内容的科学性和合理性。第一，科学原则。决策内容应符合基本科学规律，对于有悖科学原则的行为，领导小组和指挥部有义务及时发现和制止。例如，济南市领导小组（指挥部）发文禁止在小区内设置消毒通道，主要原因在于看似能灭菌的消毒通道实际上作用甚微且化学消毒剂会损伤呼吸道，不符合科学原则。[4]第二，比例原则。领导小组和指挥部的决

（接上页）加强境外入（返）唐人员疫情防控的通告》，2020年3月13日发布。

〔1〕 疫情防控工作领导小组和指挥部定期举行的工作例会在性质上是一般工作人员参加的小规模会议，不同于常规的议事协调机构的组成单位参加的联席会议，前者侧重于决策、命令，后者侧重于沟通、协商。

〔2〕 "科学研判精准施策，统筹协调强力推进"，载《云南日报》2020年2月19日。

〔3〕《武汉市新冠肺炎疫情防控指挥部通告》（第18号），2020年2月24日发布。

〔4〕 参见《济南市新型冠状病毒感染的肺炎疫情处置工作领导小组（指挥部）办公室关于禁止在小区内设立消毒通道的通知》，2020年2月9日发布。有关科学原则的其他文件，可参见《山东省新型冠状病毒肺炎疫情处置工作领导小组（指挥部）关于进一步规范学校、社区和公共场所消毒工作的通知》（第332号），2020年4月6日发布。

策内容通常不会超出比例原则的射程，也即决策内容一般不会超出妥当性、必要性、均衡性的基本要求。虽然个别领导小组和指挥部采取了一停了之、一封了之、一关了之等"一刀切"做法，但这种违背比例原则、超过必要限度的做法往往能很快得到纠正，重新回到适当的范围之内。[1]第三，一线优先与重点疫区优先原则。在危机发生的初始阶段，各种资源相对短缺，领导小组和指挥部通常会把资源集中到一线、集中到重点疫区，"优先满足一线医护人员和救治病人需要"，[2]以实现资源效用的最大化。第四，差异化原则。在危机得到基本控制的前提下，领导小组和指挥部通常会把本辖区内不同地区划分为不同等级，采取差异化措施，从而协调好疫情控制与秩序恢复的基本关系。例如，广东将全省划分为四个等级，并采取差异化防控措施。[3]第五，关注弱势群体的原则。北京、武汉等多地的领导小组和指挥部要求加强对老幼弱、流浪人员、精神病人等群体的关注，将防控措施贯彻到每一个个体、每一个角落。[4]第六，优待抗疫人员的原则。在疫情防控工作，在经济和精神上优待抗疫人员、免除抗疫人员的隔离费用、优先解决抗疫人员的后顾之忧已经成为一项基本共识。

（4）指令输出规范。发布专项"通告"（或令"令"，下同）和制定抽象规则是领导小组和指挥部向执行机构发出指令的两种主要方式。其中，通告的内容通常为专项内容，所涉权限比一般政府部门的权限要大，具体仍由政府部门或下级指挥机构贯彻执行。制定

---

〔1〕 例如针对部分下级指挥机构一律禁止快递、外卖配送的问题，浙江省疫情防控工作领导小组办公室下发通知要求减少对快递、外卖的限制。防止管制手段的滥用与扩大化，减少对经济发展、居民生活的不必要影响。参见《浙江省疫情防控责任令》（第2号），2020年2月9日发布。

〔2〕 习近平："在中央政治局常委会会议研究应对新型冠状病毒肺炎疫情工作时的讲话"，载《求是》2020年第4期。

〔3〕 "粤出台分区分级防控工作指引 以县（市、区）为单元划分防控区，共分四个等级"，载《南方日报》2019年2月19日。

〔4〕 参见《北京市新型冠状病毒感染的肺炎疫情防控工作领导小组办公室关于进一步加强社区（村）疫情防控工作的通告》，2020年2月9日发布；《武汉市新冠肺炎疫情防控指挥部关于建立疫情防控长效机制持续做好小区封控管理工作的通知》，2020年4月2日发布。

抽象规则是指制定类似于整部立法的综合性规范。例如上文提及的武汉指挥部在整合通告内容的基础上制定了一部类似立法的《暂行办法》，该《暂行办法》体例完整、内容全面。通过观察领导小组和指挥部对外发布的通告和抽象规则可以发现，"部分指令表述不宜过于具体"是指令输出过程所遵循的一项重要原则。尽管领导小组和指挥部输出的指令大多具有明确的适用对象、实施主体、施行方法和政策目标，但也有不少指令的适用对象、施行方法等并不十分清楚。最常见的现象是在领导小组和指挥部在通告中要求实施主体针对来自"湖北等重点地区""湖北等疫情发生地"的人员采取特殊的防护措施，但对于除湖北以外的哪些地区属于"重点地区""疫情发生地"则并未给出明确界定。通过输出模糊指令，领导小组和指挥部能够给实施主体创造更多的裁量空间，使其能根据具体情形灵活处置，改善政策施行效果。

（5）指令执行规范。领导小组和指挥部在性质上属于临时性决策机构，并无专属于自身的执行机构，其作出的决策需要常规的党政机关、司法机关、城乡自治组织以及部分企事业单位予以执行。指令执行规范由两部分组成，其一为共同规范，其二为自有规范。在共同规范方面，各执行主体可以综合运用多种手段和方法，文武兼采，软硬兼施，将指挥机构的决策贯彻下去。其采取行动的基本要求大致包括积极执行、及时执行、全面执行、不得任意加码、手段文明、标准统一、遵循相关技术规范、及时反馈执行效果等。在自有规范方面，执行主体自觉遵循自身原有的规范是指令执行过程的一项基本要求。例如，乡土社会中存在着多元规范，[1]"自治章程、村规民约、民间习惯是乡村治理中重要的社会规范"，[2]作为执行主体的乡村自治组织在执行疫情防控指令的过程中理应自觉遵守这些规范。此外，指令执行过程中一个值得注意的现象是，充分运用新一代信息技术已逐渐成为一项新的要求与一种新的习惯。以

---

〔1〕 池建华："从村规民约看乡土社会规范的多元性"，载《学术交流》2017年第5期。

〔2〕 高其才、池建华："改革开放40年来中国特色乡村治理体制：历程·特质·展望"，载《学术交流》2018年11期。

浙江省为例,该省疫情防控工作领导小组要求各地市"进一步充分运用'健康码',切实守牢社区商区厂区等'小门'防线。对开放开业的公共场所及地铁、公交等交通工具,坚持和完善'健康码'准入管理"。[1]实际上,以健康码为代表的新一代信息技术已渗透到疫情防控工作的方方面面。新一代信息技术的推广运用推动了国家治理能力的提升,同时也推动了习惯法的当代发展。

(6)舆论引导规范。舆论环境能在很大程度上影响到领导小组和指挥部的运行过程,在一定程度上决定着领导小组和指挥部的指令实施效果。绝大多数地方的疫情防控工作领导小组和指挥部都会本着积极主动、及时高效、实事求是、尊重科学、公开透明的基本原则,通过定期举办新闻发布会、查处违规信息、打击造谣滋事、邀请专家解答、发布感谢信、开展网络辟谣、全媒体宣传等多元方式,发布疫情信息、通报疫情进展、澄清基本事实、普及科学知识、回应社会关切、解读防控措施、动员全民参与,为疫情防控营造有利的舆论环境和社会环境。例如,四川省自贡市通过特制视频宣传、漫画宣传、电子屏宣传、面对面宣教、进村入户宣传等手段传播防护知识,营造浓厚良好氛围。相较于其他运行规范,舆论引导规范的内容更为清晰、标准更为明确,因而具有更高的可操作性和可执行性。

(7)组成人员的行为规范。除了领导小组和指挥部本身,领导小组和指挥部的组成人员以及执行机构的组成人员在行动中也须遵循一定的规范。这些规范的成分主要是职业道德规范和工作纪律规范。其中,职业道德规范较为典型。"从一定意义上讲,对于国家机关及其公务人员来说,只要能依法行使权力、履行职责便是其最好的职业道德。"[2]但是在疫情期间,职业道德规范的内容发生了一些微妙变化,比常态下的职业道德规范有了更多的要求。在新冠肺炎疫情防控工作中,公务人员不戴 N95 口罩、去前线当先锋、到基层作表率、靠前指挥、积极响应倡议号召、带头进行特定活动等成

〔1〕《浙江省疫情防控责任令》(第 3 号),2020 年 3 月 26 日发布。
〔2〕魏小强:"法律多元视域中的都市习惯法——规范领域、规范类型与规范功能",载《民间法》2016 年第 1 期。

了新的要求。例如，安徽省倡议"领导干部带头进行餐饮消费……帮助餐饮企业提振发展信心"。[1]此时，积极带头进行餐饮消费即为新的行为规范要求。组成人员通过自觉遵循较高标准的行为规范，能够提升领导小组和指挥部的社会权威和社会认可度，有利于领导小组和指挥部的政令实施。

（二）运行规范的实施

就实践观之，领导小组和指挥部的运行规范的实施主要涉及实施主体、实施方法、实施监督三个方面。

其一，实施主体。领导小组和指挥部、领导小组和指挥部的督导检查工作组、领导小组和指挥部的组成人员、领导小组和指挥部的执行机构等，均属于运行规范的实施主体。其中，领导小组和指挥部负责在总体上推进运行规范的实施，领导小组和指挥部的督导检查工作组负责督导和督促下级机构的工作责任落实和措施落实，[2]领导小组和指挥部的组成人员通常负责工作纪律和职业道德的落实，领导小组和指挥部的执行机构负责执行机构的行为规范的落实。此外，对于执行机构的运行规范，领导小组和指挥部也有义务保障其顺利实施。若执行机构及其成员严重违反执行规范，领导小组和指挥部有义务予以指出和纠正。例如，某县邮政公司的两名党员由于执行防控措施不力而受到该县领导小组办公室的批评。[3]

其二，实施方法。运行规范的实施主体习惯于通过奖励先进、惩戒后进、宣传教育等方法，确保指挥机构运行规范的执行和实施。对于工作得力、抗疫有功的单位和个人给予肯定和奖励，对不服从统一指挥者、自作主张者、各行其是者、工作不力者进行处理、问责，对践行规范的典型人物与典型事迹进行推广、宣传等，都是保证规范实施的重要方法。例如，湖北随县对 2 名疫情防控工作不力的干

---

〔1〕《安徽省商务厅新型冠状病毒感染肺炎疫情防控应急指挥部关于厅机关干部近期带头进行餐饮消费支持企业渡过难关的倡议书》，2020 年 3 月 12 日发布。

〔2〕典型者可参见《中共南充市委、南充市人民政府关于成立市委应对新型冠状病毒感染肺炎疫情工作领导小组及南充市应对新型冠状病毒感染肺炎疫情应急指挥部的通知》（南委〔2020〕25 号），2020 年 1 月 28 日发布。

〔3〕参见《龙游县新型冠状病毒感染的肺炎疫情防控联防工作领导小组（指挥部）办公室关于一起落实"五个一"工作机制不力问题的通报》，2020 年 2 月 7 日发布。

部进行问责，以惩戒后进的方式保障组成人员行为规范的实施。[1] 总体而言，运行规范的实施方法较为多样，实施手段较为多元，实施主体不仅需要来自社会的肯定和舆论的支持，还需要常态机构的协助和配合。

其三，实施监督。领导小组和指挥部、领导小组和指挥部的组成人员、领导小组和指挥部的执行机构、高层下派的指导组、上级领导小组和指挥部、社会团体、企事业单位及全体公民都在时刻监督着运行规范的实施过程。按照监督主体来源的不同，对运行规范的实施监督可分为政权体系内的监督和政权体系外的监督。在政权体系内，领导小组和指挥部的自我监督是最基础的监督，领导小组和指挥部通常能高度自觉地检视自身行为，及时发现并纠正违反不符合运行规范要求的行为和做法。在政权体系外，社会团体、企事业单位及全体公民主要通过投诉、举报、信访、网上发言、参加座谈会等方式参与规范实施的监督。领导小组和指挥部通常会对来自政权体系外的监督高度重视并及时检视自身运行问题，采取应对策略。例如，四川省应对新冠肺炎疫情应急指挥部指挥长尹力要求指挥部公众投诉建议举报平台要"认真负责处理涉疫投诉、举报和意见建议"，[2]体现了对社会舆论监督的高度重视。

（三）运行规范的实践效果

领导小组和指挥部的正常运转依托于常规组织及资源，但又不依循常规组织的运行规则，其在行动中遵循着自成体系的运行规范。就实践效果来看，在政治权威、社会组织、群众力量的共同支持和推动下，领导小组和指挥部自身的运行规范得到了较为全面的贯彻和实施。这些体系化的运行规范为领导小组和指挥部的高效运转提

---

〔1〕 有关报道可参见"随县 2 名干部疫情防控不力被问责"，载 http://www.szbbs. org/article-71336-1.html，2020 年 4 月 13 日最后访问。其他相关事例还可参见："引以为戒 不服从疫情防控统一指挥调度，湖北黄石一国企党委书记被免职"，载 https:// www.sohu.com/a/371761727_661396，2020 年 4 月 14 日最后访问。

〔2〕 四川信访局："尹力检查指导省应急指挥部公众投诉建议举报平台工作"，载 http://www.sc.gov.cn/10462/c102256/2020/2/7/75e0c4a362ad44a48517f659ab63ddef.shtml，2020 年 3 月 4 日最后访问。

供了规范依据、规范支持和规范保障，其实践表现大体上是令人满意的。正是在这些运行规范的规制和保障下，领导小组和指挥部才得以更为高效、专业、有序地完成各项工作，实现疫情防控目标，获得更社会公众的认可。

但与此同时，由于部分运行规范的内容过于原则、不同类型规范之间相互抵牾、不少运行过程缺少对应规范等问题的存在，运行规范的实践效果仍存在较大的提升空间。以运行过程规范缺位问题为例，在疫情防控工作开展的过程中，歧视现象较为普遍，歧视湖北籍、歧视无房者、歧视外地人的现象曾广泛存在，许多基层的领导小组和指挥部在很多时候充当了歧视的助推者，然而却并没有对应的规范对这种现象进行有效规制和及时矫正。[1]就此而言，领导小组和指挥部的运转程序仍有待进一步优化，运行规范仍有待进一步完善。

五、总结与思考

以政治习惯、行政惯例、纪律规范、道德规范、职业规范、危机处理惯例以及在危机处理中形成的新习惯为主要成分的组织规范和运行规范为领导小组和指挥部的设立和运行提供了依据和标准。在既有组织规范和运行规范的支撑和支持下，领导小组和指挥部能够较为迅速地组建起来，并在基础上较为高效地行动起来。通过领导小组和指挥部等指挥机构的统一指挥和协调，包括新冠肺炎疫情在内的各式突发事件总能得到及时而有力的控制，危机应对工作总能取得相当不错的成效。可以说，既有的组织规范与运行规范的价值和作用是值得肯定的。舍此规范则领导小组和指挥部的设立和运转将进入无序状态甚至难以为继。

现有的组织和运行规范的特点和不足在于，其内容主要是不成文的、零散的、原则性的，有些甚至是模棱两可的，在执行的过程

---

〔1〕 尽管部分地区发现并制止了歧视行为，例如丽水市新冠肺炎疫情防控指挥部要求"承租人按规定需在出租房内实施居家医学观察措施的，出租人不得拒租"，但这只是一种少数做法，非基本共识和统一做法。参见《丽水市新冠肺炎疫情防控指挥部关于印发〈丽水市进一步落实十条"小门"管控措施〉的通知》，2020 年 2 月 24 日发布。

中存在着广阔的裁量空间。这为领导小组和指挥部充分发挥其主观能动性、灵活应对复杂情况提供了重要契机，同时也为权力的不当行使、手段的不当运用带来了一定的隐患，这是未来之研究必须要予以重视的方面。在特点之外，现有规范的不足在于：在组织规范方面，不少地方重复设置指挥部和领导小组，双重权威之间的关系不明、职权划分不清，不利于统一指挥和统一领导。在运行规范方面，断桥挖路、没收烟酒、捣毁麻将机等诸多看似"硬核"的做法并无法律依据甚至有悖国家法，这种思想在很多时候影响了疫情防控指令的实施效果。而且领导小组和指挥部并非正式的行政主体，其运行方式随意度高、监督机制不健全，在其解散之后将会产生诸如遗留问题难以得到及时解决、相对人失去诉苦对象之类的问题，不利于指挥机构的形象塑造和权威维护。

专项指导组的存在能在较大程度上矫正领导小组和指挥部的运行偏差，改善组织和运行规范的实施效果。尽管来自高层的指导组并非领导小组和指挥部的直接上级，两者之间并无正式的隶属关系；但是作为非常体系内的其他政治要素，"纵向嵌入"的指导组对领导小组和指挥部产生的影响却是十分深远的。一方面，指导组能够指导、帮助领导小组和指挥部及时发现、修补现有组织和运行规范的纰漏和不足。另一方面，指导组能够通过督办、跟办、催办等方式监督、督促领导小组和指挥部自我约束、自我调整、自我规范，及时纠正其越轨的行为。在隐性势能的推动下，不仅上级意志与政策精神得到了传递和贯彻，而且领导小组和指挥部的组织和运行过程具有了更多的严谨、规范、守规矩特征，组织和运行规范也由此获得了更好的实施效果。

作为非常时期的权力组织，领导小组和指挥部集中了党政机关的各项权力，小而精的组织特点极大地提高了其运转效率，专项化的工作方式使其能够更好地抓住重点，更少的硬性制度约束使得其能够灵活而机变地处置各种复杂情况。也正是基于这样的原因，组织庞大、受繁复规则约束的常态党政机关习惯于成立临时性的专项指挥机构，由其去负责迎接危机、处置危机、化解危机。而今，非常时期设立非常组织、非常形势采取非常举措已经成为我们的传统，运动式的专项治理已经成为我们的固有习惯。虽有不足，但这样的传统和习惯被证明对于危机应对和事件处置是高效的，是值得我们关注和重视的。

总体而言，在历次突发事件应对的过程中，我们积累了不少有价值的经验，形成了不少有意义的组织和运行习惯。有必要系统地总结领导小组和指挥部零散的组织和运行习惯及经验，剔除其中不合理的成分，将相对成熟的部分上升为国家法，为领导小组和指挥部提供更为明晰的设立依据和运作指引。通过及时总结、整理、归纳习惯法，非常时期的举措能够成为法律之内的举措，专业经验能够得到固化和传承，危机应对工作能够变得更加有条不紊，紧急状态下的法制能够更为健全，制度化与效率性之间的张力能够得到缓解，国家法律体系能够变得更为科学、更为完整和更为全面。

学术综述

当代中国城市习惯法研究综述

高成军 *

一、引言：法的时空性与城市习惯法

在既有的知识观及认识论下，时间、空间是一切物理现象的生发之所，亦是作为万物灵长、自然之子的人在进行生境选择和意义构造时的内在规定。在时空之流的演变发展中，人类在举目天穹进而对存在、生命、意义等人的自我理解和智性生活过程中，亦将时间、空间作为基准点和坐标，进而构筑了对这个世界的理解、想象和安顿及相应的观念指涉及知识谱系。而在这一知识谱系中，作为对人间秩序进行规范安顿的法，尤其是其外在的表现形式及具体的制度安排亦难免逃脱特定时空的规定和要求。虽然如迪尔凯姆所言，科学的任务在于将那些固定的、永恒的概念和真理从时空之中抽取出来，但是我们更应该清醒地认识到，虽然意义是普遍的，但意义的表达方式却是多样的。在人类法治文明的发展中，虽然不同时代、不同地域的智者对诸如公平、正义、秩序、自由等法的内在规定性进行了孜孜不倦的追求和探索，但是，对这些意义的规范选择及其

　　* 作者简介：高成军，甘肃政法大学法学院副教授，清华大学法学院博士研究生。基金项目：本文系 2016 年甘肃政法学院科研资助重大项目《近三十年我国习惯法研究的再研究——一个学术史的考察》（2016XZD13）阶段性成果。

具体的制度架构却往往带有历史的、地理的特征和标记。因此，法是以空间和时间为规范对象的符号表达，作为以时间和空间的方式而存在的法，本身具有时空性。

法的时空性虽然作为一个常识常理常情而存在，但是我们的法学研究及法律实践往往有意无意忽视了这一特性。在法的知识生产过程中，我们往往以一些格式化的概念、理论及体系去框定和认知法，而遗忘或被遗忘了法所面向的、因应的时空向度及时空背后那一个个更为重要的，作为文化的、作为主体存在的大写的人及其规范诉求和秩序理解。在这一学术话语遮蔽下对法的这种简单的、格式化的、单线性的理解，导致我们对法这一规范构造方式的认识带有太多的限制和框框，似乎所谓的法就是指通过国家机器颁布并实施的那些冗长的、冰冷的、毫无烟火味的条文及其管制规矩。但是，如果我们将目光投向特定的时空维度及其管辖下的烟火世界，我们还会有这样冰冷的理解吗？在特定时空的规范构造及秩序把控中，行动着的知识是什么，其规范事实是什么？而那些被主流的法学研究所遗忘的、抽离的、剪裁的和遮蔽的规范构造方式又是什么，我们还会视而不见吗？对理论架构与社会生活实践呈现的这种两歧性，就需要我们对存在的知识意义进行解释，进而对法提供一个完满浑融的理解，对此习惯法研究提供了一种解释径路。习惯法研究往往将兴趣点投之于特定时空下那些实实在在的人及社群所行动的常规性交往逻辑及其规范构造方式，进而希冀从本土案例中抽离概括出一些概念及解释性理论框架，进而对法提供一个更为丰满的认识和理解，而不是用既有的、格式化的甚至外来的理论去生搬硬套或剪裁本土案例。

虽然习惯法研究对法的社会创造提供了一种解释径路和研究范式。但是，用时空观去观察习惯法研究，其知识谱系及认知架构又存在如上一种偏见乃至傲慢的理解。谈及习惯法，人们或者用线性时间观，将习惯法理解框定为存在于历史上那些法律文明较为落后甚至愚昧时代的旧有惯习。或者用地理区隔的角度，将习惯法等同于存在于那些边远村野或者少数族群聚居地区的规范禁忌，似乎在高度工商化的、理性明晰的制定法传统替代惯习承继的生活传统的城市就不存在习惯法的土壤和印迹，似乎在这些地区那些所谓理性的、结构完备体系精美的国家制定法早已在个体行动层面"一统江湖"。

是这样吗？这就引出另一个困顿争议但非常有趣的话题，即城市有习惯法吗？在这一时空节点下在城市生活行走的个体抑或社群是否俨然按照国家民法典及其他法律进行社会结群、网络构建和秩序维系？对这一问题用法的时空性亦能做到解释，从时间上看，在法律文明的发展中，随着城市工商业的发展，世界各地的城市在促进贸易和规范交易的过程中发展出了各式各样的商人习惯法，这些作为习惯法的商人法直接构成了近代民商法及海商法的制度基础，这一问题由于与本文论题关涉不大，不再赘述。[1]而从空间上看，与既有对乡村、民族地区习惯法的研究一样，其实城市亦存在琳琅满目的习惯法，在这方面既有的人类学家、社会学家、法学家已经进行了一些零星的研究作业，这些研究主要涉及行走在城市不同空间区隔及身份指涉下的个体或者共同体在规范诉求与秩序构造中形成了一些内生规范，为我们了解城市习惯法的存在样态及结构义理提供了很好的研究基础。本文正是基于这一问题关切，以当代中国城市习惯法研究的已有成果为分析对象，[2]主要从研究脉络和所涉问题方面进行粗线条的勾勒爬梳，以期就城市习惯法的面貌窥探一

---

[1] 关于商人法的讨论可参考司玉琢、李天生："论海法"，载《法学研究》2017年第6期；毛健铭："西方商事法起源研究"，载《现代法学》2002年第6期；朱慈蕴、毛健铭："商法探源——论中世纪的商人法"，载《法制与社会发展》2003年第4期；张薇薇："中世纪商人法初探：其范畴、渊源与法律特征"，载《浙江社会科学》2007年第3期；孙希尧："国际海事商人法断思——一个民间法的角度"，载《甘肃政法学院学报》2007年第6期；戴剑波：《当代中国新商人法研究》，法律出版社2016年版，第56页。

[2] 需要说明的是：在本文中对习惯法的界定参照高其才先生的定义"习惯法是独立于国家制定法之外，依据某种社会权威和社会组织，具有一定的强制性的行为规范的总和。"参见高其才：《中国习惯法论》（第3版），社会科学文献出版社2018年版，第3页。在这一意义上，对这一描述性概念在学界还有"民间法""习惯规范""民间规范"等指称。为了能全面梳理国内城市习惯法研究的成果，本文在文献搜集方面亦收集了这些研究成果。通过文献检索，我们发现专门就城市习惯法进行讨论的成果还非常少，如在"中国知网"数据库，以习惯法/民间法/习惯规范/民间规范+城市几组检索词为关键词进行检索，排除部分关联性不大文献外，关于当代中国城市习惯法的文献仅仅有2篇。为便于分析，本文围绕城市习惯法的变现形式，检索到一些资料，形成本文展开的基础资料。

二。当然，基于自身条件限制，研究不可能穷尽所有的文献资料。同时，介于篇幅限制，研究亦不可能将每个论者的具体观点一一列举，只能进行一个面上的梳理分析。

二、单位空间及其规范

在城市的空间结构与交换体系中，单位无疑是一个重要的节点和角色，作为芸芸众生谋生糊口参与社会劳动的场所，一个一个的政府单位、事业单位和企业单位不仅是城市空间的基本构成单元，而且单位的性质、构造、布局等又直接决定了城市的功能、文化、线条和延展，以及在这一构造下形成的人群间的、个体间的组织体系、社会分层和交往模式，进而形成城市空间的一种特殊的空间构造——单位空间。而不同单位在对外完成政治的、经济的、文化的功能，对内进行人员组织管理的过程中，除却国家制定的一些法律、规章及政策外，亦形成了许多林林总总的内部规范和制度，这构成了特定时空下单位空间的规范构造和秩序把控方式，这些规范和制度也构成城市习惯法的重要内容。

（一）计划经济时期的单位制及规范

从历史上看，空间单位化是很长一段时期内我国城市构造的基本特征，其突出表现是在计划经济时代作为集政治、经济、文化功能为一体的单位在社会整合、资源控制、个体动员、身份赋予、行为规制和秩序维系等方面发挥着非常重要的作用，进而形成国家—单位—个人的城市运转和社会控制模式。关于单位制的研究成果很多，而在这些研究方面，一些论者尤其是一些社会学家亦或多或少地关注到了单位内部规范的呈现和作用，如有研究从制度规范行为的角度探讨了单位制对个体行为的影响，间接地为我们呈现了单位及其行为规范对成员行为的规制。[1]有研究指出单位在规则、组织、心理方面呈现出非常复杂的面貌，认为许多非正式规则因为具有更强的适应性，往往呈现的情况是即便正式规则已经建立，但是非正

---

〔1〕 李汉林、渠敬东："制度规范行为——关于单位的研究与思考"，载《社会学研究》2002年第5期。

式规则仍然具有非常重要的空间和作用，周游通过"官利制"在近代公司发展中的作用阐述了这一问题。[1]而李路路、李汉林的系列研究亦指出单位及其规范对人们身份、权利、行为的影响，以及个体在单位规范下形成的一些价值观念和行为模式。[2]

分析这方面研究成果我们看到大多数论者还是将关注的重点和兴趣点放在单位制对社会整合及控制管理方面的影响，以及单位制在社会转型与城市变迁中的角色。而从法学角度专门讨论这一时期单位内部规范的研究成果并不多。

（二）机关事业单位的行事规范

伴随着改革开放的推进，虽然在市场化的渐递发展下，城市的单位制及由此决定的社会结构发生了很大的制度变迁和转型。但是，单位依然是城市空间的重要单元，除却国家的一些法律规章制度外，单位自身的一些若隐若现的规则仍然是城市空间中进行社会联结和网络构建的重要规则。就城市空间中的机关事业单位而言，已有的一些研究关注到了这些规则的功能作用。如有研究指出中国政府管理的规则系统包括正式规则和非正式规则两个方面，前者包括法律、法规、规章、党内法规等，后者包括一些非正式的制度规则。石国亮认为相较于正式规则，这些非正式规则有三个特征：一是表现形式方面的非形式化，二是实施机制方面的内在约束化，三是历史发展方面的缓慢演进化。同时指出正式规则应是政府管理的主要行为规范，但有些非正式规则在提高执政效率、弥补正式规则不足方面亦发挥着重要作用。[3]有研究指出在地方政府的行动策略中，名实

〔1〕 周游："企业单位制变迁理路的厘清与反思"，载《清华法学》2018 第 3 期。

〔2〕 这方面内容可详细参见李路路、李汉林：《中国的单位组织——资源、权力与交换》，浙江人民出版社 2000 年版；李路路、李汉林："单位组织中的资源获得"，载《中国社会科学》1999 年第 6 期；李路路："论'单位'研究"，载《社会学研究》2002年第 5 期；李汉林、李路路："资源与交换——中国单位组织中的依赖性结构"，载《社会学研究》1999 年第 4 期；李汉林、李路路："单位成员的满意度和相对剥夺感——单位组织中依赖结构的主观层面"，载《社会学研究》2000 年第 2 期；李汉林："转型社会中的整合与控制——关于中国单位制度变迁的思考"，载《吉林大学社会科学学报》2007 年第 4 期。

〔3〕 石国亮："中国政府的管理规则系统"，载《学习与探索》2010 年第 1 期。

分离、正式权力的非正式化运作是一个重要现象，认为由于非正式规则在提高效率方面的优势，往往很受青睐。但是过分依赖非正式规则可能导致非政治规则替代甚至架空正式规则，出现正式权力的非正式化运作成为常态，进而影响正式制度的合法性。[1]有研究分析了单位内部新制度的落实过程，指出从"红头文件"到实施方案的出台是一个复杂的"台后决策"过程，并分析了这种逻辑及规则。[2]

一些研究则是从具体的事项探讨了这些规则的表现及作用，如有研究专门探讨分析了中国立法过程中的非正式规则，认为"立法过程的权力分配与角色关系、人格化因素的影响、中国的立法过程深受政党等因素影响几乎是历史注定的，久而久之的惯例以及党的内部规章扮演了无法估量的角色。正是这种来自正式的规则制约之外的影响，形成了当代中国立法过程中大量的'非正式规则'"。[3]有研究将问题聚焦于行政过程中的对谈，指出行政"对谈"的非正式规则至少应包括如下基本内容：形成对谈的格局（空间的安排、身体的平等、话语格式的把控、态势语言的运用）、遵守对谈的细节（发言的顺序、倾听的义务、让出发言权的义务、自我节制的义务、礼貌义务）、适当的情理嵌入。同时认为对谈的正式规则是对谈得以展开的前提，而非正式规则是正式规则得以实现的保障。[4]

有研究通过详细个案研究探讨了行政机关内部的处事规则，认为行政机关职能的实现和秩序的维护除依赖于党内法规、国家法律法规外，还依赖于大量的非正式规范，从团体成员的角度而言，正式的规范距离遥远，而非正式的、不被言说却被默默遵守的规范才是身边真正约束成员行为、形成团体秩序的规范。这些规范不仅包括实体性质的，也包括程序性质的。同时指出以"做事情"的实体

---

〔1〕 陈国权、陈洁琼："名实分离：双重约束下的地方政府行为策略"，载《政治学研究》2017年第4期。

〔2〕 张兆曙："新制度落实：单位内部的上下分际及其运作"，载《社会学研究》2012年第3期。

〔3〕 韩丽："中国立法过程中的非正式规则"，载《战略与管理》2001年第5期。

〔4〕 苏万寿："行政过程中的对谈及其非正式规则——政府服务力提升的法社会学视角"，载《河南省政法管理干部学院学报》2011年第4期。

规范、程序规范和惩罚为核心形成的"威"，与以"讲感情"的习惯性做法、尝试参与私人生活为手段形成的"恩"，共同作用，从而支持机关单位稳定、相对封闭地运转。[1]有研究通过具体的个案专门论述了政府投资中的非正式制度，认为一些非正式制度在政府投资决策中起决定性作用。[2]有研究则关注腐败中的非正式规则，通过对政府采购的个案研究，指出在正式规则的幌子下，一些非正式规则往往修改、回避甚至替代了正式规则。[3]于安的研究也认为在这一过程中出现了非正式规则排挤甚至替代正式规则的问题。[4]

这方面研究还有许多，不再一一赘述，通过这方面成果的阐述，研究者一个总体的问题关照在于挖掘分析潜藏在行政机关正式法律制度规则背后的一些行动逻辑及制度规则，成果是向我们呈现了一个机关事业单位组织运作及行政过程的多元化规则体系。其中，既有关于政治运作的研究亦较为深入地呈现了这一问题，尽管这种研究将这些规则冠以非正式制度抑或潜规则，如周雪光的"中国国家治理的制度逻辑"。但是，研究主要集中在政治学和组织社会学方面，从法学或者习惯法角度探讨这种规则的研究并不多。

（三）企业的内部规章制度

除了机关事业单位，在城市空间的企业单位中，也存在着大量的习惯法规范，这些规范对于单位生产经营活动的维系和员工行为的规范发挥着非常重要的作用，既有的研究成果部分也关注到了这一问题。如有研究将问题观照于公司内部制度，认为作为现代社会规范体系重要组成部分的公司内部制度，是一种民间社会的私性规则和商事规范，其对于秩序维系、纠纷解决和国家法治具有现实的意

〔1〕 李亚冬："'做事情'和'谈感情'：行政机关内部的处事规则——以上海市某市级机关为对象"，载高其才主编：《当代中国的习惯法世界》，中国政法大学出版社2018年版，第7~30页。

〔2〕 周燕："中国省级政府投资中的正式与非正式制度比较——以A省为例"，载《武汉大学学报（哲学社会科学版）》2006年第6期。

〔3〕 公婷、周娜、杨晋："腐败与市场化：中国公共采购中的正式与非正式规则"，载《公共管理与政策评论》2014年第3期。

〔4〕 于安："论腐败与非正式规则——正式规则是如何被替代的"，载《行政法学研究》2016年第2期。

义。同时认为这是埃里希的"活法"研究在现代商业社会的展现。[1]
有研究更是直接将企业内部劳动规则称为厂规厂法，认为这些规则
在用人单位内部发挥着非常重要的作用，既分析了这些厂规厂法的含
义、性质和合法要件，也分析了企业如何合法制定内部劳动规则。[2]
有研究通过对珠三角地区农民工的数据调查发现在劳动法执行过程
中形成一些"次标准"，认为这些标准往往低于法定强制性劳动标
准。郑广怀、孙中伟认为这是法律文本与法律实践相分离的结果，
即法律文本满足意识形态需要，法律实践则满足现实需要。[3]有些
研究则将关注点放在企业的处罚惩戒方面，也即企业有没有惩戒权，
如何认识这种惩戒权，并就惩戒权及其规范设置进行了分析。[4]有
研究详细分析了公司工作时间制度的形成和发展问题，认为工作时
间方面的制度是公司内部重要的法规范，它随着时代的变迁在内容
和形式方面都发生了变化。[5]

在企业内部制度研究中，有一大部分研究成果主要探讨了用人
单位劳动规章制度的性质问题，有研究认为劳动规章的定性涉及企
业自治权与劳动者权益的保护和平衡，[6]有研究认为企业内部的劳
动规章制度具有"个体自治"与"集体自治"的双层面向，朱军认
为在立法者未将劳动规章制度最终定型为一种独立的规范之前，采
"性质二分说"为妥，即规章制度仅有现行法下"个体自治性规范"
和立法论下"集体自治性规范"两种性质，前者以一般抽象性指令

---

〔1〕 张羽君："公司内部制度效力研究"，载《法学论坛》2013年第1期。

〔2〕 王印杰、曹家麟、刘道岭："企业内部劳动规则的法律思考"，载《经济问题探索》2011年第3期。

〔3〕 郑广怀、孙中伟："劳动法执行中的'次标准'——基于2006-2010年对珠江三角洲农民工的调查"，载《社会科学》2011年第12期。

〔4〕 关于这方面的讨论可参考李雅云："企业罚款权探讨"，载《中外法学》1999年第3期；孙持明："用人单位处罚权的法律规制"，载《中国人力资源开发》2007年第6期；丁建安、张秋华："企业惩戒权的法律规制"，载《社会科学战线》2013年第10期。

〔5〕 柳海松："公司工作时间制度的形成和发展——以周工作时间制度和八小时工作时间制度为例"，载高其才主编：《变迁中的当代中国习惯法》，中国政法大学出版社2017年版，第113~132页。

〔6〕 徐金锋："论劳动规章制度之法律定性"，载《东北师大学报（哲学社会科学版）》2012年第1期。

（仅限与工作相关的行为规范）和格式条款的法律形态呈现，后者可在条件成熟时发展为异于集体合同的集体自治性规范。[1]还有一些研究成果也集中讨论了这一问题。[2]也有研究讨论了企业内部的劳动规章与劳动合同的关系和效力问题。[3]另有研究认为共享经济下用人单位的劳动规章制度发生了很大的变化，如新形态下劳动规章制度的性质更加具有"格式化"表征，"集体合意"性质更加丧失殆尽。劳动规章制度的载体变化主要是："边缘化"与"碎片化"严重、"无纸化"与"模糊化"加剧、"捆绑化"与"默认化"普遍。其中惩戒权的变异表现在惩戒依据、惩戒方式、经济罚和救济四大方面。[4]

在企业内部劳动规章制度研究方面，也有研究讨论了劳动规章制度的司法审查问题，如有研究就用人单位制定的"末位淘汰"规则制度进行了分析，认为法院可以就公司对劳动者绩效考核的情况进行审查，审查对象不仅包括发生争议的劳动者的绩效考核情况，还包括考核标准本身是否具有合理性，考核程序和同等职位的其他劳动者的考核情况等。[5]有研究认为劳动规则制度是用人单位的内部治理规范，是用人单位的"家规"，对劳动规章制度的司法审查应

〔1〕 朱军："论我国劳动规章制度的法律性质——'性质二分说'的提出与证成"，载《清华法学》2017年第3期。

〔2〕 比如高圣平："用人单位劳动规章制度的性质辨析——兼评《劳动合同法（草案）》的相关条款"，载《法学》2006年第10期；徐金锋、李燕燕："劳动规章'协商确定'之辨析"，载《求索》2012年第4期；阎天："劳动规章性质三分说：以比例原则为检验标准"，载《交大法学》2017年第4期。

〔3〕 如胡立峰在讨论用人单位劳动规章性质的基础上讨论了劳动规章与劳动合同的关系。详细请参见胡立峰："劳动规章制度与劳动合同之效力冲突"，载《法学》2008年第11期；有学者认为用人单位规章的制定存在三种模式，与此对应，作者认为也存在三种效力模式。详细请参见沈建峰："论用人单位劳动规章的制定模式与效力控制——基于对德国、日本和我国台湾地区的比较分析"，载《比较法研究》2016年第1期；有研究探讨了用人单位未按照法律规定程序制定规章的效力。详细请参见沈同仙："试论程序瑕疵用人单位规章制度的效力判定"，载《政治与法律》2012第12期。

〔4〕 问清泓："共享经济下劳动规章制度异变及规制"，载《社会科学研究》2018年第3期。

〔5〕 王天凡："'不能胜任工作'与'末位淘汰'规则的规范分析——指导性案例第18号评析"，载《清华法学》2016年第4期。

该坚持合法性审查与合理性审查。劳动规章制度的合法性审查，司法机关应坚持严格审查原则，让用人单位的"家规"在法治的轨道上运行，而劳动规章制度的合理性审查，司法机关应坚持宽松审查原则，尊重用人单位的用人自主权。[1]而有论者围绕用人单位调职的司法审查问题进行了分析，认为法院对用人单位调职已形成较稳定的审查机制，区分为调职依据合法性的宽松审查与调职合理性的严格审查。[2]这方面研究成果还有很多，不再一一赘述。

通过分析这方面成果，我们明显的一个感触是因为用人单位制定的一些内部规章制度直接关涉到劳动者自身的权益保护和行为规范，甚至其与劳动者切身利益的关系比国家制定法更为直接，因此一些研究者就关注到了这一问题。但是，这方面成果大多集中在劳动法和合同法方面，亦即这些研究大多将用人单位制定的内部规章制度置于劳动合同法的视野下进行观察，研究更多的是一种法教义学的分析路数，就制度的合法性和国家法律的对接进行分析，而从法理学、法社会学的角度专门就用人单位制定的规章制度进行内部观察的成果并不多见。其实这方面可能存在许多有必要进行探讨，或者非常有趣的问题，这要求更多的法社会学或法人类学研究者进行更深度地分析。

三、社区管理规范

从时间发展看，从单位制到社区制是当代中国城市基层社会治理变迁的一条主线，[3]这一发展脉络不仅显示了中国社会结构的一

---

[1] 张家宇："劳动规章制度的司法审查——以《劳动合同法》第39条第二项为中心"，载《河北法学》2019年第9期。

[2] 饶志静："用人单位调职司法审查基准的反思与重构"，载《东方法学》2015年第6期。

[3] 相关讨论可参考何海兵："中国城市基层社会管理体制的变迁：从单位制、街居制到社区制"，载《管理世界》2003年第6期；张秀兰、徐晓新："社区微观组织建设与社会管理——后单位制时代的社会政策视角"，载《清华大学学报（哲学社会科学版）》2012年第1期；田毅鹏、薛文龙："'后单位社会'基层社会治理及运行机制研究"，载《学术研究》2015年第2期；彭穗宁："市民的再社会化：由'单位人'、'新单位人'到'社区人'"，载《天府新论》1997年第6期；袁方成："国家治理与社会成长：城市社区治理的中国情景"，载《南京社会科学》2019年第8期。

种转型，也影响了城市的空间变迁。而在这一影响下城市社会的治理逻辑及规范构造亦发生了明显的改变。社区制的提出凸显了在城市的基层社会治理中要求发挥国家、市场、社会三方力量的共同参与，而社会力量的参与亦催生了各类社区管理方面的自治性规范，这构成城市习惯法中的另一块重要内容。

（一）社区管理规范的存在机理

社区管理规范是中国社会基层治理发展的必然要求。治理区别于统治，它强调社会多元主体、多元规范的合作共治，而各类社区管理规范恰恰是多元规范治理中的重要表现。就城市社区管理规范的存在机理来讲，已有研究亦或多或少讨论了这一问题。如有研究认为在社会治理的场域中，完全依靠国家的硬法规范或社会软法规范的情形很少，基于社会治理面临问题的复杂性，治理不得不经常面对所在领域中内在要求互相不一致的目标、原则或者意义的强制，同时提出在包容性法治下突出多元规范的功能互补。[1]有研究也指出"多元共治的社区治理结构是打造共建共治共享治理格局的抓手，居民对社区公共事务的参与是实现共治的关键。对于当前城市社区治理所面临的弱参与困境，社区社会资本为其提供了一种整合性、包容性的破解思路"。[2]亦有研究从居民自治权的角度谈及了社区管理规范的存在机理，认为居民自治权是居民自治的必然要求和关键，居民自治权的延展必然会发展出一系列规则规章，其重要表现形式就是居民公约。[3]高其才先生关于防控新冠肺炎疫情期间城市社区管控规范的研究也强调了这一点，认为在非常时期抗击新冠肺炎疫情过程中形成的各类社区管控规范，是社区的一种自我治理方式，体现了城市社区居民在自我卫护办理本地区公共事务时的一种

〔1〕 张清、武艳："包容性法治框架下的社会组织治理"，载《中国社会科学》2018年第6期。

〔2〕 方亚琴、夏建中："社区治理中的社会资本培育"，载《中国社会科学》2019年第7期。

〔3〕 张景峰："居民自治权理论探讨"，载《河南科技大学学报（社会科学版）》2008年第3期。

自我管理、自我教育、自我服务。[1]有研究通过个案分析指出业主自治的实现有赖于群体规范的支持，认为一个小区能否实现真正的自治，主要看其是否能演化出以加强互动交往、荣誉效应及日常的互惠合作为核心的群体规范。[2]

其实社区管理规范也是社区居民在日常生活过程中的一个自然选择的制度事实，作为城市社会离散飘零的个体，在社区日常的生活交往过程中，难免会形成一个守望相助、利益关联的共同体，这一共同体是一个利益共同体、情感共同体，也是一个规范共同体，共同体的接续发展和秩序维系必然衍生出各类规范构造方式。已有的一些研究也说明了这一点，如有研究指出业主自治的实现需要群体规范的作用，通过个案研究指出群体的交往程度和互惠合作都会对群体规范的存在产生重要影响。[3]有研究详细探讨了社区互惠规范的形成机理，认为社区是一个在多重动力机制作用下形成的社会交往系统，在邻里交往和社区参与过程中，居民为了更好地满足自己的利益、需求和兴趣，为了解决交往过程中出现的问题以及建立和维系交往关系，逐渐产生了包括互惠在内的非正式规范作为社区生活的共同准则，形成了特定的社区交往模式。[4]有研究通过个案研究指出规范的变迁是社会转型与组织重构的特征，探讨城市社区管理中规范形成的机制，指出在因势利导的情况下，社区居民在文化宣教、公共服务、基层选举、纠纷调解诸领域中选择不同的行动策略，进而形成了较为稳定的运作规范。[5]

当然，社区管理规范的内生之理也在于相较于国家法律法规，

〔1〕 高其才："自我卫护：习惯法视野下非常时期的城市社区管控规范——以 2020 年初防控新冠肺炎疫情为对象"，载《法学杂志》2020 年第 4 期。

〔2〕 李玉连、朱宪辰："群体规范与业主自治制度——南京城市小区实证研究"，载《城市问题》2007 年第 3 期。

〔3〕 李玉连、朱宪辰："群体规范与业主自治制度——南京城市小区实证研究"，载《城市问题》2007 年第 3 期。

〔4〕 方亚琴："社区互惠规范：形成机制、类型与特征"，载《学习与实践》2016 年第 1 期。

〔5〕 王迪："因'势'利导：城市基层社区组织日常运作规范的形成"，载《新视野》2017 年第 5 期。

社区自治性规范具有其内在的优势。有研究就指出单凭国家立法的规范构造方式，在社会秩序把控中存在天然的局限性。庞正指出基于国家立法在内容上的限度和调整机制的滞后，在社会治理中不能否定或替代社会自发秩序的能力，其中社会组织的自我秩序化构造能力就显得尤为重要。[1]也有研究指出现行社区建设法律框架的一个最大特点是立法上的单一性和立法价值上强烈的行政和政府取向，认为面对社区各种复杂情况，应逐渐使硬法从某些社区治理领域中退出，明确硬法在社区治理中的定位及其与软法各自的分工，从而形成合理的社区治理的法律结构或框架。[2]

（二）社区管理规范的内容形式

在社区治理中由于面对的人群多元、头绪繁杂、事项众多，致其规范构造内容形式也多样，有研究指出社区软法是社区治理结构中非常重要的规范形式，其在社区治理中应居于基础性和主导性地位。陈光认为这一规范包括众多在社区治理中行动着的各类主体制定的规范文件，主要有：工作制度或活动制度、工作纪律或禁令、守则准则、工作目标、社规民约等。[3]有研究专门探讨分析了社区互惠规范这一社区管理的规范类型，认为作为社区社会资本重要构成要素的社区互惠规范，其对于促进社区联结、保障社区生活、维系社区秩序都具有非常重要的作用。方亚琴指出社区互惠规范是在社区长期的邻里交往和社区参与过程中自发形成，并在社区居民之间的互惠互助行为中表现出来的，其中社区关系网络既是互惠规范的载体，也是互惠规范的有效惩罚机制。而社区互惠规范的类型主要有：工具性交往关系中形成的基于理性的互惠规范；趣缘关系中形成的基于共同兴趣的互惠规范；基于情感的互惠规范；基于社区义务感的互惠规范。[4]

---

〔1〕 庞正："法治秩序的社会之维"，载《法律科学（西北政法大学学报）》2016年第1期。

〔2〕 陈光："论社区治理中软法与硬法的关系及衔接"，载《甘肃政法学院学报》2013年第4期。

〔3〕 陈光："社区治理规范中软法的形式及定位"，载《广西社会科学》2013年第9期。

〔4〕 方亚琴："社区互惠规范：形成机制、类型与特征"，载《学习与实践》2016年第1期。

在社区管理规范中物业管理规范和业主自治规范是非常重要的一类规范类型，在既有的研究成果中有论者也专门讨论了这一问题，如高其才先生基于敏锐的学术眼光和鲜明的问题意识，结合大量的实证调研材料，专门就防控新冠肺炎疫情期间不同社区形成的社区管控规范进行了探讨，认为社区管控规范主要是由社区居委会、社区党组织、业主委员会、物业公司等组织制定的自治规范，其具体内容形式主要有疫情防控的通行管控规范、人员管控规范、车辆管控规范、防控措施管控规范等。[1]有研究讨论了业主自治规范在现阶段存在的一些问题，主要有：筹备组问题透露出的制度困境、业主代表大会的法律与实践问题、业主身份的认定与业主信息的利用问题、欠费问题与权利行使、程序问题与实体权利等。[2]有论者讨论了物业管理的道德规范，基于公共选择的视角分析了这类物业管理规范生效的社会条件、物业管理道德规范的功能作用等问题。[3]

社区管理规范作为一种自治规范，相较于国家制定法具有非常突出的特点，如有研究在论及社会组织制定的自治规范特点时，认为其主要有如下几方面：一是，它由社会组织制定，由组织名义实施，其实施范围仅限于组织内部；二是，这类规范具有很强的指向性和针对性，在内容方面更为具体，可操作性强；三是，这类规范更多的是一种自我约束性规范，形成一个由鼓励、倡导、允许、认可、限制、禁止等多种方式共同构成的体系。[4]有研究指出居民公约的特点有：一是，其制定主体数量多，呈现出类别化与社区化特点；二是，其客体具有多元性和公共化；三是其内容复杂。[5]当然，

---

〔1〕 高其才："自我卫护：习惯法视野下非常时期的城市社区管控规范——以 2020 年初防控新冠肺炎疫情为对象"，载《法学杂志》2020 年第 4 期。

〔2〕 徐以民、朱伟："业主自治及其实践困境的消解——基于多中心治理的阐释"，载《北京理工大学学报（社会科学版）》2013 年第 5 期。

〔3〕 黄安永、钟国贺："基于公共选择视角的物业管理道德规范的经济学研究"，载《东南大学学报（哲学社会科学版）》2009 年第 2 期。

〔4〕 张清、武艳："包容性法治框架下的社会组织治理"，载《中国社会科学》2018 年第 6 期。

〔5〕 崔超："论居民公约化解社区纠纷的可实行性与构建路径"，载《贵州警官职业学院学报》2017 年第 6 期。

随着城市空间的变迁和社会治理的发展，城市社区管理规范在内容和形式方面也发生了一些变化，如有研究将关注的问题投掷于在中国城市化发展过程中村规民约的居民公约化，通过个案研究认为在制度的路径依赖下，居民公约无论在体例编排，还是行文内容等方面都承继了村规民约的制度构造。[1]有研究也通过个案研究讨论了城乡变迁下村规民约向居民公约变化的特点，研究尤其关注到了规范内容主要转向财产分割与社会福利分配，惩罚方式主要由处罚主导转向教育告诫为主。[2]

（三）社区管理规范的功能作用

作为行走在社区活动场域中的各个主体在社区管理、邻里互助、秩序维系、情感慰藉等方面生成发展的社区管理规范，其内生于社会结群与社区联结的内在要求，其在城市社区管理乃至社会治理中发挥着非常重要的功能作用。就像有学者论及的，像社区管理规范之类的社会组织自治性规范由于其本身具有的社会属性，天然带有"亲民性"和"接地气"，其对于调节主体间的社会生活，规范个体的行为具有非常重要的作用。刘作翔认为建设法治国家与法治社会，需要发挥这部分规范的内在作用，尤其在社会治理领域，这些规范甚至可以起到比国家制定法更为重要的作用。[3]也有研究认为社区管理规范等社区软法在社区治理中具有非常重要的作用，指出其表现在如下几方面：一是，为社区的管理活动提供规范依据；二是，为社区治理提供目标和方向；三是，有助于推动政府治理模式或者公共管理模式的创新发展。[4]有研究从社区信任的形成机制方面探讨了社区规范的功能作用，通过三个不同类型社区的个案研究，指出社区管理规范对社区信任的形成具有非常重要的作用，这种作用表现在作为一种约束机制的社区规范，它是在人们日常生活过程中

〔1〕 周家明："城市化进程中村规民约的居民公约化演变——以昆明市吴井（社区）为例"，载《晋阳学刊》2013年第3期。

〔2〕 杭州市司法局课题组："城乡变迁背景下的村规民约研究——以杭州市为例"，载《法治研究》2010年第12期。

〔3〕 刘作翔："当代中国的规范体系：理论与制度结构"，载《中国社会科学》2019年第7期。

〔4〕 陈光："社区治理规范中软法的形式及定位"，载《广西社会科学》2013年第9期。

通过不断的博弈形成的，这种规范对于抑制社区生活中的机会主义行为，增进共同体内成员的信任具有内在的作用。[1]有论者也通过社会资本的角度对社区管理规范与增进社区信任的讨论说明了社区管理规范在增进社区信任、提高社区治理的重要性。[2]

还有研究从社区纠纷解决的角度讨论了社区内生规范的重要意义，论者大多认为社区内生规范是社区纠纷解决的一类重要规范来源，其对于及时有效地解决邻里纠纷，维系和睦团结的邻里关系具有重要的作用。如有研究认为在国家制定法规制社区行为的同时，也要发挥社区民间规范的重要作用，提出在社区纠纷解决中，居民公约是化解纠纷的重要规范类型，这就需要明确居民公约的地位，尊重主体在制定居民公约时的权利和意愿，规范居民公约的运作程序。[3]有研究亦指出社区内部的纠纷解决应注意社区自身力量和主体的参与，认为在社区纠纷解决的制度构造中，除却街道司法所外，应重视居民当事人、街坊邻居、社区和事佬和居委会、业委会和物业公司的作用，以此才能形成良好的社区纠纷化解规范制度构造。[4]

（四）社区管理规范与国家制定法的规范结构

社会治理是多元主体、多元规范的合作共治，在城市空间的社区治理中，必然存在不同规范的协同共治。由此，社会自治性规范与其他规范，尤其是国家制定法的关系及规范结构必然是社区治理中面临的一个问题，对这一问题的延展和分析也直接影响了城市社区治理中的规范构造与治理结构问题。在既有的成果中，论者也关注到了这一问题，如有研究在包容性法治的概念下讨论了社会组织的治理，认为在社会组织治理中，那种机械的、单一的强调通过某

---

〔1〕 方亚琴："网络、认同与规范：社区信任的形成机制——以三个不同类型的社区为例"，载《学术论坛》2015 第 3 期。

〔2〕 钱海梅、齐卫平："我国城市社区治理探索——基于作为新解释范式的社会资本视角"，载《理论导刊》2008 第 11 期。

〔3〕 崔超："论居民公约化解社区纠纷的可实行性与构建路径"，载《贵州警官职业学院学报》2017 年第 6 期。

〔4〕 姚怀生、邱小林："论城市化社区法律纠纷的制度构建"，载《河北法学》2016 年第 1 期。

一种规范各自为政的治理方式是不可取的，社会治理需要软法与硬法的衔接、平衡、整合。张清、武艳提出了这种整合的基本原则："第一，按照法律保留原则、辅助原则勘定社会组织制度要素的边界。其次，将制度要素有的放矢地介入社会组织内外部事务。最后，在制度要素适用的过程中坚持自治优先、程序优先。"[1]刘作翔教授在探讨当代中国的规范体系的时候，也指出社会规范的制定要遵循合法性与合理性原则。[2]有研究则提出在社区治理的过程中，虽然软硬法作用的领域和方式不同，二者存在一定的分工，但是基于提高社区治理的基本要求，应该使二者更好地有机衔接、合作共事，陈光提出应该完善二者的创制机制，并在制定的过程中实现二者的融合。首先，应分别构建科学合理的软法和硬法创制与完善机制，这是实现社区治理过程中软法和硬法有机衔接的必要前提。其次，软法在制定与完善时应遵守有关硬法规范，而硬法在制定与完善时也要考虑有关软法规范，并可结合具体的社区治理事项建立相应的互动衔接机制。最后，社区个体成员公民意识的培养与增强，是实现社区治理软法与硬法有机衔接的根本因素。[3]也有研究从具体的司法审查的角度探讨了业主自治规范，认为尽管业主自治规范是一种自治性规范，但是私法自治的意义在于确保权利人的自由空间并能够自我负责地形成其生活，同时认为法院在审查业主自治规范的时候应该尽量尊重业主的自治权，将司法干预维持在最低限度。[4]

四、社团与协会的自治规范

在城市的空间构造中，除了因为空间区隔形成有形的空间单元外，基于各类身份及其认同形成的无形空间单元，也是城市空间构

---

〔1〕 张清、武艳："包容性法治框架下的社会组织治理"，载《中国社会科学》2018年第6期。

〔2〕 刘作翔："当代中国的规范体系：理论与制度结构"，载《中国社会科学》2019年第7期。

〔3〕 陈光："论社区治理中软法与硬法的关系及衔接"，载《甘肃政法学院学报》2013年第4期。

〔4〕 于凤瑞："业主自治规范中限制性条款的司法审查"，载《法商研究》2016第3期。

造的重要内容。人的身份是多样的，在城市社会随着社会分工、职业和价值观的发展，必然造成人们身份与角色的多样化，这一切势必造成社会成员认同的多元化，导致在城市的空间构造中必然行走着不同个体基于家庭、单位、地域、民族、文化、行业、不同价值观等多元的认同及其价值构造。而在这一认同及价值构造下，不同的个体要么以共同的工作单位，形成"单位人"，要么以共同的聚居地域形成"社区人"，要么以共同的行业属性形成"行业人"，要么以共同的价值追求和喜好形成"趣缘人"。而在这些无形的空间单元中，基于共同体内部成员间的行为规制、身份认同、价值凝练、秩序维系，共同体已然形成了不同的规范构造方式及制度表现。其中，以不同社会团体及行业协会为代表的团体形成的规范为最主要的表现，这也成为城市习惯法的重要组成部分。

（一）社团、协会自治规范的种类

自治性是社团、协会发展的一个基本原则，而通过规章制度进行社团治理是社团、协会自治性的重要表现，这也导致在团体内部形成了一个个不同的规范构造形式。关于社团、协会自治性规范的种类，已有研究多有探索。如有研究从行业协会自治权的角度讨论了行业协会的内部规范，认为行业协会自治权包括行业自治规范的制定权、处罚权、会员纠纷的裁决权等管理性权力。其中行业自治规范主要包括协会章程、会员行动准则、行业标准等。行业自治规范在执行机制上主要依据会员自觉遵守，在会员违反行业自治规范时，行业协会可依据行业自治规范对违反行业自治规范的行为进行处罚，此外，会员间发生纠纷时，行业协会可以依据行业自治规范进行裁决。[1] 也就是说，行业协会的自治性规范主要体现在规范制定，对会员行为的处罚和纠纷内部解决等方面。有研究提出了社会公权力这一概念，并基于这一概念提出在团体内部成员行为规制要求下，社会公权力组织在成立之初就形成了一定的组织规则，这些组织规则是团体行使社会公权力的依据，其表现形式有规章、章程、行规、条例等。徐靖将这些规范的种类分为四类：作为"小宪法"

---

〔1〕 汪莉："行业协会自治权性质探析"，载《政法论坛》2010 年第 4 期。

的基本组织规范、行为规范、惩罚规范、争端解决规范等。[1]有研究将行业资质规范的类型归纳为以下三类：一是作为协会根本大法的协会章程；二是行规行约，其名称除使用"行规行约"外，还有"会员公约""自律公约""行为规范"等；三是行业标准。黎军还分析了行业自治规范是否具有强制性、行业自治规范是否影响行业外部人员（如消费者）等问题。[2]

在社会团体、行业协会的内部规范中，章程是非常重要的内容，亦有研究在整体上讨论了这一问题。如有研究指出章程是社会组织的"宪法"，一个社会组织无论其组织定位在公益还是互益，其都应通过章程加强组织的约束作用。马庆钰、井峰岩提出章程不是一个象征或者摆设，而是一个组织行为的规范要求，政府管理部门应该树立章程在社会组织中的"宪法"理念、地位和权威。[3]有研究从软法角度讨论了社团章程的定性问题，认为之所以把章程称为法，主要基于以下几方面理由：首先，章程与法一样，都是规范人们行为的规则，其通过权利义务设置进行行为规制；其次，章程体现了社团成员的公共意志；最后，章程的实施不仅依靠成员的自律实现，也靠强制措施。[4]

在社团内部规范的研究中，关于体育社会团体尤其是体育协会规范的研究是既有成果中非常重要的一个方面，这部分成果主要集中在关注体育法的研究者中。如有研究基于法律多元主义的理论从民间法秩序的角度探讨了体育固有法问题，认为因为体育固有法已经形成了一个层级式的组织结构、一个独立的具有最高权威的体育仲裁机构，这都说明体育固有法与其他法秩序并存。[5]有研究将全国单项体育协会制定的章程分为四类："一是基本性规范，即协会章

---

〔1〕 徐靖："论法律视域下社会公权力的内涵、构成及价值"，载《中国法学》2014年第1期。

〔2〕 黎军："基于法治的自治——行业自治规范的实证研究"，载《法商研究》2006年第4期。

〔3〕 马庆钰、井峰岩："论社会组织多维性规范管理体系的构建"，载《国家行政学院学报》2014年第3期。

〔4〕 兰捷："软法视角下的社团章程研究"，载《学术论坛》2013年第4期。

〔5〕 孔伟："论体育固有法作为一种跨国民间法秩序"，载《西安体育学院学报》2015年第4期。

程，它是全国单项体育协会组织及运行的基本规定；二是行为性规范，既有各项运动职业道德规范、竞赛规则、行业公约及行业服务规范、行业交易惯例、行业质量标准，又包括体育行业准则；三是惩罚性规则，主要指全国单项体育协会对违反章程或行为规则的个体是否应当做出惩罚以及如何做出惩罚的规定；四是争端解决规则。"彭昕等对全国单项体育协会的章程进行了法理分析，认为其存在以下不足：一是在其会员资格的确认及会员代表大会的构建方面存在不合理之处；二是业内争端解决途径完全依赖协会内部机制，排斥外部行政救济与司法救济；三是监督机制不健全致使社团内部管理权力失却羁绊。[1]有研究就我国职业足球行业规范进行了分析，认为其行业规范主要有两种：一是综合性的规范，二是单项性的规范。同时认为规范的特点是自律性、规范性和专业性。[2]也有一部分研究将问题观照于体育协会的惩罚权方面，如有研究认为体育协会是非营利的社会组织，其惩罚权来源于国家权力的授予，是"准行政权"，其惩罚权的依据是团体章程。汪全胜等认为体育社会团体章程须明确其处罚权的原则、范围、形式等。体育社会团体行使处罚权要遵循章程规定的正当程序。同时，作为被处罚人可以享有一定的处罚救济权利。[3]有研究认为体育协会处罚权的依据主要是自身的自治规范，包括协会章程和其他内部规范性文件，尤其是一些具有协会特色的处罚行为，如开除会籍、行业禁入等只有在内部规范性文件中才可以找到依据。董新凯、王烈认为从性质上看体育协会的处罚行为或者是行政行为或者是民事行为，也有可能是自治行为，协会的处罚行为有其积极意义，也有消极作用，对其救济主要有行政救济和民事救济。[4]也有研究从个案研究的角度探讨了体育

〔1〕 彭昕、周小敏、罗雅莉："对体育自治章程及其瑕疵的法理管窥"，载《山东体育学院学报》2011年第7期。

〔2〕 张华君："我国职业足球行业规范若干问题研究"，载《上海体育学院学报》2005年第3期。

〔3〕 汪全胜、陈光、张洪振："论体育社会团体的处罚权"，载《北京体育大学学报》2010年第5期。

〔4〕 董新凯、王烈："体育行业协会处罚行为的相关法律问题"，载《武汉体育学院学报》2010年第12期。

社团的自治规范，如有研究围绕"沈阳徒步"这一民间体育社团的内部规范，认为正是因为一系列规范，提高了团体的秩序和社会声誉。[1]有研究通过对苏南地区有典型代表性的 29 个 4A 级地方性体育社团为调查对象，运用问卷调查法、深度访谈法和田野调查法，对其进行深入研究。白杨、王家宏以软法的视角，深刻剖析了地方性体育社团治理困境和成因。基于软法治理理论，提出完善地方性体育社团治理的可行路径和具体举措。[2]

也有研究讨论了商会、行会的商人自治规范。如有研究认为制定自治规范是商会、行会实现自我治理的根本前提，指出商人自治规范主要有团体章程和行规行约等。其中团体章程是商人自治的宪章，其确定了组织的行动总纲和基本行为准则。而行规行约主要有：产品维权公约、人才流动公约、环境保护自律规范。[3]有研究讨论了商业行规的司法适用功能，认为其主要表现在如下几方面：作为理解商业领域交易特点的指南、作为合同解释的参考依据、作为推断案件事实的信息工具、作为商行为合理与否的评价标准、作为判决说理的理由。[4]有研究探讨了新商人法问题，认为随着市场经济和改革开放的推进，在中国商人自治的推动下，形成了新商人法。基于规范属性上的自治规范性质和社会目标上的合作秩序导向，新商人法是一种追寻互惠正义的合作秩序的自治规范体系。而社会自治原则、秩序维持原则和权利互惠原则是当代中国新商人法的三个基本原则。就规范类型而言，戴剑波认为既存在着基本规范，也存在着非基本规范；既存在着实体性规范，也存在着程序性规范；既存在着权利规范、也存在着义务规范和责任规范；既存在着阐明的规范，也存在着未阐明的规范；等等。就规范内容而言，当代中国

〔1〕 冯欣欣、曹继红："制度理性与生活理性：城市体育社团组织系统的比较研究"，载《中国体育科技》2015 年第 1 期。

〔2〕 白杨、王家宏："软法视角下的地方性体育社团内部治理调查与对策——以苏南五市 4A 级体育社团为例"，载《成都体育学院学报》2019 年第 1 期。

〔3〕 戴剑波："论商人自治：缘起、内涵与实效"，载《厦门大学学报（哲学社会科学版）》2014 年第 3 期。

〔4〕 董淳锷："商业行规的司法适用——实证考察与法理阐释"，载《清华法学》2020 年第 1 期。

新商人法的内容主要包括：共同体章程、维权公约、人才流动公约、环保自律规范以及共同体的决策规则、纠纷解决的调解规则、救济与罚则等。[1]有研究则就自治性商事规则的法源地位进行了探讨，认为尽管在某些方面，自治性的国际商事规则可能发挥一定的作用，但是作为一种自发产生的"民间规则"，其地位根本无法与国家所制定的法律相提并论。"想要得到真正统一的商事法律体系，绝对不是把一切交给商人自治，等待他们自发地形成普遍接受的规则。国家通过巨大努力都无法达成的目标，凭借部分商人的力量就能解决的想法无异于天方夜谭。"[2]

也有研究讨论了保险业行业行规的规范作用，认为例如《车险自律倡议书》《保险业依法合规自律倡议书》《大型商业风险保险业务自律公约》《中国保险中介机构自律公约》等规范都是行业成员经过长期实践所达成共识的自律规范，由行业协会统一制定，大多数自律倡议书和自律公约都由行业成员集体背书，其形成本身就是体现社会有效性的重要过程，《保险法》的完善在借鉴此类规定的同时于无形中提升了法律条款的正当性与有效性。[3]有研究讨论了我国律师职业伦理规范的历史，认为我国律师职业伦理建设发展的历程一定程度上与我国改革开放四十年的发展进程息息相关。在这不到四十年的发展历程中，我国律师职业伦理在制度建设上经历了从无到有、从粗到细、从执业纪律到职业规范、从规范确立到规范实施的演变过程。[4]有研究讨论了民间环境组织的内部规范，认为民间环保组织和其他社会组织基于各自既得利益或利益集团的考虑，制定的相关环境保护自治规范和自律规范也与国家法律规范和其他环境软法规范存在不同程度的冲突，影响了我国环境法治甚至是环境治理的绩效。[5]也有研究讨论了出版协会的内部规范，认为行业

---

〔1〕 戴剑波："当代中国新商人法研究"，清华大学 2013 年博士学位论文。

〔2〕 宋阳："自治性商事规则法源地位否定论"，载《当代法学》2018 年第 3 期。

〔3〕 焦蕾："保险行业软法规范对《保险法》的促进作用——以保险协会自律规范和指导性规范为研究进路"，载《东南大学学报（哲学社会科学版）》2018 年第 S1 期。

〔4〕 吴洪淇："律师职业伦理规范建设的回顾与前瞻"，载《交大法学》2018 年第 2 期。

〔5〕 徐忠麟："环境法治的软法规范及其整合"，载《江西社会科学》2016 年第 10 期。

规范是业内成员共同遵守的行为规范，是约束从业者行为、规范会员企业经营的基本参照，它通常表现为一系列的规范性文件，包括行业协会章程、行业道德规范以及行业自律公约。李霄认为出版行业协会通过制定自律规则或自律公约、约束和监督会员行为、防范和惩戒会员违规行为进而达到出版行业自律。[1]有研究讨论了在应对新冠肺炎疫情期间慈善组织适用规范的变化，认为在包括公共卫生事件在内的突发事件应对中，慈善组织所适用的法律法规会发生显著变化，其中特殊规范是一种重要的表现。[2]

（二）社团、协会自治规范存在的法理基础

在社团、协会自治规范的讨论中，这一规范构造方式存在的法理基础是什么，其内在义理又是什么是延展这一论题必然面临的问题，针对这一问题，既有研究也进行了一定的探讨，论者一个共识性的认识在于社团、协会自治规范的存在是社团自治的内在要求，也是其与国家制定法相较具有比较优势的结果。如有研究从软法的角度讨论了职业协会的治理，其对于问题的关照在于为什么职业协会需要软法治理，认为在职业协会的治理中引入软法治理是职业协会与软法之间内在契合的结果，因为这种软法治理的维度不仅是对职业协会自治规范的法理审视，而且是从职业协会信息公开化、内部监督体系化和惩戒规范自主化等方面对其自律方式的治理诉求。一方面，软法治理与职业协会自治民主的价值取向一脉相承。另一方面，软法治理可以有效弥补职业协会现有治理的结构性缺陷。同时，软法治理可以提高职业协会治理的正当性与实效性，提升其社会认同。[3]有研究也在这一意义上讨论了商会自治规范存在的法理基础，认为一方面，行业自治规范符合商会契约意思自治的逻辑要求；另一方面，行业自治规范理应成为商会追求独立法律地位的一项重要措施；最后，行业自治规范可以解决信息不对称

---

〔1〕 李霄：“论我国出版行业自律管理制度建设”，载《出版发行研究》2012年第1期。

〔2〕 金锦萍：“疫情应对中慈善组织的特殊规范和行动特点”，载《学海》2020年第2期。

〔3〕 张清、武艳：“职业协会治理的软法之维”，载《江海学刊》2013年第5期。

问题。〔1〕有研究认为行业协会自治立法的权力基础在于：行业协会的自治立法来源于行业协会组织的自治权，制定行业规章等自治性规范是行业协会实现自治权的基本内容。这一规范的价值在于对国家制定法缺陷的有效弥补和对行业管理特殊要求的回应。〔2〕有研究基于政府对社会组织的传统监管理念容易导致"一管就死，一放就乱"的问题，提出"多维性规范管理体系"，认为在这一规范管理体系中，应该让章程成为社会组织的"宪法"、提升社会组织法人自治有效性、建立组织信用代码和信用信息平台、支持与发展社会组织自律联盟、开发社会参与的非正式问责机制、完善政府协同监管的正式问责，从而由政府的"单极"行动变为多元参与，进而带来较之传统政府监管更低的成本和更高的效率，而且对社会组织健康发展也更为有利。〔3〕

　　有研究则从本土资源的角度探讨了社会组织章程规范的存在义理，庞正基于本土资源观的考虑，认为社会治理和法治建设需要本土资源，但是又强调这种本土资源主要应是由市场经济生产方式决定，生发于市民社会及社会组织，与现代民主政治生活和法治方略相匹配的种种非官方规范。同时认为这些规范的文本载体一般表现为各类社会组织的章程、组织运作规范、成员公约、行业奖惩条例等。〔4〕有研究讨论了职业协会惩戒权的法理基础，认为职业协会惩戒权一方面是社会治理的需要和国家处罚权与协会处罚权两种权力博弈的结果。谭九生认为与国家处罚权相比较，职业协会惩戒权运行的制度环境决定了协会惩戒更有利于实现合作治理的需要。因为职业协会是由从事同一种或与该职业直接相关的群体所组成的关系网络，在这种关系网络中，极易促成"重复博弈"之格局，导致成

〔1〕　周林彬、董淳锷："中国商会立法刍议：从契约的视角"，载《南开学报（哲学社会科学版）》2007年第2期。

〔2〕　刘毅、孙磊："行业协会自治立法的价值、特点及其与国家立法的协调"，载《生产力研究》2008年第17期。

〔3〕　马庆钰、井峰岩："论社会组织多维性规范管理体系的构建"，载《国家行政学院学报》2014年第3期。

〔4〕　庞正："法治秩序的社会之维"，载《法律科学（西北政法大学学报）》2016年第1期。

员在行为选择上倾向于合作，而非背叛。同时，职业协会处罚权也是经济计量的考虑，由于协会执法机构对有关他们自己的职业道德与执业纪律、引起纠纷的真相更了解，在发现违规事实、作出惩戒决定的社会成本方面更低并且更专业，再加上职业协会的关系网络之性质，被惩戒的成员更易接受惩戒决定，这将减少执行之成本。[1]也有研究从具体的社团自治性规范讨论了其存在的法理，如有研究认为保险业的软法规范不仅仅为整个保险行业提供指引并设定标准，还能有效促进《保险法》的发展。焦蕾指出这种促进作用主要表现在四个方面：一是提升《保险法》的有效性和正当性；二是提高规则的回应性，弥补法律空白；三是有效引导行业成员的行为；四是可以引导商业道德底线。[2]

（三）社团、协会自治规范的效力及合法性审查

社团、协会的自治性规范由于其在团体内成员的身份认同、行为规制、违规处罚、纠纷解决等方面具有非常重要的作用，尤其是一些如开除会员资格、行业禁入、永久禁赛等处罚措施，直接预示着被处罚人无缘再踏入这一共同体，因此其规范的合法性审查就是讨论这一议题必须面对的问题，这一问题涉及如何认定这一规范的效力范围及边界？其强制力在哪里？公权力在何种情形下，或者在何种程度上可以介入审查？审查的标准是什么等问题。关于这些问题，既有研究都有所讨论。如有研究在软法视角下讨论了社团的章程，认为社团章程之所以称为软法，主要是因为其区别于国家制定法这一硬法，这种区别主要表现在如下几方面：一是，在制定主体方面，章程制定主体并非以暴力机器和强权为代表的国家主体，而是国家主体之外的社团成员；二是章程的创制和修改是通过柔性的民主协商和说理说服的方式完成的，其方式本身也具有一定的弹性；再次，章程调整的对象范围是"软"的，是富于弹性的。社团章程不具有社会范围内的普遍意义，而只适用于社团内部成员，对内部

---

[1] 谭九生："职业协会惩戒权边界之界定"，载《法学评论》2011年第4期。

[2] 焦蕾："保险行业软法规范对《保险法》的促进作用——以保险协会自律规范和指导性规范为研究进路"，载《东南大学学报（哲学社会科学版）》2018年第S1期。

成员发生效力；最后，章程实施的机制是"软"的，无法利用国家强制力来保障。[1]有研究从保险软法的角度讨论了其与保险法的关系，认为软法其实与硬法一样，是整个法规范体系的组成部分，只是二者各有侧重。软法倾向于体现公共性，关注多元化的主体诉求，重视协商以期达成共识。而硬法则更偏向于体现国家性，关注规则的有效执行，重视强制力的保障。这些特点使得二者先天就具备合作的可能。焦蕾认为将行业的自律规范和指导性规范与《保险法》相结合，形成一个互补平衡的规范体系将促进《保险法》和保险软法的共同发展。[2]

针对行业规范的效力，有研究认为作为民间性的行业协会所制定的行业自治规范主要取决于同业的自觉遵守，这种基于契约和组织而产生的规范力量，其效力来自成员的承认。因此，章程只适用于那些通过加入社团这一自愿行为接受章程管辖的成员。一旦成员退出社团，自愿接受章程管辖即告终止，章程对他们就不再适用。[3]有研究认为社团章程作为一种行为规则调整着一定范围的社会关系，承担着诸如规范、制裁和执行等职能，与法律及法律秩序有着千丝万缕的联系。孟鸿志认为社团章程必须符合合法性、合理性和明确性三个要件。针对我国目前的社团章程存在着任意性、超越性和失控性等弊端。对社团章程进行法律调控，主要包括完善相关法律制度、确立对章程的法律审查制度以及对章程制定的监督制度。[4]

讨论社团、行业协会自治规范效力，必然引出规范的司法审查这一重要的问题，对此既有成果基本都将这一问题作为一个重要的讨论对象。如有研究就行业自治规范的司法审查进行了讨论，认为对行业自治规范的司法审查应该确立明确的标准，这些标准主要有：首先，行业自治规范不得违反法律的基本原则和法律的强制性规定，

〔1〕 兰捷："软法视角下的社团章程研究"，载《学术论坛》2013年第4期。
〔2〕 焦蕾："保险行业软法规范对《保险法》的促进作用——以保险协会自律规范和指导性规范为研究进路"，载《东南大学学报（哲学社会科学版）》2018年第S1期。
〔3〕 黎军："基于法治的自治——行业自治规范的实证研究"，载《法商研究》2006年第4期。
〔4〕 孟鸿志："论社团章程的法律调控"，载《行政法学研究》2001年第3期。

行业自治只能在法治的框架下运行，法律确立的基本原则和法律的强制性规定是行业自治的边界；其次，行业自治规范不得违背社会公共利益；最后，行业自治规范不得不合理地限制竞争。[1]有研究认为在处理好司法权与自治权关系的前提下，应当建立起对行业协会自治规范有效的司法监督机制，以保障成员免受协会自治权力的侵害。黎军认为在综合考虑协会事务的性质、组织的地位以及权力的属性等多方因素的基础上，应当在民事诉讼和行政诉讼之间选择合理的司法介入方式。同时，在允许司法介入行业自治的同时，应要求法院保持相对谨慎的态度并遵循必要原则，以防止对社会自治的不当干预。[2]有研究就职业协会惩戒权的边界及限制进行了探讨，主要从法律保留的角度进行了讨论，认为职业协会惩戒规则不可设置有关限制成员生命权、人身自由权的惩戒种类，这属于加强性的法律保留。而惩罚金、公开谴责、取消会员资格、终身禁赛、取消注册资格等惩戒种类，可先由国家法律作出原则性规定，后由职业协会惩戒规则具体化，这属于"框架性"的法律保留。职业协会无须法律保留可自行创设的惩戒种类，包括警告、训诫、内部通报批评、一定期限的暂停执业资格、剥夺协会章程所赋予的利益等。[3]有研究针对商业行规，提出有必要从立法等层面完善商业行规司法适用机制。董淳锷认为这方面的机制主要有：一是准确界定概念以便正确识别和适用行规；二是在类型化基础上区分行规适用模式；三是合理评价和设定行规的适用功能；四是明确当事人举证责任、待证事实和证明渠道；五是强化法官对行规的审查以及对适用程序的阐释；六是建立行规收集、编撰和发布的常规机制。[4]

五、高校章程与校规

在城市的空间结构中，高校是非常重要的一类组成单元。高校

〔1〕 屠世超："行业自治规范的法律效力及其效力审查机制"，载《政治与法律》2009年第3期。

〔2〕 黎军："论司法对行业自治的介入"，载《中国法学》2006年第4期。

〔3〕 谭九生："职业协会惩戒权边界之界定"，载《法学评论》2011年第4期。

〔4〕 董淳锷："商业行规的司法适用——实证考察与法理阐释"，载《清华法学》2020年第1期。

是以大学生为构成主体，以学生的学习生活为基础的区域性社会。这一空间的特点及规范构造方式表现在以下几方面：首先，人群构成以青年大学生为主，主体间同质性与差异性并存，这部分人年龄相当，在整体上具有很强的同质性。但在同质性特征明显的同时来自不同民族、地域、文化环境中的大学生，基于其不同的成长背景、观念价值等因素，主体之间的差异性也越来越明显。同质性与差异性并存的特点使高校在规范构造方面面临复杂多样的情况。其次，价值观念多元包容，对多元价值或观念有较高的接受度。价值观念的多样，导致高校在校纪校规及各种管理规章制度设计方面需要更多的包容精神，同时校纪校规的执行及各类主体对规范的理解可能面临不同的声音。最后，高校空间中的主体不仅指学生，还包括教师和学校管理人员。因此，高校内部秩序维持的规范构造面临着要将学生、教师和管理人员视为一个整体。同时，在将这三方主体视为一个整体的基础上，还要对各自的规范构造方式有所侧重。在高校的规范构造中，主要有章程和校纪校规两方面，既有关于高校章程及校规的研究，主要集中于教育学、法学等研究领域，关涉的问题主要有以下几方面。

（一）高校章程、校规的创制、内容及实施

高校章程或校规的创制，是高校内部规范研究的初始性问题，其具体涉及创制主体、原则、权源等问题。作为高校自治的内部性依据，章程及校规的创制既不同于国家法，也不同于其他类别的社会规范。而章程及校规创制的规范化、合理化，则事关章程及校规自身的合法性与正当性。已有研究中部分学者对章程或校规创制的相关问题进行了探讨。如有研究通过分析教育部核准的 47 所高校章程文本，认为高校章程的创制主体划定，既关乎章程创制的形式合法性，也关乎章程内容的合法性与和合理性，其指出"章程制定主体的确立，既要符合法律法规的规定，也要关照当下我国高等学校章程建设的具体情境，强调可实现性"。[1]有研究梳理了高校校规

---

[1] 侯志峰："高等学校章程制定主体：理论辨析与实践关照——基于教育部核准的 47 所高校章程文本为例"，载《西部法学评论》2016 年第 1 期。

创制应当遵循的原则，其指出"高校在制定校规时应当遵循的原则有合法性原则、合理性原则、正当程序原则、法律本位原则、权利救济原则、民主公开原则等"。〔1〕

除对制定主体、遵循原则的探讨外，一些研究者还讨论了高校章程或校规制定的权源基础问题。如李军锋、沈建峰指出："高等学校内部规章制定的权利基础包括：伦理基础在于学术自由和高校自治，组织基础是高校的独立法人资格，实证法基础是高等教育法第41条。"〔2〕有研究则提出，依据不同的理论，高校校规的创制具有不同的权源基础，其中根据国家一元权力观，高校所享有的校规创制权来源于国家权力的授予，而根据国家—社会二元权力观，高校校规的创制权直接源于宪法。〔3〕

现行国家法中并未对高校章程及校规作出明确的内容构设要求，实践中各高校在规章及校规的内容创制上享有较大的自主权，但仍存在规范内容同质化等问题。一些研究者结合实例，对高校章程或校规内容进行了总体性的分析与评价。如有研究通过择取十所高校的章程作为比较分析的对象，提出大学章程在内容上包含了序言、总则、学校功能与教育形式、办学活动、管理体制与运行机制等内容。〔4〕有研究则通过对部属高校的章程文本进行梳理研究，指出当下高校的章程中存在"章程文本内容全面但同质化严重；章程地位显著提高但法律效力不足；落实办学自主权但仍显不足；内部权力运行不够明晰；章程内容落实缺乏监督"等问题。〔5〕有研究从法律视角进行分析，认为当下"我国高等学校章程建设存在管理者的法治观念和思想有待提升、章程的法律地位缺乏明确规定、章程对相关法律关系界定模糊、章程的制定与修改规定不完善、章程内容要

〔1〕 王俊："试论高校制定校规应当遵循的几个原则"，载《中州学刊》2005年第6期。
〔2〕 李军锋、沈建峰："法治视野的高校内部规章及其效力"，载《理论探索》2012年第3期。
〔3〕 黄厚明："高校校规的创制研究：基于两种权力观的考察"，载《教育科学》2016年第4期。
〔4〕 肖金明、张强："大学章程的框架体系、治理结构、制度要素与生成机制——基于十所高校章程的文本比较"，载《河南财经政法大学学报》2012年第1期。
〔5〕 童安安："部属高校大学章程文本研究"，广西师范大学2013年硕士学位论文。

素缺乏本校特色以及学校对章程的认同感和执行力不足的问题"。[1]

高校章程或校规中的重要内容之一是对高校师生的约束与管制规范，从实践中发生的纠纷中考察，对学生的管束、惩戒，以及对教师的权利保障，是高校章程或校规内容中最易引发争执之处。已有研究中对此问题进行了回应，如有研究指出"大学章程作为高校内部规制治理权力、协调成员权利的最高纲领，能够构建学生主体地位、表达学生核心权利，是高等学校学生权利及其救济体系的重要组成部分"。[2]张仕华提出"高校教育惩戒是一种管理手段，其根本目的在于保护学生的权益。目前由于惩戒程序不完善，导致惩戒实施中学生权益受损，致使高校教育惩戒与其目的背离"。[3]有研究通过对高校教育惩戒诉讼案例进行分析，指出"高校应积极应对教育惩戒诉讼，通过提高学生管理人员的法律素养、加强规章制度建设、引入正当程序与比例原则等方式，将教育惩戒纳入法治化轨道，避免对学生权利造成侵害"。[4]

实践中因高校章程或校规内容适用而引发的争议，除学生与高校之间外，还存在大量教师与高校间的纠纷。部分研究中对校规或章程中涉及教师惩戒、权利保障等内容进行了专门性探讨。何斌认为"我国的公立高校属于事业单位法人，其根本性质也可视为公务法人，应该赋予高校适当的权力，根据自身教学和科研工作的特点制定规章制度，对教师进行管理"。[5]高延坤认为"高校对教师的惩戒行为具有高权性质，应受司法救济"。[6]有研究通过对部分高校章程进行分析，指出"高校章程在教师权利保障上面临一些困境，

---

〔1〕 刘磊："法律视角下的高等学校章程研究"，载《教育理论与实践》2020年第6期。

〔2〕 韦伟、黄冬、程婷："大学章程中关于大学生权利救济体系架构浅析"，载《教育现代化》2017年第7期。

〔3〕 张仕华："高校教育惩戒程序：意义、问题及建议"，载《华南师范大学学报（社会科学版）》2015年第2期。

〔4〕 戴国立："高校教育惩戒诉讼的现状考察与制度反思——基于78个高校教育惩戒诉讼案例的实证分析"，载《教育发展研究》2020年第1期。

〔5〕 何斌："高校教师管理纠纷的法理分析"，载《黑龙江高教研究》2005年第4期。

〔6〕 高延坤："高校教师惩戒之司法救济——基于53件高校人事争议诉讼案例的考察"，载《复旦教育论坛》2017年第1期。

主要体现在权利内容规定不清、权利保障重视不够、保障措施缺失或缺乏实效三个方面"。[1]

除制定高校章程是规范高校内部制度运行的重要环节外,已有的部分研究者将关注重心置于高校章程的实施机制,探讨了章程实施中的具体问题。例如,有研究通过对6所高校章程文本进行实证分析,指出"我国大部分公立高校章程文本对实施机制进行了初步规定,但在实施保障机关、实施争议解决、实施程序、实施后果机制等的规定上存在不足之处,从而制约到其有效实施与作用发挥"。[2]有研究通过分析高校章程的执行机制,指出我国高校章程的执行中,存在执行主体不明确、校内制度与章程内容缺乏衔接、与章程相悖的规章制度仍未清理、配合章程执行的规章制度仍不完善、章程执行缺乏监督保障等问题。[3]

(二) 高校章程、校规的性质、效力及其与其他规范的关系

在高校的治理中,章程及校规发挥着至关重要的作用,是高校的"内部法律"。对高校章程及校规如何定性,其效力如何判定,是高校章程及校规研究中的重要理论问题,部分研究中对此问题进行了回应探讨。如有研究提出,"我国现有法律法规中有关高校权利的规定是确认而不是创设了高校的校规制定权。高校校规在本质上属于大学的自治性规范"。[4]有研究结合软法理论,认为"作为公共治理核心的软法理论的兴起,为高校章程的研究提供了新的视角"。[5]而湛中乐、赵玄则直接指出"大学治理中的大学章程是可资诠释的软法典型"。[6]有研究对高校内部规范中关于"退学处理"的规定

---

〔1〕 汤娜、罗昆:"大学章程中教师权利保障的困境与实现路径——基于教育部已核准的84所高校章程的文本分析",载《国家教育行政学院学报》2016年第7期。

〔2〕 谭正航:"公立高校章程中实施机制的规定问题——基于6校章程文本的实证分析",载《中国高教研究》2015年第11期。

〔3〕 候帅帅:"高校章程的执行机制研究",海南大学2016年硕士学位论文。

〔4〕 张冉:"高校校规:大学自治与国家监督间的张力",载《清华大学教育研究》2011年第6期。

〔5〕 张贤忠:"作为软法的高校章程研究",西南政法大学2014年硕士学位论文。

〔6〕 湛中乐、赵玄:"我国软法规制的现状与出路——以大学章程为例的分析",载《南京社会科学》2015年第6期。

进行了专门性探讨，对该类行为的性质进行了阐释，其指出退学处理"是一种具有外部处理特征的行政处理行为，也就是《行政诉讼法》上所说的具体行政行为，这种定性在理论上和实践上都是可行的"。[1]在高校校规、章程的效力判定问题上，有研究指出，"高等学校内部规章的法律效力包括：对于教职员工具有法律上的约束力，对受教育者具有法律的约束力，不约束高校之外的第三人等"。[2]

校规、章程作为高校自治的内部性规范，其适用场域及适用对象等均具有特殊性，其效力的发挥亦具有显著的封闭性，但该特征并不能表明校规、章程为完全自闭的规范体系，相反，其作为社会规范的具体种类，无可避免地受到国家法或国家政策的引导与干预，其也必须以遵照、落实国家法为前提。部分研究对校规、章程与其他规范之间的互动关系进行了研究。如有研究通过对几十所高校的章程进行分析，探讨了高校章程与教育政策间的交互关系，其指出在实践中，"高校往往以'有限响应'的执行方式实现对高等教育政策的回应，影响政策达成预期效用……地方高校在章程实施中存在筹备上欠完备、态度上欠主动、行为上有选择、结果上有偏差等有限响应的特征"。[3]

（三）高校章程或校规的合法性及司法审查

实践中，大学生诉高校侵犯其权益的案件时有发生，而校规或章程的合法性通常是该类纠纷争执的关键点。已有研究中对高校校规的合法性等相关问题进行了探讨。有研究指出，合法性是制定高校规章制度的前提，高校规章内容的合法性包括了两层含义："一是高校的规章制度不能与法律法规的内容相抵触。二是高校规章制度不能与法律精神相抵触。"其在研究中还讨论了高校规章制度的"法、理、情关系"，提出"高校规章制度合法性是第一属性，但只

〔1〕 解志勇，王涛："'退学处理'的法律性质及其救济途径探析"，载《行政法学研究》2007年第1期。

〔2〕 李军锋、沈建峰："法治视野的高校内部规章及其效力"，载《理论探索》2012年第3期。

〔3〕 凌健、毛笛："高等教育政策执行中的有限响应与反思——以A省地方高校章程建设为例"，载《复旦教育论坛》2018年第6期。

具备合法性的规章制度并非就是最好的规章制度，它依然面临合理与合情的诘难，若不能妥善地处理高校规章制度的法、理、情关系，高校内部管理的价值就会失色不少"。[1]

有研究提出，实践中一些高校校规不仅与大学生合法权利保障背道而驰，部分规定甚至有违宪之嫌。如胡肖华、徐靖在研究中从大学生的权利保障为基点，分析了校规的合宪性问题，提出了目前的高校校规违宪可描述为两种类型：一是显性违宪，即对大学生明示宪法权利的侵犯，包括直接与宪法中公民基本权利条款相抵触，以及与具体法律规范所蕴含的宪法原则、宪法精神相悖两种情形；二是隐性违宪，是指上位法规范对大学生推定宪法权利的侵犯。[2]

规范高校章程及校规、保障高校师生正当权利的重要途径之一，即通过司法审查制度确保章程、校规的合法性。已有研究中对此问题回应较多。其中有研究认为校规接受司法审查是保障大学生权利的现实需求，也是监督规范用权之举，其提出"应借鉴立法及司法关于'规范性文件'审查标准之规定，确立校规合法性司法审查标准。同时，引入比例原则，提高司法审查强度，确保裁判结果公平公正"。[3]有研究从国家教育立法对高校校规的规范效力角度，探讨了高校校规的合法性审查问题。其指出"校规合法性审查之重点是明确其审查依据……在制定法上，我国高校校规制定权之本源具有二元属性，但这种二元属性并不能推导出国家教育立法对授权性校规或是自治性校规具有必然规范效力的结论"。[4]

高校章程或校规影响学生权利的关键点在于惩戒权的使用，已有的部分研究中以惩戒权的规范化为探讨核心，阐述了规范高校章程或校规的具体路径。如有研究以《高等学校学生管理规定》为参照，提出了对高校的惩戒权应当进行法治化审查，认为"高校惩戒

〔1〕 林立华："刍议高校规章制度"，载《江苏高教》2014年第1期。

〔2〕 胡肖华、徐靖："'良法'治校与大学生合法权利保障——高校校规之上位法违宪检讨"，载《法学论坛》2005年第6期。

〔3〕 杜健："大学校规司法适用的逻辑梳理与路径创新"，载《中国高教研究》2008年第7期。

〔4〕 贺奇兵："国家教育立法对高校校规的规范效力"，载《法学》2019年第4期。

权的实体法治包括惩戒权实施的法定化、专业化、适度化三个主板块，无视《高等学校学生管理规定》或者进行随意解释以及处罚失衡的高校惩戒不具有正当性"，针对高校不当使用惩戒权，"司法机关应大力开展针对高校惩戒的司法审查，'倒逼'高校惩戒遵守合目的性、合法性"。[1]有研究通过对100例学生诉高校的二审案例进行实证分析，论证了司法权对高校教育惩戒权的审查界限，其认为审查界限的划定，应遵循"第一，横向审查上，司法权只应当对学生因违纪而丧失学生身份或者无法取得学位证书的事项进行审查；第二，在纵向审查上，司法权仅限于对事实和学校处罚决定的合法性进行审查，不应当对学校处罚的合理性作审查；第三，学校章程和校规是学校自主管理和学术自治的体现，司法权无权作附带性审查"。[2]有研究通过对8所985大学关于开除学籍处分的规定进行分析，指出高校开除学籍的处分规定存有违反上位法的不合法情形及违反比例原则的不合理情形之嫌，其认为，建立校规的合法性审查制度及校规清理制度等，是依法治校的可取路径。[3]

实践中关涉高校校规合法性审查的案件不胜枚举，司法机关对已有案件的审判意见或指导性说明可以为后续案件的处理提供参考依据。一些研究者通过结合相关案件的处置模式，分析了高校校规合法性审查司法实践中面临的问题，如伏创宇指出，最高人民法院的部分指导案例虽然皆对高校校规的合法性审查进行了确认，但仍存在未形成系统的逻辑与路径等问题。[4]有研究通过对部分案件的实证研究，指出在2015年《行政诉讼法》出台后，"高校教育行政诉讼正式进入法院可以直接进行校规附带性审查的阶段"，但仍存在"审查方式不统一、标准不一致、审查结果相互矛盾、司法克制过度

〔1〕 晋涛："高校惩戒权的法治化审查：蕴含内容与推进路径——以《高等学校学生管理规定》为参照"，载《教育发展研究》2020年第1期。

〔2〕 黄勇升："高校惩戒学生权力的司法审查界限——基于百份二审判例的实证分析"，载《复旦教育论坛》2019年第4期。

〔3〕 申素平、郝盼盼："高校开除学籍处分规定的合法性与合理性审视——基于8所'985'大学校规的分析"，载《北京大学教育评论》2017年第2期。

〔4〕 伏创宇："高校校规合法性审查的逻辑与路径——以最高人民法院的两则指导案例为切入点"，载《法学家》2015年第6期。

等问题"。〔1〕也有研究认为对高校校规进行司法审查应当划定审查的限度，并非所有的校规内容都需要进行司法审查，诸如有关学校生活、教育设施及公共设施使用等自治范围内的规章制度，并无进行司法审查的必要，而对关于学位、学籍等关涉学生重要权利的校规，则应当进行司法审查。在对校规的司法审查限度划定中，应明晰"高等学校是授权性行政主体和民事主体的结合体，它所制定的校规应当分成两个不同的部分"。〔2〕

六、网络空间规则

由于互联网等技术的普及发展，在城市的空间结构中，日益形成一个虚拟的网络空间。网络空间虽然虚拟，但是其并不是一个没有规则的空间，由于庞大的使用人数和交易市场，催生了复杂的交互关系及其规范构造，尤其是伴随着大量的网络纠纷，在国家规范滞后性等局限下的应对缺漏，间接促成了网络规则的兴盛。当下网络规则的效用发挥，不仅仅是对国家正式规则的补充，而是一场"软法革命"。我国的理论研究亦回应了这场变革。总体而言，现有研究中对网络规则的研究集中于以下方面：一是网络规则的表现形式及性质、生成机理；二是网络规则较之其他社会规范的比较优势及局限；三是网络规则治理的理论基础；四是网络规则在纠纷解决中的效用。

(一) 网络规则的表现形式及性质、生成机理

网络规则通常用来指称适用于网络交互行为、具有一定约束力的规则，但作为通识性概念，并无规范文件对其内涵及表现形式进行明确。已有研究中对网络规则以何种形式表现，何种内容可以划为网络规则，存在一定争议。如有研究认为，根据内容的不同，网络规则可以分为四大类：一是网络道德规范，具体指上网时应遵循的某些道德规范，如个人数据保护的规则；二是网络技术规范，指

---

〔1〕 王霁霞："高校校规司法审查的类型分析与进路重构——基于近 3 年 40 起高校教育行政诉讼案件的实证研究"，载《中国高教研究》2018 年第 9 期。

〔2〕 王永刚、赵婧："高校校规的司法审查限度研究"，载《教育探索》2010 年第 8 期。

纯有关网络的技术性的规范；三是网络商务规范，是指根据网络的特点而逐步发展起来的不同于网下商务交易的规范，如电子交易记录规则；四是网络责任规范，指非官方的责任，如对于使用"人肉搜索"的限制的规范。[1]有研究指出"网络软法已广泛出现在网络社会的各个领域，例如，网上购物有《京东开放平台交易纠纷处理总则》、在线支付有《微信支付用户服务协议》、网络社交有新浪《微博用户服务使用协议》、网上约车有 e 代驾《信息服务协议》等等"。[2]有研究认为"广义上的网规是一个非常宽泛的概念，主要是指'与互联网商务活动相关的制度规范及商业文化'"，而"狭义上的网规是指'经由电子商务服务商与网商群体、消费者之间的互动，或是网商群体自发形成的交易规则'"。但其指出此两种定义都存在缺陷，从现有网规存在的形式和实质等因素中考察，可将网络规则界定为："在现行法律框架下，由平等电子商务活动主体自行制定并实施的用于调整其相互间电子商务关系的自治性行为规范"，并认为电子商务不仅限于商务活动还包括民事活动。[3]

在互联网时代，网络规则与人们生活密切相连，在网络交易等行为中发挥着重要的规制作用。但如何对网络规则进行性质界定，已有研究中具有不同的阐释。例如，有研究认为网络规则具有双重属性，其指出网络规则是一种契约，但具有法律的某些特性。[4]有研究认可网络规则是"互联网、电子商务参与者制定的，在特定范围内普遍适用的网络规则"的狭义描述，指出网络规则是一种社会规范。[5]杨立新提出"网络交易规则的属性是交易习惯，具有习惯法的法源性质。网络交易规则既具有行为规范的效力，也具有裁判

〔1〕 王健："网络规范讨论和研究综述"，载《重庆邮电大学学报（社会科学版）》2012 年第 4 期。

〔2〕 "'枫桥经验'视野下的互联网治理之道——自治、法治、德治相结合的网络社会治理模式构建"，载《公安学刊（浙江警察学院学报）》2019 年第 3 期。

〔3〕 周丽、王智源："'网规'对电子商务的经济性影响"，载《科技与法律》2012 年第 2 期。

〔4〕 聂东明："网规与法律衔接问题之初探"，载《首届"网规与中国互联网治理"学术研讨会论文集》，北京大学 2012 年，第 74 页。

〔5〕 姚志伟："'网规'若干基本问题初探"，载《科技与法律》2012 年第 2 期。

规范的效力"，其认为"网络交易规则作为民法习惯法的行为规范，包括显性行为规范和隐性行为规范；在其符合民法习惯法裁判规范的法律授权、穷尽法条、当事人接受和时空制约四个要件后，即具有裁判规范的效力，法官经过识别和确认，可以作为裁判网络交易中发生的民事纠纷的法律依据"。[1]

作为一种社会规范，网络规则的生成具有自身的独特性，其与国家规范的生成具有显著差异。对网络规则的生成机制进行探讨，可以识别网络规则的发生机理。已有研究对此问题的探讨，多从内外因两个方面展开。从内因上考量网络规则的生成，主要可归源于网络社会所带来的变革影响，例如网络社会下人们交往互动方式与内容的变化，相关利益的生成与分化，以及价值的多元化等。例如有研究指出成员的互动、利益的分化以及主体的平等，是网络规则生成的内生性要素。[2]网络规则的生成，除内生性缘由的促成外，外在条件对网络规则的推动亦不容忽视。正如有研究指出"软法作为一种社会规范体系，仅由内生性因素所积累的制度资源是无法促使其成型的，其形成还需要外在的社会基础的推动。软法生成所依赖的社会基础包括社会制度供给的需求、风险规制的压力和国家治理理念的转型"。[3]

（二）网络规则的比较优势及局限

网络规则作为一种社会规范，具有自身的特殊性，其在特定的场域里较之其他类型的规范具有显著的适用优势。已有研究中对网络规则在适用等方面的优势进行了分析。例如有研究指出，作为硬法的国家规范，在纳入公共意志、深入网络社会自发而成的内生秩序方面存在显著不足，同时，硬法所带有的制定成本高、运行及时回应性差、刚性惩戒等缺陷，致使国家规范在网络时代的治理中存在劣势。相反网络规则因具有广泛纳入公共意志、运行反馈及时等

〔1〕 杨立新："网络交易规则研究"，载《甘肃社会科学》2016 年第 4 期。

〔2〕 喻少如、陈琳："Web3.0 时代下网络社会的软法治理"，载《哈尔滨工业大学学报（社会科学版）》2019 年第 3 期。

〔3〕 喻少如、陈琳："Web3.0 时代下网络社会的软法治理"，载《哈尔滨工业大学学报（社会科学版）》2019 年第 3 期。

特征，以致其在网络社会中的适用具有显著优势。[1]

与优势相对应的是，网络规则也具有不可忽视的局限性。从网络规则的制定角度考察，网络规则的制定者通常具有优势地位，且竞争策略、营销模式等因素容易制约或影响网络规则的制定及运行，进而使网络规则带有一定的具有负面作用的价值偏好，如马长山指出"这种偏好的极端形式，就可能要么与公共利益相悖，要么与消费者利益相悖，要么与商业伦理相悖"。[2]制定者的优势地位突出表现在权利与义务的不对等分配上，如有研究通过对论坛规则的考察，指出论坛规则"看似架构了一个便于管理、目的相对专一的交流平台，实则存在诸多问题"，其认为"论坛规则单方面为管理者赋予了过多的权力，而用户却承担了主要义务""论坛规则剥夺了用户寻求救济的权利"，而管理者的扩权与用户义务的过度承担，表现为"加入一个论坛所必经的程序，就是没有保留地接受一切约束，并放弃对规则解释、申诉和寻求救济的权利"。[3]

从网络规则的实施角度考量，其作为一种由网络主体确立、缺乏国家强制力保障的社会规范，在纠纷解决效力及公信力等方面均存在显著的不足。如有研究通过对网络购物纠纷解决进行调查，指出网络购物平台提供商提供的裁决，虽具有方便、快捷解决争议的优势，但其缺陷亦十分明显，具体表现为："一是网络购物平台提供商处理申诉的公正性令人怀疑；二是网络购物平台提供商即使作出处理决定，也会因完全没有法律效力而不能强制要求双方遵守。一旦当事人对争议处理结果不认可，纠纷就难以得到化解并持续存在。"[4]一般而言，法律规范的公信力源于法律规范内容的合理，以及制定和执行程序的正当、公正，进而在人们心中所形成的自愿

---

〔1〕 喻少如、陈琳："Web3.0时代下网络社会的软法治理"，载《哈尔滨工业大学学报（社会科学版）》2019年第3期。

〔2〕 马长山："互联网＋时代'软法之治'的问题与对策"，载《现代法学》2016年第5期。

〔3〕 叶万理："对网络论坛规则与法律规范的分析"，载《现代电信科技》2010年Z1期。

〔4〕 杨彦增："关于网络购物纠纷解决的调查与思考"，载《行政与法》2012年第8期。

服从。但网络规则并没有可与法律规范相比拟的程序等保障，因而在公信力上存在明显局限。正如马长山所指出的"由于民间'软法'并没有'硬法'那样严格的立法程序、确定的解释机制和健全的实施体系，因此，它的效力和秩序效果就更离不开规制对象的自觉认同和服从，这样，民间'软法'的公信力就显得十分重要"。同时指出，除上述局限外，也与研究网络规则在制定与实施中，还存在与国家法冲突、私人腐败等问题。[1]

网络规则在互联网时代下具有不容忽视的重要价值，故而将网络规则规范化、修正其局限性，是当下理论研究及实践中应关切的问题。现有研究中，有研究通过对互联网金融领域网络规则的局限进行分析，指出应对网络规则存在的制定偏失及实施困境，可以"遵循现代法治的诉求，从规范体系、主体结构、纠纷解决机制以及实施环境四个层面予以针对性优化"。[2]马长山提出，应对作为"软法"的网络规则的局限性，应当从充分发挥"软法"的秩序建构功能、加强民间"软法"的协商性"立法"、建立民间"软法"合法性的矫正机制，以及推进民间"软法"的司法化衔接、加强规则意识与诚信建设五个方面着手。[3]

（三）网络规则治理的理论基础

网络规则何以发挥效用，其治理基础为何？网络规则治理理论基础的厘清与奠定，是网络规则治理正当性确立、划定与法律规范界限的基础与前提。已有研究对上述问题进行了回应，具有代表性的如马长山在研究中将"'互联网＋'新业态中应运而生的各种交易规则、纠纷处理规则、知识产权保护规则（如淘宝、网约车、短租）"等称为民间"软法"，并采用软法的相关理论为其奠定理论基础。[4]有研究则提出，除可从现代治理理论、软法理论、诺思关

〔1〕马长山："互联网＋时代'软法之治'的问题与对策"，载《现代法学》2016年第5期。
〔2〕王怀勇、钟颖："论互联网金融的软法之治"，载《现代法学》2017年第6期。
〔3〕马长山："互联网＋时代'软法之治'的问题与对策"，载《现代法学》2016年第5期。
〔4〕马长山："互联网＋时代'软法之治'的问题与对策"，载《现代法学》2016年第5期。

于非正式制度重要性的论述、网络治理结构理论等中寻求网络规则治理的理论基础外，法律多元主义以及早期商法的自治性也可以为网络规则治理提供正当性依据。其认为，法律多元主义的视角下，社会控制的工具有多种，法律只是其中的一种，且功能和效用有限，在社会规范能发挥作用的场域，法律应将控制权交予能发挥作用的社会规范。还指出，研究中世纪商法的权外成长、自治法等特征，可以为网络规则的治理提供理论根基。[1]

（四）网络规则在纠纷解决中的效用

纠纷解决是网络规则的重要内容，网络纠纷的大量涌现是网络规则繁茂的直接缘由，同时，纠纷解决的成效与否是考验及衡量网络规则制定、实施是否具有必要性、正当性的重要标尺。现有研究中对网络规则解决纠纷的模式、机制、效用等问题进行了探讨。有研究将淘宝网的纠纷解决经验称为互联网的"枫桥经验"，认为面向互联网的纠纷解决模式是维权结构化，同时从探寻原因——纠纷来源何处、结构场景——将双方无法解决的纠纷结构化、可预期——预告处理方向推动自行解决、统一标准——同案同判的技术性保障、智能质证——从传统面对面到线上非面对面的突破七方面进行了系统的论述。[2]有研究通过对我国电子交易实务进行考察，指出我国第三方电子商务交易平台的交易纠纷解决可分为三种模式：第一种即交易平台不提供任何的纠纷解决渠道，如中国互联网新闻中心主办的中国供应商网、环球资源网等；第二种是不完全模式，即此交易平台没有完整的纠纷解决程序，一般投诉方通过发送邮件或提交投诉信息给平台，由平台的客服人员回应，但在平台上没有相关详细的规定与说明，如京东商城，在首页上设置有"意见和投诉"，通过电子邮件来发送投诉意见；第三种是完全模式，即此平台提供完整的纠纷解决流程，对纠纷解决有详细的规定与说明，对责任方会采取相应的处罚。所以，一个交易纠纷解

---

〔1〕 姚志伟："'网规'若干基本问题初探"，载《科技与法律》2012年第2期。

〔2〕 申欣旺："淘宝网的纠纷解决经验及其司法借鉴价值"，载《浙江审判》2015年第11期。

决的完全模式中应该包括规则、组织和人员、内容范围、流程、责任判定。[1]有研究通过对淘宝网在线解决机制运作实践的具体分析，认可了该纠纷解决机制所发挥的积极效用，指出该在线解决机制在解决过程中遵循不断分流、尽快结案的理念，在解决结果上具有"多以和解结案、多判定支持买家"的特征。其认为该机制"强调经济利益、程序的分类和分流、纠纷主体的充分沟通、结果的有力执行等经验，可为构建适应我国国情的新时代多元纠纷解决体系带来启示"。[2]

有研究从风险防范角度分析了网络交易平台在纠纷解决中的积极和消极效用，其指出通过借助科技优势，网络交易平台为交易者提供了一些独特的风险防范和纠纷解决机制，并促进了网络交易规模的扩大，但该类机制亦具有消极效用，如"未能有效'定分止争'"。同时认为"对传统的官方型机制予以适当的'网络化改造'，最终形成两者的良性互补"，是确保网络交易稳定发展及网络纠纷有效解决的必要之径。[3]有研究通过网购维权的实际个案探讨了网购纠纷解决机制在程序和实体方面存在的问题。池建华认为在程序上表现为程序繁琐，但又不能穷尽，在实体上由于个体在大数据下很容易成为一个孤立的个体，个体诉求并不能得到有力的解决。[4]有研究从科技对纠纷解决的影响角度分析，认为在线纠纷解决机制能发挥显著的积极效用。其指出在互联网时代，科技促成的纠纷解决方式转型并非"简单地将现代技术应用到传统纠纷解决模式中，而是以互联网思维与技术为基础重新构建一种新的在线纠纷解决机制，更加方便当事人诉讼、更好地实现正义以及更能适应时代的要

〔1〕谢媛、杨坚争："第三方电子商务平台交易纠纷解决模式研究"，载《商业研究》2013 年第 9 期。

〔2〕周翔："描述与解释：淘宝纠纷解决机制——ODR 的中国经验观察"，载《上海交通大学学报（哲学社会科学版）》2018 年第 2 期。

〔3〕罗秀兰："网络交易的纠纷解决机制探析——基于民间法与国家法互补的视角"，载《河北法学》2010 年第 8 期。

〔4〕池建华："网购时代的纠纷解决与权利维护——以一起网购维权事件为例"，载高其才主编：《当代中国的习惯法世界》，中国政法大学出版社 2018 年版，第 143~154 页。

求"。[1]

七、简要评析及延伸讨论

在城市的空间构造中，不仅因为地理、功能上的空间区隔，形成一个一个诸如机关、社区、学校等空间单元，也因为文化、喜好等方面的价值凝聚，形成业缘的、趣缘的社团行会，还因为互联网等科技革命的发展，使不同个体足不出户依然形成一个虚拟共同体或进行网络交易。因此，城市空间是一个功能丰富、面向多元、结构重叠的构造形式。而在这一空间构造中行走在不同空间中的个体，基于身份及其认同的多样性，必然形成不同的共同体，无论这种共同体是实在的、想象的，抑或是虚拟的。但是在这些不同共同体的组织建构中，基于身份认同、价值凝聚、功能维护、结构管理、秩序维系等方面的考虑，不同共同体亦在接续发展的过程中形成了共同体特有的秩序构造方式及相应的规范程式，由此，这一共同体本身就是一个身份共同体、意义共同体和规范共同体。在共同体的规范构造中，除却由政治国家的立法程式制定，并经国家纵向科层式组织实施的制定法传统外，由共同体内部，基于社会自治的价值意涵和功能指涉形成的共同体自治性规范也是一种重要的规范形式，有时，其在主体牵扯与个体间日常交往逻辑方面甚至比国家制定法发挥着更为重要的作用。基于此，已有一些研究关注到了这些规范领域并进行了或多或少的讨论分析，对其的关注和讨论也成为城市习惯法研究的重要领域和内容。

分析既有成果，我们发现既有研究存在如下几个特点：一是，研究兴起的背景特殊。城市习惯法是伴随着现代社会工商业的发展和城市结构变迁与社会治理转型而出现的。正是由于工商业的发展才促进了各类市场主体的出现，进而形成不同主体以及主体间的规范构造形式，如商业行为的发达促进了商人法与商事习惯法，互联网的发达促进了网络习惯法。而城市结构的变迁亦促进了城市习惯

────────────

[1] 龙飞："中国在线纠纷解决机制的发展现状及未来前景"，载《法律适用》2016年第10期。

法的变化发展，一如前文论述的，在计划经济年代，单位制是城市结构的主要形式，在这一结构形式下，单位自身的规范往往决定了个体的身份、资源与权利，而改革开放后从单位制到社区制的变迁，单位集政治、经济、文化于一体的功能发生了变化，导致习惯法的内容和形式亦发生了变化。社会治理的转型亦促进了不同城市习惯法的兴盛，在社会治理转型的境况下，社会尤其是社会团体、行业协会的社会自治越发重要，这也促进了其相应习惯法的产生发展。二是研究所涉领域宽广。在既有关于城市习惯法的研究中，研究者或者基于城市空间中不同的单元构成，讨论了不同单元空间的规范构造方式；或者基于个体多元的身份，讨论了不同身份共同体的规范形式，由此形成单位的、社区的、学校的、行业的、网络的规范分析。这一研究特点亦告诉我们城市习惯法存在制定主体多元、内容丰富多样、注重空间自治等特点；三是，研究方法理路丰富多彩。通过梳理既有成果，我们不难看到关于城市习惯法的研究论者进入的视角非常多样，不同学科、不同方法均有关注。在这些研究中，不仅有社会学、政治学、法学、管理学等学科涉入研究，而且讨论的问题有些已成为一些学科研究的重点，比如关于企业内部规章制度的讨论是劳动法关注的一个重要问题，对体育协会章程规范的研究是体育法的重要对象，对网络规范的研究是网络法的重要内容。除了研究视角方面的多样，研究方法亦存在交叉多元的特点，实证研究法、规范分析法都有不同的侧重；四是，研究的脉络走向会越来越重要。随着工商业世界的递进和市场化、信息化、网络化的发展，尤其是在市场化发展下推进的私人自治及社会空间的越发强调，以及在这一发展趋势下个体间在价值观念、制度构造等方面更为开放、更为包容的发展，可以想象未来城市习惯法的内容会越来越多，而这也为习惯法的研究开拓了一个重要的空间和领域。

但是，通过分析既有成果，我们会发现既有研究存在如下几方面缺点，这需要后续的研究不断得以推进和完善。

一是，整体的研究成果仍然很少。通过考察习惯法研究的学术史，我们很明显的一个感受是以往的习惯法研究大多将研究目标和问题关照集中在乡村或者少数民族地区，就城市习惯法的研究成果很少。如在既有成果中，明确提出城市习惯法这一概念的学者和作品还寥寥无几。虽然一如上述梳理所显示的，既有成果在不同方面可能都涉及了城市习惯法的相关领域和内容，但是论者大多并没有形成一个城市习惯法的概念，抑或既有的研究还没有明确认识到这是一个习惯法研究的领域。这种研究状况与城市在当今社会发挥的作用与城市变迁与治理转型的要求还很远。也就是说，近几十年习惯法的研究大多将研究视角投之于乡村或者民族地区，研究成果的低水平重复和视觉疲劳感非常明显。而城市习惯法的可能空间和知识创造的可能贡献，都预示着这一领域可能是未来习惯法研究的一个突破空间，因为相较于传统乡村、民族地区的习惯法在现代社会发展过程中日益消解的局面，恰恰是城市习惯法会越来越涌现。而且城市习惯法的研究也是法社会学研究与部门法学研究对话结合的一个切入点，一如上面学术梳理所指出的，在现阶段部门法学研究关注的问题中，一些城市习惯法的内容是研究者较为关注的问题，如劳动法对企业内部规章制度的研究、体育法对体育协会章程制度（尤其是处罚权）的研究、网络法对网络世界自治规范的研究，都预示着这些领域可能是习惯法研究与法教义学研究能对话合作的一个空间。在未来的习惯法研究中，就社会组织、网络空间、社区治理等领域自治性规范的研究可能是习惯法研究有所知识创新的另一个领域，这也是推进社会治理的必然要求，这都需要习惯法研究在这方面寻求突破。

二是，研究的视角大多是一种外部视角。分析既有成果，我们一个非常明显的感觉是论者大多持一种外部视角去观察，甚至审视城市习惯法的内容。研究者有意无意都是在现代知识谱系及法学认知框架下去认识、观察、分析这些习惯法的内容的，亦就是说论者大多都是在法是出之国家的规范这一理念下去讨论城市空间中单位的、企业的、社区的、行业的、网络的内部自治规范构造方式，而本身就没有把这些规范当作法的一种表达方式。在这一研究视角及理念关照下，既有研究大多把这些习惯法当作一种殊异于国家制定法的规范，或者是一种外来物抑或特例，用国家制定法的眼光去审视它，这也导致既有研究都不约而同地会在研究设计中讨论这些习惯法的合法性问题，于是对这些规范的合法性审查或者司法审查成为研究中的一个重要内容。在这一研究脉络下，持一种内部视角，就这些规范本身的研究成果非常少，研究还没有很清晰地告诉我们这些规范本身的构造方式是什么，其演化发展的结构义理是什么，其与社会自治本身的契合性在哪里，这些问题可能需要后续研究注意。

三是，研究的碎片化明显，对一般性问题的研究很少，成果的理论深度不够。通过分析既有成果，我们一个明显的感觉是在研究所涉领域、问题关照等方面碎片化很明显，研究大多讨论某一领域、某一空间的内部规范，但将这些规范作为一个整体进行一般性研究的成果甚少。虽然基于城市习惯法所涉领域的多样和制定主体、作用对象的殊异性，研究的延展需要针对不同类型进行深入的研究，但是如果一项研究只是将目光投射于碎片化的东西，必然影响其对问题整体性的把握，这也导致研究的理论深度不够。

通过对既有成果的梳理分析，笔者也粗浅地引出一些与既有习惯法研究甚至法学研究相关，但值得思考的问题。由于与本文所涉主题较远，如下我们仅仅在问题所涉方面提及一二，希冀抛砖引玉引起更多的研究者进行思考。这些问题主要有：

一是，存在的知识意义是什么。知识的意义在于对存在进行解释。对于像城市习惯法这类的规范存在形式，这些作为制度事实、生活事实、规范事实的存在，我们在知识论上如何认识，在既有的法学知识谱系及知识体系里如何认识并安顿这类规范构造形式，其规范证成的内在逻辑是什么，这些问题可能都需要我们的习惯法研究、法学研究提供一个完满的解释。

二是，作为一种法文化的习惯法还是规范的习惯法。在既有关于习惯法的研究中，研究者或者关注那些在历史上存在的规范类型，或者关注在乡村、民族地区存在的规范构造形式，而很少谈及新的习惯法形式。谈起习惯法，似乎其本身就是历史上存在的一些惯习，或者是那些奇奇怪怪的、带有不同民族不同地区不同文化特征的规范形式，甚至认为习惯法就带有宗教的、民族的色彩和印迹，似乎在城市社会就不存在习惯法。一如上面梳理的，事实并不是如此。

这也需要对习惯法研究本身的理路及意涵进行分析，即我们的习惯法研究究竟是将习惯法作为一种法文化来研究，还是将其作为一种现实规范进行研究。

三是，语言的规范意义是什么。作为一种符号的语言，其除了在与其表达的物发生关系，形成所指与能指问题外，语言本身还存在一定的规范意义。一如上面一二点所指出的，谈及习惯法，一方面在既有的法学观念和知识讨论中，可能有一大部分论者不将其看作法，这可能与法这一语词的指涉对人们思维的框定规制有关。另一方面，有些论者不认为城市存在习惯法，可能觉得习惯法的习惯二字本身就是说这一语词所指的对象在于历史上流传下来的那些惯习。这可能就需要既有习惯法研究对作为符号的语言的规范意义进行分析。

四是，法治建设的本土资源是什么。法治的本土资源是我们在既有的法学研究中经常提及的一个概念，但是我们不难发现既有关于这方面的讨论大多将本土资源定义为那些在历史上存在的，在某些边远地区还存在的秩序维系方式，似乎本土资源无涉现阶段我们身边的规范构造形式，难道真的是这样吗？一如上文梳理的，在城市空间中存在的各种规范构造形式，恰恰可能也是我们法治建设中需要关注的本土资源，这就需要我们现有的研究进行一定的讨论和反思，重视身边现实发生的如城市习惯法之类的规范构造形式。

五是，社会治理中的规范结构是什么。一如上面我们对城市空间中各种规范的讨论，城市空间的不同共同体基于身份认同、价值凝聚、行为规制、功能发挥、秩序维系等，形成了各式各样的规范构造方式，这些方式亦在所在空间中发挥了非常重要的作用。但是，从现代国家建构及社会治理的角度，我们就需要对社会治理中的规范结构有一个基本的认识，进而形成一般性结构原则，这也需要既有研究进行深入的分析。

　　本辑的选题、组稿、修改完成前后经历了二年多的时间。2018
年 6 月，我确定了本辑的主题后，考虑了若干具体题目并开始约稿。
之后，我陆续收到相关文章，分别与各位作者讨论文章的修改事宜，
进一步统一认识，理解文集的主题和要求，提出进一步调查的建议。
2020 年 5 月，我们集中时间对文章进行最后的审阅、修改，完成了
全稿。

　　城市为当代中国的主要生产、生活空间，由机关、企业、学校
等众多的团体构成。本辑主要以田野调查为基础进行当代中国城市
习惯法的事实描述，在理论分析方面较为薄弱，需要进一步的思考
和研究。对当代中国城市习惯法的发展、变化，我们需要更深入的
观察和探讨。

　　本辑的完成和出版，首先需要感谢各位作者的积极支持和认真
撰写。执行主编协助我做了大量的具体工作。

　　本辑为清华大学法学院习惯法研究中心学术成果之一。清华大
学法学院为本辑的出版提供了资助，特此致谢。

　　我于 2019 年成为第四批青海省"高端创新人才千人计划"领军
人才（柔性引进，青海民族大学），本辑为此项目的成果之一。

　　由于论题较为前沿，加之我们的能力有限，本辑肯定存在不少错误和不足之处，欢迎读者诸君批评指正。当然，作为主编，我对存在的所有问题负责。

高其才

2020 年 5 月 8 日于疫情期间的清华园明理楼